现代写作

主　编：陈　光　王　静
副主编：包永梅　都昕蕾　田立萍
　　　　白碧伟　陈雅秋

东北师范大学出版社

长　春

图书在版编目(CIP)数据

现代写作/陈光,王静主编. —长春:东北师范
大学出版社,2022.10
ISBN 978 - 7 - 5681 - 9724 - 3

I.①现… II.①陈… ②王… III.①汉语—应用文
—写作—高等职业教育—教材 IV.①H152.3

中国版本图书馆 CIP 数据核字(2022)第 199720 号

□责任编辑:张春雷 陆书玲 □封面设计:创智时代
□责任校对:徐 莹 □责任印制:许 冰

东北师范大学出版社出版发行
长春净月经济开发区金宝街 118 号 (邮政编码:130117)
电话:010—82893125
传真:010—82896571
东北师范大学音像出版社制版
廊坊市伍福印刷有限公司印装
河北省廊坊市安次区码头镇东辛庄村 (邮政编码:065000)
2022 年 10 月第 1 版 2022 年 10 月第 1 版第 1 次印刷
幅面尺寸:185 mm×260 mm 印张:12.5 字数:278 千

定价:40.00 元

序　言

理论与实践相结合是 21 世纪教育的主旋律。在全国职业教育大会上，"加快构建现代职业教育体系，培养更多高素质技术技能人才、能工巧匠、大国工匠"的明确要求，指出了我国教育改革与发展的方向。作为基础学科的写作正是实施职业教育的重要学科。它除了具有提高学生的思维能力和语言表达能力外，还担负着培养学生的思想情操、审美修养、心理素质以及创造能力、创新品质的重任。本书的出版，正体现了注重职业教育这一时代主题。

我认为本书有以下四个特点：

一、构思新颖，理论层次高

我们所处的时代是知识经济的时代，高科技的飞速发展和信息传播的网络化趋势，不仅为写作教学开辟了广阔的道路，也对写作训练提出了更高的要求。写作教学的任务，除了培养学生学会语言文字的使用，即"能写"外，还要培养知识丰富并有应用知识能力的"能讲""能教"的高素质人才。编写者从这一新思路、高立意出发，结合教材的专业方向，把教材的教学目标定位在培养 21 世纪复合型高素质人才。本书贯穿了四条编写原则：一是以学生为轴心，加强对写作主体的素质、教学主体的方法、接受主体的心理的理论概括与总结；二是以写作为重心，力求准确地阐述写作的构成元素和文体规范；三是以写作行为过程为中心，阐明感知、运思、行文的衔接和转换规律；四是以写作教学和训练为核心，突出教学的示范性和可操作性。

二、紧跟职教步伐

本书把写作教学内容分成三个模块。模块一为现代写作理论，模块二为现代写作文体论，模块三为现代写作教学论。从宏观上讲，本书形成了高职写作学科的有规律的科学体系，即"写作理论—写作文体论—写作教学论"。本书在职业院校推行，适应项目学习、案例学习等不同学习方式，注重吸收行业发展的新知识、新方法，对接职业标准和岗位要求，丰富实践教学内容，弘扬优秀传统文化，注重吸收产业文化和优秀企业文化，推动职业院校民族文化的传承与创新，推动产业文化和优秀企业文化进校园。

三、注重实训，突出"教写"的示范性

现代写作教学任务可以概括为三点：传授写作知识、培养写作能力、提高写作素

养。众所周知，写作是一门实践性很强的学科。对于师范院校的写作教学来说，不但要使学生"会写"，还要突出教学的示范性，使学生以后"会教"。为此，本书除强化有序的训练外，还设置了大量的训练题，供学生实际操练时使用。同时，考虑到师范学科的特点，在练习题中适当糅进相应的常识、理论和要求，以帮助学生"学会教写"。从"学会写"到"学会教写"，是写作教育不可缺少的重要环节。尤其是模块三"现代写作教学论"，对现代写作教学训练模式的论述，体现了职业院校写作教材的专业特点，也体现了实现职业院校培养目标的需要，让学生从理论上增强"学会教写"的自觉性，并从实践中去"学会教写"。

四、注重信息现代化，探讨新的写作方式

本书审时度势，敏锐地感觉到信息技术对写作教学的影响，增加了关于信息教学的内容。本书中，编写者把利用现代信息化看成现代写作教学发展的一条重要途径，认为新媒体教学能达到直观生动的教学效果。本书在"现代写作教学论"部分增设了"新媒体写作教学"项目，阐述了新媒体写作的理论框架、发展态势和应用前景，同时讲授了各种新媒体写作的教学模式，具有十分重要的开拓意义。

现代写作，不仅仅是语言文字的运用，而且是写作者综合素质的展示。提高学生的写作能力乃至整体的文化素质，是现代写作教学的目的所在。这本《现代写作》在教学生如何使用语言文字、如何拓展思维、如何学会常用文体写作、如何树立优良的文风等方面都比以往的教材更进了一步。我相信，这部教材必将在现代高职新型教学改革中发挥很好的作用，并在使用过程中不断得以发展和完善。

陈　光

目　　录

模块一
现代写作理论

　　高职写作理论，主要是指高职学生等在专业写作学习过程中经常使用的理论知识。安排这一模块的目的，就是给在校就读的高职学生提供一些可以解决他们在专业学习过程中遇到的实际问题。在这一模块中，我们针对高职学生的实际情况，设计了五个项目：一是写作绪论，包括写作的含义和特点、高职写作课的任务与学习方法；二是写作行为过程，包括写作感知、写作运思、写作行文；三是写作的材料与主题，包括写作的材料和写作的主题；四是写作的结构与语言，包括写作的结构和写作的语言；五是写作主体，包括写作主体的素质和写作主体的能力。通过学习这个模块，使学生了解、掌握并能够熟练运用各种现代写作理论，无论是在专业学习过程中，还是在实际求职过程中，都能撰写出表意确切、符合规范的文章。

　　学习现代写作对学生顺利进行学习，完成学业，进行自我规划、自我推荐等有着重要作用。大学生要认真学习、反复实践、熟练掌握现代写作理论。

项目一　写作绪论

　　本书所指的写作理论，就是在校学生在专业课程学习、实践、实习等过程中所使用的写作理论，其理论性强，具有很强的权威性。通过学习写作理论，学生能够切实了解和解决自己在学习过程中遇到的实际问题。项目一"写作绪论"当中的理论具有很强的理论性、指导性、权威性等特点。

【学习目标】

1. 把握现代写作的含义和特点。
2. 了解高职现代写作课程的教学任务。
3. 明确现代写作中"教"与"学"的方法。

任务一　写作的含义和特点

任务设计

写心灵寄语。如看一部名著、听到感人的故事，然后写一段短文。

知识探究

一、现代写作的概念

写作是以语言文字为工具制作文章的一种创造性的复杂的精神劳动，是思维表述、信息传递、思想交流、情感传达的社会实践活动。有狭义和广义之分。狭义上，写作是指用语言符号制作文学作品的精神劳动；广义上，写作是指用语言符号制作一切文章（包括文学作品）的精神劳动。

三国时曹丕在《典论·论文》中说："盖文章经国之大业，不朽之盛事。年寿有时而尽，荣乐止乎其身，二者必至之常期，未若文章之无穷。"鲁迅也指出："文章之于人生，其为用决不次于衣食、宫室、宗教、道德。"这些说的都是文章和写作的巨大作用。写作是我们中华民族上下五千年文化的重要组成部分，是现代文明社会中人们不可或缺的能力与工具。可以预言，在不久的将来，一个不能读书、不会写作的人，不仅是一个庸才，也必然会被历史所抛弃。让我们重视现代写作，学会现代写作吧！

二、现代写作的特点

写作是一种特殊的精神劳动。在我们的现实生活中，具体的物质生产活动，可以是以集体协作的方式来生产出标准化的成品。但是对于写作来说，必须由个体的人进行创造性的思维活动以后，生产出各种不同类型的作品来。所以，在写作实践中，必须要有个体独立的思考和创造。这就是我们所说的写作的特性。

现代写作的特点

（一）个体的主观性

个体的主观性是指作者根据自己的观察或经验经过独立思考后创造出的作品的特性。作品可以融入作者主观的审美感受和独特体验。个体主观性是一个贯穿写作始终的特性。

同样一个事物，不同的人从不同的角度描写和阐述，会有截然不同的效果。例如古代很多著名学者都对秋天情有独钟，但是对秋天意味的表述却大相径庭，所表达的情感也是不一样的。有的表达悲秋的情感，有的表达丰收的含义，这都跟作者的主观意图有关。在写作训练中，可以通过创设生活和体验情境，开阔学生的写作空间。大家知道艺术来源于生活又高于生活，我们的写作也是如此。生活是写作的根源，写作是生活的展现。在高职写作课堂上有意识地创设活动和体验情境，安排学生观察现实生活，贴近并且体验现实生活，可以激活学生的内心情感，激发学生写作的热情和欲望，彻底改变学生作文无话可写、瞎编滥造的局面。要善于调动学生的积极性，激励他们探究、合作，从生活中积累作文素材，写出优秀的文章来。

（二）写作的实践性

写作，从其形式上看，是一种具有劳动操作性质的实践活动。

1. 关于实践

我们曾在政治学科中接触过实践的概念，了解到实践是：①改变自然，使自然满足人们物质生活需要为目的的生产活动。它决定着其他一切活动；②以调整和改革人与人之间社会关系为目的的活动，这种活动在阶级社会中主要表现为阶级斗争；③以探索客观世界奥秘或寻找有效的实践活动方式为直接目的的科学实验活动。除以上三种基本形式外，教育、管理、艺术等一切同客观世界相接触的人的有目的的感性活动，都是实践。写作实践属于社会实践范畴，也具有实践的操作性特征。

2. 写作实践操作性的具体体现

（1）写作的实践操作性

具体体现在"写"上。在这里，"写"就是一种具体的实践。

写作实践没有捷径而言，要想提高写作技能就必须多欣赏名著、多写读书笔记、多进行写作实践。写的实践性不仅体现在作品是在实践中产生的，还体现在写作实践过程中情感的培养以及写作综合能力的提升。没有写作实践，就没有写作主体和客体的存在，写作实践也不可能形成一个完整的整体，当然也就没有现当代时期的好文章。

可以看出，要想提高写作能力，最基础的就是要动笔去写。"写"的行动，是积累写作经验、形成写作理论、提高写作能力的最基本的前提，是领悟写作规律、掌握写作技法、运用写作理论的必经之途。

（2）"写"的主体性

"写"，就是行文，是具有主体能动性、实践性的行为，其实质是主观情感、思维、观念等的外化。"写"的内容来源于主体的内心感觉、生活经历、知识结构，不同的主体对同一事物往往会产生截然不同的主观感觉，从而产生不同风格的作品。

例如，元稹的《菊花》和黄巢的《题菊花》都是写菊花，但是作者所表达的情感是不一样的。菊花虽没有牡丹的华贵、兰花的雅致，却因其能够耐寒傲霜而受到人们的喜爱。元稹的《菊花》，并没有从菊花的品性、外表上加以描绘，而是写出了自己独特的爱菊的原因："不是花中偏爱菊，此花开尽更无花。"而黄巢在诗中却以菊花的笑傲风霜来隐喻农民起义军的意志坚定、作风顽强。

3. 实践的操作性体现在劳动的性质上

劳动与写作的相通之处：

（1）工具化

劳动同写作一样，都需要借助一定的工具。劳动工具的变革必然引起劳动方式的变革。如今，写作的工具从笔、墨、纸、砚变为以电脑为主，也丰富了现代写作的内涵。

很多人选择用电脑写作，他们认为用电脑写作具有下列优点：

第一，可以提高书写速度。这是因为用电脑输入汉字，不仅可以输入单字，还可以输入四字和四字以上的词组，这是普通用笔写作难以匹敌的。第二，修改方便。在纸上修改文章是很麻烦的，不论修改的内容是多是少，最后都要重抄一遍，费时费力。而用电脑写作只需动动插入、改写、删除等键，就可以写作出毫无修改痕迹的文章，省时省力。第三，书写美观。用笔写作因写字功夫的深浅而作者的文字有优有劣，难看的字会让阅读者辨认吃力且失去阅读的耐心。而用电脑写作可以根据需要打出笔画平直的宋体字、端正均匀的楷体字、秀丽突出的仿宋字和笔画粗细相等的黑体字，打印出来的文章如同书刊印刷品一样，令人赏心悦目。

（2）创造性

创造即指两个或两个以上概念或事物按一定方式联系起来，主观地制造客观上能被人普遍接受的事物，以达到某种目的的行为。简而言之，创造就是把以前没有的事物创立或者制造出来，这是一种典型的人类自主行为。因此，创造的一个最大特点是有意识地对世界进行探索性劳动。写作文章必须首先具有丰富的写作实践过程，其次在写作实践过程中还应有自己创新独特的成果。

写作过程要求作者拥有独特的创新意识，敢于推陈出新，用发展的眼光、独特的角度、创新的理念去寻找新的事物，不断追寻与新的事物相适应的写作技法和表达方式，力求写出令人叹为观止的好文章。

（三）写作的综合性

1. 写作是作者生活思想、知识、语言、技巧的动态综合体现，同时与作者的思维、心理、审美活动、交际传播活动等密切相关。这些又都是变量因素，经常处于不稳定的变化状态。

一个人思想理论水平的高低决定了他的思想境界以及作品的高度。思想理论越高，其对世界、人类社会经济生活的认识就越深刻。优秀思想者的作品不仅能够来源于生活而且高于生活，还能够准确把握社会核心价值观，在内容上具有前瞻性。例如，中国古典四大名著为什么成为四大名著，就是因为四大名著的主题代表了社会前进的步伐，能勇于在封建社会抨击封建社会的弊端，具有前卫性和思想性。

一个人的语言和写作技巧的高低决定了文学作品的艺术性以及特色。语言和写作技巧高的人，其作品的艺术特色以及语言特色更具有典型性，特别是写作技巧特别好的作品能够把作者的思想深度表现得淋漓尽致。例如，林语堂先生的作品具有典型性，特别是在作品的语言技巧方面更是技高一筹，在幽默诙谐的同时不缺乏思想深刻性，真正践行了他的座右铭"文章可幽默，做事须认真"。

2. 从写作过程来看，感知、运思、行文的动态综合复杂多变，受作者综合素质的影响和制约。

从作品的感知看，文学作品是人的情感意志的一种表现形式。怀抱在心则为情感意志，用语言把它表现出来就是文学作品。情感在心里激荡，就用作品的语言来表现它，用语言还表达不尽，便用咨嗟叹息的声音来延续它，咨嗟叹息还不尽情，就放开喉咙来歌唱它，歌唱仍感不满足，于是不知不觉手舞足蹈起来。因此，写作过程跟作者的综合素质息息相关。

从作品的运思看，从先秦两汉一直到当代文学，心系国家的文人投身于写作，把自己的思想意见寓于文章典籍中，他们的文章关系到治理国家的伟大功业，是可以流传后世的。而不朽的盛大事业不必借史家的言辞，也不必托高官的权势，声名自然就能流传后世。他们的文章永久流传，不像年龄寿夭有时间的限制，因此作者的综合素质决定了作品的高度。

（四）写作的目的性

写作是对社会生活和客观事物的反映，但又不是生活的照搬，在作者的头脑中是有选择和取舍的，这样就不可避免地具有了主观色彩，这就是写作的目的性。

◆ **名作欣赏** ◆

大堰河——我的保姆

大堰河，是我的保姆。
她的名字就是生她的村庄的名字，
她是童养媳，
大堰河，是我的保姆。

我是地主的儿子，
也是吃了大堰河的奶而长大了的
大堰河的儿子。
大堰河以养育我而养育她的家，
而我，是吃了你的奶而被养育了的，
大堰河啊，我的保姆。

大堰河，今天我看到雪使我想起了你：
你的被雪压着的草盖的坟墓，
你的关闭了的故居檐头的枯死的瓦菲，
你的被典押了的一丈平方的园地，
你的门前的长了青苔的石椅，
大堰河，今天我看到雪使我想起了你。

你用你厚大的手掌把我抱在怀里，抚摸我；
在你搭好了灶火之后，
在你拍去了围裙上的炭灰之后，

在你尝到饭已煮熟了之后，
在你把乌黑的酱碗放到乌黑的桌子上之后，
在你补好了儿子们的为山腰的荆棘扯破的衣服之后，
在你把小儿被柴刀砍伤了的手包好之后，
在你把夫儿们的衬衣上的虱子一颗颗地掐死之后，
在你拿起了今天的第一颗鸡蛋之后，
你用你厚大的手掌把我抱在怀里，抚摸我。

我是地主的儿子，
在我吃光了你大堰河的奶之后，
我被生我的父母领回到自己的家里。
啊，大堰河，你为什么要哭？

我做了生我的父母家里的新客了！
我摸着红漆雕花的家具，
我摸着父母的睡床上金色的花纹，
我呆呆地看着檐头的我不认得的"天伦叙乐"的匾，
我摸着新换上的衣服的丝的和贝壳的纽扣，
我看着母亲怀里的不熟识的妹妹，
我坐着油漆过的安了火钵的炕凳，
我吃着碾了三番的白米的饭，
但，我是这般忸怩不安！因为我
我做了生我的父母家里的新客了。

大堰河，为了生活，
在她流尽了她的乳液之后，
她就开始用抱过我的两臂劳动了；
她含着笑，洗着我们的衣服，
她含着笑，提着菜篮到村边的结冰的池塘去，
她含着笑，切着冰屑悉索的萝卜，
她含着笑，用手掏着猪吃的麦糟，
她含着笑，扇着炖肉的炉子的火，
她含着笑，背了团箕到广场上去
晒好那些大豆和小麦，
大堰河，为了生活，
在她流尽了她的乳液之后，

她就用抱过我的两臂，劳动了。

大堰河，深爱着她的乳儿；
在年节里，为了他，忙着切那冬米的糖，
为了他，常悄悄地走到村边的她的家里去，
为了他，走到她的身边叫一声"妈"，
大堰河，把他画的大红大绿的关云长
贴在灶边的墙上，
大堰河，会对她的邻居夸口赞美她的乳儿；
大堰河曾做了一个不能对人说的梦：
在梦里，她吃着她的乳儿的婚酒，
坐在辉煌的结彩的堂上，
而她的娇美的媳妇亲切地叫她"婆婆"
……
大堰河，深爱着她的乳儿！

大堰河，在她的梦没有做醒的时候已死了。
她死时，乳儿不在她的旁侧，
她死时，平时打骂她的丈夫也为她流泪，
五个儿子，个个哭得很悲，
她死时，轻轻地呼着她的乳儿的名字，
大堰河，已死了，
她死时，乳儿不在她的旁侧。

大堰河，含泪地去了！
同着四十几年的人世生活的凌侮，
同着数不尽的奴隶的凄苦，
同着四块钱的棺材和几束稻草，
同着几尺长方的埋棺材的土地，
同着一手把的纸钱的灰，
大堰河，她含泪地去了。

这是大堰河所不知道的：
她的醉酒的丈夫已死去，
大儿做了土匪，
第二个死在炮火的烟里，
第三，第四，第五

在师傅和地主的叱骂声里过着日子。

而我，我是在写着给予这不公道的世界的咒语。

当我经了长长的漂泊回到故土时，

在山腰里，田野上，

兄弟们碰见时，是比六七年前更要亲密！

这，这是为你，静静地睡着的大堰河

所不知道的啊！

大堰河，今天，你的乳儿是在狱里，

写着一首呈给你的赞美诗，

呈给你黄土下紫色的灵魂，

呈给你拥抱过我的直伸着的手，

呈给你吻过我的唇，

呈给你泥黑的温柔的脸颜，

呈给你养育了我的乳房，

呈给你的儿子们，我的兄弟们，

呈给大地上一切的，

我的大堰河般的保姆和她们的儿子，

呈给爱我如爱她自己的儿子般的大堰河。

大堰河，

我是吃了你的奶而长大了的

你的儿子，

我敬你

爱你！

1933 年 1 月 14 日，雪

（选自艾青《艾青诗选》）

【简评】写作的目的就是写作的主观意图。鲁迅弃医从文，"怒向刀丛觅小诗"，为的是"我以我血荐轩辕"；巴金写下"激流三部曲"和"爱情三部曲"，为的是抗议和控诉封建婚姻和黑暗制度。每一个时代都有每一个时代的主题，每一个时代也有每一个时代的写作目的。

学以致用

1. 你是怎样理解现代写作的含义的？

2. 如何理解现代写作的个体实践性？

3. 写一篇"自画像"，简单地介绍自己的真实情况。

任务二　高职写作课的任务与学习方法

任务设计

在学完本任务之后，根据自己的实际情况写一份写作课的学习计划。

知识探究

一、写作理论的概念

写作理论是对写作实践的规律性概括与总结，它又反过来指导写作实践。高职现代写作课的任务之一就是要向学生传授写作理论。这里的理论是有层次的，"学"有"学"的理论，"术"有"术"的理论。

现代写作理论

虽然高职学生在高中时期都学过写作知识，但这些知识只是最简单的写作技法。而作为当代大学生，特别是未来从事基础教育工作的师范生，全面掌握高职现代写作理论是非常必要的。只有在学习写作理论基础上多读书、多思考、多写作，其文章才能达到读者满意的程度。

既然写作理论如此重要，那么高职现代写作课写作理论的内容都包含哪些呢？

1."四体"相互作用并转化生成的理论

这里的"四体"指的是写作主体、客体、载体和受体。这是写作活动的横向宏观系统。

我们知道现代写作有自己的"规矩"，这里的规矩就是写作当中所提到的"理论"，也就是现代写作理论。也就是说，写文章必须要有章可循，必须要讲究一定的规律，要有基本的写作理论做基础。因此，我们通过多年的学习，知道了写作"四体"——主体、客体、载体和受体相互交融的关系。

2. 写作行为过程的动态递变理论

在写作中，从"物"到"感"到"思"再到"文"的转化生成，是一个立体的动态的递变过程。

例如，唐代大诗人王昌龄在"物"（边塞）的感受中注入了自己的主观情感和理想，而"物"（边塞）反过来又建构了王昌龄的情感思维。还有当代散文家余秋雨的作品。正是传统文化给了余秋雨深深的思索，引发了他对历史文人心路历程的探寻。反过来也可以说，正是余秋雨有这样的文化底蕴，才会陷入深思。至于人们对其"文"的青睐，也是缘于他们对自然对生活的感悟和思辨。

3. 写作技巧方面的理论

技法，指技巧与方法。一切写作实践中的技巧，实际上都是思维的方法；一切写作实践中的方法，实际上就是思维的方法。

（1）传统技法。①赋、比、兴是 2500 多年前《诗经》中产生出来的，也是古典诗词中用得最多的写作技法。赋，就是敷陈、铺陈，就是现今的记叙，需要交代六要素——人物、时间、地点、事件、起因、结果。比，就是以彼物比此物的比喻手法。一般有明喻、暗喻、借喻三种。②衬托是用一种事物去衬托另一种事物，使其中一种事物更加鲜明、突出的技巧。用来衬托的事物叫作客体，被衬托的事物叫作主体。衬托又可以说是用客体衬托主体的技巧。衬托可分为正衬、反衬、侧衬。③悬念，是情节发展中故意制造的使读者产生"紧张期待的心情"的一种技巧。④通感，就是把不同感官产生的感觉沟通起来，借联想引起感觉转移，即用感觉写感觉。

（2）现代技法。①黑色幽默，是指用喜剧的形式表现悲剧内容的文学方法。黑色幽默最初是指美国 20 世纪 60 年代出现的一种重要的文学流派。②意识流是从西方意识流小说中引入的，长于表现人物的多层面意识活动的一种写作技法，包括内心独白、自由联想、时空交错等。③反讽是以超然的态度、戏谑的口吻表达言外之意的方式，包括言语反讽、情景反讽、互文反讽。④蒙太奇是法文 montage 的音译，它本是建筑术语，意为"装配""构成"，借用到电影中，主要指镜头的剪辑、组合，借用到写作中，主要指把不同的时间、不同的地点的生活画面或片段巧妙地"剪辑组合"起来，用以来表现某一主题的手法，包括平行式蒙太奇、联想式蒙太奇、相似性蒙太奇、隐喻式蒙太奇。

（3）辩证技法。①虚与实：虚，即虚写，是指用烘托、暗示等手法对表现对象所做的侧面、间接的表现。实，即实写，是指作者用正面、直接的手法对对象进行反映。②动与静：动与静，就是将对事物的动态描写和静态描写结合起来的写作技巧。③曲与直：曲为曲折，直为平直。曲笔，就是不直接起笔，而是通过制造曲折离奇的故事、大起大落的情节、复杂性格的人物、新奇刺激的环境等来表现对象。④疏与密：疏，即略写，指简要勾勒对象的概貌、神态；密，即详写，指深刻细致地表现对象的内涵、精神。辩证技法还有"抑与扬""隐与显""少与多""断与续"等。

二、现代写作"教"与"学"的方法

1. 教师"教"的方法

教师是学生学习的合作者，首先体现在教育教学的合作上。在传授知识上，师生之间是平等的、民主的，教师不以权威自居，学生也不唯命是从；在探究过程上，学生要成为学习的主体，充分发挥自己的主观能动性，教师要积极引导学生发展，为学生的发展创造一个宽松的环境，使每个学生的个性都能得到最大限度的发展。在教学过程中，师生应共同学习，共同探讨求知的奥秘，教学相长，共同提高。一方面，要进行角色定位。传统教学是以教师为中心的，教师负责教、学生负责学，教学就是教师对学生单向的"培养"活动。教师是知识的占有者和传授者、学生的控制者与管理者。新课程标准在强调学生学习主体地位的同时，也要求教师的角色从原有的传道授业者向学生学习能力的培养者转变。当代社会是信息化的社会，随着出版业的发达、互联网的普及，学生获取信息的渠道越来越多，教师作为学生唯一信息源的地位已经动摇。教师的职责不再只是传授现成教科书的知识，而是要指导学生懂得如何获取自己所需要的知识，掌握获取知识的工具以及学会如何根据认识的需要去处理各种信息的方法，使学生从被动学习转向主动学习，真正成为学习的主体。另一方面，要精心设计实践。在训练设计中，最关键的还是能力训练，其中包括思维能力、创造能力和操作能力的训练。思维能力训练，首先必须对思维规律、思维方式、思维生理机制进行研究，以便有的放矢，针对不同对象设计训练的途径、原则和方案、方法。

因为写作活动具有特殊性，它既是内心情绪的表达，又有一定的技法可以遵循。所以，在现代写作教学活动中，要开阔视野，不仅要有课堂教学，还要把学生带出课堂，感受生活；要运用高科技手段，进行现代新媒体的视觉化教学；还可以开展演讲比赛、征文评比等第二课堂活动。

2. 学生"学"的方法

教学活动是教与学的结合。对学生来讲，掌握好的学习写作的方法，对于达到预期的学习成果有很大帮助。

首先，要深刻理解现代写作理论。我们在要求学生掌握理论知识的同时，还要有自己的思考和理解，要多学习，多思考，拥有一颗敏感的心灵，这样才能更容易写出打动人心的作品来。

其次，要注重提高阅读及写作能力。学习写作的重要目标就是提高写作能力，应通过阅读国内外名著提高鉴赏水平。

再次，练好基本功。我们主要强调学习者的自觉、自悟精神。所谓自觉，是指要有练好这门功夫的觉醒意识，要有练好基本功的强烈责任感，要掌握将来立业从教的本领。所谓自悟，指不能囿于教师的教练指导，亦步亦趋，而是要自己去领悟，自己去体会，自己去设计训练，悟深、悟透、悟出写作的奥妙与真谛。

最后，要追求高素质高水平。大学生的写作素质和水平应该放在一个更高的起点位置上去衡量。学生要尽量多阅读经典文章，同时要多多练笔，既要持之以恒、锲而不舍地学写练写，全面提高个人素质，又要不怕挫折和失败，登上写作的辉煌殿堂，进入化境与胜境。

✏️ **学以致用**

结合本任务内容和本人情况，从提高写作能力和综合素质的角度思考，设计自己的写作训练方案。

◆ **名作欣赏** ◆

桨声灯影里的秦淮河（节选）

朱自清

一九二三年八月的一晚，我和平伯同游秦淮河，平伯是初泛，我是重来了。我们雇了一只"七板子"，在夕阳已去，皎月方来的时候，便下了船。于是桨声汩——汩，我们开始领略那晃荡着蔷薇色的历史的秦淮河的滋味了。

秦淮河里的船，比北京万生园、颐和园的船好，比西湖的船好，比扬州瘦西湖的船也好。这几处的船不是觉着笨，就是觉着简陋、局促；都不能引起乘客们的情韵，如秦淮河的船一样。秦淮河的船约略可分为两种：一是大船；一是小船，就是所谓"七板子"。大船舱口阔大，可容二三十人。里面陈设着字画和光洁的红木家具，桌上一律嵌着冰凉的大理石面。窗格雕镂颇细，使人起柔腻之感。窗格里映着红色蓝色的玻璃；玻璃上有精致的花纹，也颇悦人目。"七板子"规模虽不及大船，但那淡蓝色的栏杆，空敞的舱，也足系人情思。而最出色处却在它的舱前。舱前是甲板上的一部，上面有弧形的顶，两边用疏疏的栏杆支着。里面通常放着两张藤的躺椅。躺下，可以谈天，可以望远，可以顾盼两岸的河房。大船上也有这个，但在小船上更觉清隽罢了。舱前的顶下，一律悬着灯彩；灯的多少、明暗，彩苏的精粗、艳晦，是不一的，但好歹总还你一个灯彩。这灯彩实在是最能勾人的东西。夜幕垂垂地下来时，大小船上都点起灯火。从两重玻璃里映出那辐射着的黄黄的散光，反晕出一片朦胧的烟霭；透过这烟霭，在黯黯的水波里，又逗起缕缕的明漪。在这薄霭和微漪里，听着那悠然的间歇的桨声，谁能不被引入他的美梦去呢？只愁梦太多了，这些大小船儿如何载得起呀？我们这时模模糊糊地谈着明末的秦淮河的艳迹，如《桃花扇》及《板桥杂记》里所载的。我们真神往了。我们仿佛亲见那时华灯映水，画舫凌波的光景了。于是我们的船便成了历史的重载了。我们终于恍然秦淮河的船所以雅丽过于他处，而又有奇异的吸引力的，实在是许多历史的影像使然了。

秦淮河的水是碧阴阴的；看起来厚而不腻，或者是六朝金粉所凝么？我们初上船的时候，天色还未断黑，那漾漾的柔波是这样恬静、委婉，使我们一面有水阔天空之想，一面又憧憬着纸醉金迷之境。等到灯火明时，阴阴的变为沉沉了：黯淡的水光，像梦一般；那偶然闪烁着的光芒，就是梦的眼睛了。我们坐在舱前，因了那隆起的顶棚，仿佛总是昂着首向前走着似的；于是飘飘然如御风而行的我们，看着那些自在的湾泊着的船，船里走马灯般的人物，便像是下界一般，迢迢地远了，又像在雾里看花，尽朦朦胧胧的。这时我们已过了利涉桥，望见东关头了。沿路听见断续的歌声：有从沿河的妓楼飘来的，有从河上船里渡来的。我们明知那些歌声，只是些因袭的言词，从生涩的歌喉里机械地发出来的；但它们经了夏夜的微风的吹漾和水波的摇拂，袅娜着到我们耳边的时候，已经不单是她们的歌声，而是混着微风和河水的密语了。于是我们不得不被牵惹着，震撼着，相与浮沉于这歌声里了。从东关头转弯，不久就到大中桥。大中桥共有三个桥拱，都很阔大，俨然是三座门儿；使我们觉得我们的船和船里的我们，在桥下过去时，真是太无颜色了。桥砖是深褐色，表明它的历史的长久；但都完好无缺，令人太息于古昔工程的坚美。桥上两旁都是木壁的房子，中间应该有街路？这些房子都破旧了，多年烟熏的迹，遮没了当年的美丽。我想象秦淮河的极盛时，在这样宏阔的桥上，特地盖了房子，必然是髹漆得富富丽丽的；晚间必然是灯火通明的，现在却只剩下一片黑沉沉！但是桥上造着房子，毕竟使我们多少可以想见往日的繁华；这也慰情聊胜于无了。过了大中桥，便到了灯月交辉、笙歌彻夜的秦淮河，这才是秦淮河的真面目哩。

大中桥外，顿然空阔，和桥内两岸排着密密的人家的景象大异了。一眼望去，疏疏的林，淡淡的月，衬着蔚蓝的天，颇像荒江野渡光景；那边呢，郁丛丛的，阴森森的，又似乎藏着无边的黑暗；令人几乎不信那是繁华的秦淮河了。但是河中眩晕着的灯光，纵横着的画舫，悠扬着的笛韵，夹着那吱吱的胡琴声，终于使我们认识绿如茵陈酒的秦淮水了。此地天裸露着的多些，故觉夜来的独迟些；从清清的水影里，我们感到的只是薄薄的夜——这正是秦淮河的夜。大中桥外，本来还有一座复成桥，是船夫口中的我们的游踪尽处，或也是秦淮河繁华的尽处了。我的脚曾踏过复成桥的脊，在十三四岁的时候。但是两次游秦淮河，却都不曾见着复成桥的面；明知总在前途的，却常觉得有些虚无缥缈似的。我想，不见倒也好。这时正是盛夏。我们下船后，借着新生的晚凉和河上的微风，暑气已渐渐消散；到了此地，豁然开朗，身子顿然轻了——习习的清风荏苒在面上，手上，衣上，这便又感到了一缕新凉了。南京的日光，大概没有杭州猛烈；西湖的夏夜老是热蓬蓬的，水像沸着一般，秦淮河的水却尽是这样冷冷地绿着。任你人影的憧憧，歌声的扰扰，总像隔着一层薄薄的绿纱面幕似的；它尽是这样静静的，冷冷的绿着。我们出了大中桥，走不上半里路，船夫便将船划到一旁，停了桨由它宕着。他以为那里正是繁华的极点，再过去就是荒凉了；所以让我们多多赏鉴一会儿。他自己却静静地蹲着。他是看惯这光景的了，大约只是一个无可无不可。这无可无不可，无论是升的沉的，总之，都比我们高了。

那时河里热闹极了；船大半泊着，小半在水上穿梭似的来往。停泊着的都在近市的那一边，我们的船自然也夹在其中。因为这边略略的挤，便觉得那边十分的疏了。在每一只船从那边过去时，我们能画出它的轻轻的影和曲曲的波，在我们的心上；这显着是空，且显着是静了。那时处处都是歌声和凄厉的胡琴声，圆润的喉咙，确乎是很少的。但那生涩的、尖脆的调子能使人有少年的、粗率不拘的感觉，也正可快我们的意。况且多少隔开些儿听着，因为想象与渴慕的作美，总觉更有滋味；而竞发的喧嚣，抑扬的不齐，远近的杂沓，和乐器的嘈嘈切切，合成另一意味的谐音，也使我们无所适从，如随着大风而走。这实在因为我们的心枯涩久了，变为脆弱；故偶然润泽一下，便疯狂似的不能自主。但秦淮河确也腻人。即如船里的人面，无论是和我们一堆儿泊着的，无论是从我们眼前过去的，总是模模糊糊的，甚至渺渺茫茫的；任你张圆了眼睛，揩净了眦垢，也是枉然。这真够人想呢。在我们停泊的地方，灯光原是纷然的；不过这些灯光都是黄而有晕的。黄已经不能明了，再加上了晕，便更不成了。灯愈多，晕就愈甚；在繁星般的黄的交错里，秦淮河仿佛笼上了一团光雾。光芒与雾气腾腾的晕着，什么都只剩了轮廓了；所以人面的详细的曲线，便消失于我们的眼底了。但灯光究竟夺不了那边的月色；灯光是浑的，月色是清的。在浑沌的灯光里，渗入了一派清辉，却真是奇迹！那晚月儿已瘦削了两三分。她晚妆才罢，盈盈地上了柳梢头。天是蓝得可爱，仿佛一汪水似的；月儿便更出落得精神了。岸上原有三株两株的垂杨树，淡淡的影子，在水里摇曳着。它们那柔细的枝条浴着月光，就像一支支美人的臂膊，交互的缠着，挽着；又像是月儿披着的发。而月儿偶尔也从它们的交叉处偷偷窥看我们，大有小姑娘怕羞的样子。岸上另有几株不知名的老树，光光的立着；在月光里照起来，却又俨然是精神矍铄的老人。远处——快到天际线了，才有一两片白云，亮得现出异彩，像是美丽的贝壳一般。白云下便是黑黑的一带轮廓；是一条随意画的不规则的曲线。这一段光景，和河中的风味大异了。但灯与月竟能并存着，交融着，使月成了缠绵的月，灯射着渺渺的灵辉，这正是天之所以厚秦淮河，也正是天之所以厚我们了。

1923 年 10 月 11 日作于温州

（选自《朱自清散文精编》，有删改）

项目二　写作行为过程

写作行为过程是指写作是一个逐渐生成的过程，犹如植物从生根、发芽再到开花结果一样，包括写作感知、运思、行文三个阶段。发生在写作主体上的、与写作有关的动作，包括主体内部的动作，即写作主体在全部写作过程中的心理活动和心理状态，如观察、感受、情感、思维、想象、构思等，以及写作的外部动作，如记写、起草、修改等。写作是一种行为过程，即借助书写文字来完成思想表现、感情传递，制作复杂的精神产品。

【学习目标】

1. 了解写作感知、写作运思、写作行文三个阶段的特性、过程和方法。
2. 通过古代诗词进一步理解三个阶段的内容。
3. 能够运用写作行为过程的三个阶段分析文章。

任务一　写作感知

任务设计

你刚刚上大学，所学的是师范专业，对现代写作的写作行为过程逐渐有了一些想法。为进一步规范写作行为过程，请你运用所学理论知识，通过案例完整地阐述写作行为过程。

一、写作感知的概念

◆ **名作欣赏** ◆

　　水陆草木之花，可爱者甚蕃。晋陶渊明独爱菊。自李唐来，世人甚爱牡丹。予独爱莲之出淤泥而不染，濯清涟而不妖，中通外直，不蔓不枝，香远益清，亭亭净植，可远观而不可亵玩焉。（周敦颐《爱莲说》）

　　【简评】思，因感而起；情，因感而生；文，因感而发——感知就是写作行文最初的起点。

　　写作感知是一般感知的特殊形式，它以主体实践为前提，是一种在生理基础上认知和接纳信息，以获得感受、触发情感、启动思维的心理活动，是完成客观外物向主观内识转化的关键。

二、写作感知的特性

1. 个体的差异性

现代写作
感知的特性

　　当写作感知与主体心灵相感应，以独特视角观照时，人们所获得的感知就会因强调个性而具有差异性。我们知道，人的认识并不是单方面的——它受到外界的干扰之后立即引起反应，而是双方面的——干扰刺激与反应相互作用。只要外界的干扰刺激被大脑也就是写作的个体消融于主观的内心当中，人体本能就会自然地对外界干扰刺激做出应答。因此，写作感知不仅是人们感官所获得的被动刺激，更是渗透了主体思想情感、价值观念、文化背景、人生经历等因素的主动行为。

　　参与感知的个体因人而异，各不相同，各有各的特点，因此个体感知到的内容也会五彩缤纷、各具特色。主体对对象的这种不同感知，就是感知的差异性。感知的差异性跟一个人的文化修养、思想情感、兴趣爱好以及所处的社会环境息息相关，它们影响写作素材的选择、写作思路的创建、写作结构的搭建、语言文字的选取以及表达方式的选择。

2. 对象的选择性

　　受到写作主体意识的影响，当客观事物在主体感官所涉及的范围内产生一一对应时，主体对感知的客观事物就会接纳和排斥，这就是写作感知的选择性。如"一见钟情""情有独钟""见仁见智"是感知的接纳；"视而不见，听而不闻"是感知的排斥。

　　一方面，对象的选择性发生在兴趣爱好上。例如，同样是电影爱好者，有人喜欢国内的电影，有人喜欢国外的电影；有人长于听觉感知，就喜欢声音的美；有人长于思维感知，就喜欢挖掘事物的本质。小孩子都喜欢看《西游记》这部名著，因为当孙悟空打败各种妖精时孩子心中有了胜利的喜悦，满足孩子战胜困难的情感。这些都是对象的选择。

另一方面，写作主体本身的知识底蕴和个人情感也影响客体自觉地对客观事物进行选择。凡是对主体写作有共鸣时，就能够激发主体的写作意识，反之则漠然处之。有可能一处风景让人流连忘返，一件陈旧的物品让人浮想联翩，一个动作让人热泪盈眶，一件事情让人感同身受，一首歌曲让人伤心欲绝，一部影片让人慷慨激昂……

3. 感知的审美性

主体和客体之间所形成的无功利的、形象的和情感的关系状态，即是感知的审美性，包括感知选择上的审美评价、感知方式上的审美体验、感知目的上的审美诉求。

◆ **名作欣赏** ◆

云和鸽子

羊令野

坐在窗前，抬眼远望一线蓝空过往流云；偶尔在月夜，卷起竹帘子，就可以玲珑望月了。住在人口密集的城市，你必须自寻闲趣，聊遣寂寥。

在屋脊的夹缝里，能挤出一线蓝空，寄我遐想，自是乐事。甚至屋脊上的一群鸽子飞去，也令人欣羡不已。云和鸽子，想必也是蓝空里最为活跃的天使，让我这没有翅膀无以飞翔的人，似乎亦偕情俱往，心地上忽觉一片海阔天空了。

我喜欢辛弃疾那句"回首叫云飞风起"的词，总觉得那一刹那间，无拘无束地不为当前的局促而感到困顿。摩诘也有一联："行到水穷处，坐看云起时。"莫非他们如同我一样，坐此楼头，看云、看鸽，冉冉飞起，这般心情让云翼鸽翅随之流动了。

我有一句给自己的福音："当你渴望的时候，谁给你一匹云酿的水声、一粒海的结晶盐？"在绝望之中，总有些期盼，水穷之处即云起之时，生命的源泉就因之无限的丰盈。当孔子遇到"不义而富且贵"的时际，就不得不说富贵"于我如浮云"了。

曾去阿里山看过浩瀚的云海，看云海要比看日出更有波澜起伏的壮阔。当你坐在观日楼前，你脚底的尘世已被云海弥漫了，而数点青峰，就成了云海中半沉半浮的岛屿。此刻你真想一苇渡去，也无须一衣一钵了。

然而云霞的变幻，岂真如苍狗，追求得顷刻的呈现，莫不是万物静观皆自得的事了。看日出于瞬间，只怕你失去那美好的机缘。莫等待云消烟散，你什么也没有见到，什么也没有想及，这眼前人事全非，而江山依旧。画家们最困于云水之描绘了，其艰难一笔在于流动之中，这生机盎然，应是有无中难以水墨渲染了。

记起"日边红杏倚云栽"，教人有出尘之想，既高逸又清绝，但也绮丽之至。唯读到青莲《听蜀僧濬弹琴》之后，"不觉碧山暮，秋云暗几重"那种心情和秋云无尽的深思，无从探索，况乃"浮云游子意，落日故人情"乎？他那"白首卧松云"的玄想，益感惆然。奈何毫发无遗憾，胸际波阔独老成，不免那山间云海诡异无端了。

我想飘送一朵流云给你，一似白色的玫瑰花，但愿风便让它流浪到你的窗前、你的襟上，只恐不堪盈手相赠，当作你闲居生涯中的清供；否则就任它流连山中"白云回望合，青霭入看无"算了。

而且我要在天空的田亩上，播种一些地粮，让我手中的鸽子去啄食一季秋天的收获，你说这该多好呢！

（摘自《语文月刊》2000 年第 12 期，有删改）

三、写作感知的过程

写作感知始终在人的主观思维活动的积极参与下发生，因此并不是永久不变的、刻板的，而是包罗万象、五彩缤纷的，包含一个不断选择、不断变化和不断深入的矛盾统一的过程，一共有三个表现：三级选择、三种趋向、三层递进。

现代写作感知的过程

（一）三级选择

写作主体通过本身的听觉、视觉、嗅觉、味觉、触觉等感官器官对客观世界的声音、颜色、味道、温度等进行辨别和选择，但是因个体的差异性并不是全部做出选择。这种选择是写作感知由生理层面向心理层面转换推进，表现为"三种选择"的过程。

1. 目标选择

任何感知都要有特定的对象，这种发生在生理层面的第一级选择叫"目标选择"。例如登山而俯瞰，临海而远眺。

2. 定性选择

客观物体和主体心理双重作用下的第二级选择叫"定性选择"。不同的主体对不同的客体会表现出不同程度的选择，如建筑师往往关注于建筑风格，舞蹈家可能对节奏信息更为敏感与关注。

3. 抽提选择

当以"目标选择"为基础的"定性选择"完成后，感知由神经生理过程层面开始向心理过程层面过渡与转换，这时，原始信息被"简化"，与写作无关的信息被舍弃，对写作意图有一定作用的信息被选择或保留，这就是抽提选择。

（二）三种趋向

1. 由模糊趋向清晰

写作主体对对象的感知，是一个由模糊到清晰，由含混到确定的过程。一方面，感知对象的存在形态往往不是单纯划一的，而是相互交错、复杂多变的模糊集合。另一方面，主体思维也是一个发展的过程，通过主体的个人思维以及知识储备使事物逐渐清晰。当我们的主体思维从模糊的状态成为主体的作品时，也就是清晰完成的过程。

2. 由无序趋向有序

感知对象常常是以各自独立、杂乱无序的状态作用于主体感官的，而一旦被写作主体选择和接纳，积极活跃的感知主体就会对这些杂乱无序的事物进行归纳总结，使其逐渐变得有条理性和系统性，从而为文章表达提供有用的理论依据及素材，使行文更加清晰明了，层次分明。

3. 由残缺趋向完形

写作感知过程中，写作主体受到内心情感和理性思维的双重制约，为创作的需要总是从内心的情感以及心理定式去感知客观事物。然而，被感知物却不一定能够满足主体写作的需要，很可能以一种断断续续、支离破碎的形式出现。这时，主体会产生一种追求完整、完形、完美的感知兴奋，整合破碎，补充残缺，弥合断痕，使感知达到理想而饱满的状态。

（三）三层递进

在这一过程中，感知产生于主体，引起主体一系列生理和心理的反应；感知作用于客体，引起主体对客体不同层面的概括和认识。

1. 主体对事物外在层面的感知——初级阶段，现象上的描述

写作主体刚开始对杂乱无章、毫无头绪的客观事物，有初步认识，由于主体的思想情感、文化底蕴、心理等原因，对客体的现象描述也是不一样的。例如，对春天的景色，有的人喜欢春天的活力，有的人喜欢春天的绿色，但这些仅仅停留在初级阶段。

2. 主体对事物的浅层感知——过渡阶段，有理性地参与

当主体对事物外在层面的感知——初级阶段，现象上的描述之后，会进入下一阶段，主体对事物的看法不一，例如同样读《三国演义》，刚开始读的时候只是简单地看热闹，当读了一段时间后就会对人物有一些简单的思考。这就是第二阶段主体对事物的浅层感知——过渡阶段，有理性地参与。

3. 主体对事物的深层感知——高级阶段，通过联想和想象、分析和综合，获得对事物的理性认识和把握

当主体历经初级阶段、过渡阶段之后，会上升到另一个阶段，主体通过自己的思想情感、文化底蕴、心理等对客观事物进行分析综合以及联想和想象，使客体上升到一个高度，而这时的客体代表了主体的思想感情和主观意识。

◆ 名作欣赏 ◆

汉家寨

张承志

那是大风景和大地貌荟集的一个点。我从天山大坂上下来，心被四野的宁寂——那充斥天宇六合的恐怖一样的死寂包裹着，听着马蹄声单调地试探着和这静默碰击，不由得屏住了呼吸。

若是没有这匹马弄出的蹄音，或许还好受些。三百里空山绝谷，一路单骑，我回想着不觉一阵阵阴凉袭向周身。那种山野之静是永恒的；一旦你被它收容过，有生残年便再也无法离开它。无论后来我走到哪里，总是两眼幻视、满心幻觉，天涯何处都像是那个铁色戈壁，都那么空旷宁寂、四顾无援。我只有凭着一种茫然的感觉，任那匹伊犁马负着我，一步步远离了背后的雄伟天山。

和北麓的蓝松嫩草判若两地——天山南麓是大地被烤伤的一块皮肤。除开一种维吾尔语叫 uga 的毒草是碧绿色以外，岩石是酥碎的红石，土壤是淡红色的焦土。山坳褶皱之间，风蚀的痕迹像刀割一样清晰，狰恶的尖石棱一浪浪堆起，布满着正对太阳的一面山坡。马在这种血一样的碎石中谨慎地选择着落蹄之地，我在暴晒中晕眩了，怔怔地觉得马的脚踝早已被那些尖利的石刃割破了。

然而，亲眼看着大地倾斜，亲眼看着从高山牧场向不毛之地的一步步一分分的憔悴衰老，心中感受是奇异的。这就是地理，我默想。前方蜃气迷蒙处是海拔负 154 米的吐鲁番盆地最低处的艾丁湖。那湖早在万年之前就被烤干了，我想。背后却是天山；冰峰泉水，松林牧场都远远地离我去了。一切只有大地的倾斜；左右一望，只见大地斜斜地延伸。嶙峋石头，焦渴土壤，连同我的坐骑和我自己，都在向前方向深处斜斜地倾斜。

——那时，我独自一人，八面十方数百里内只有我一人单骑，向导已经返回了。在那种过于雄大磅礴的荒凉自然之中，我觉得自己渺小得连悲哀都是徒劳。

就这样，走近了汉家寨。

仅仅有一柱烟在怅怅升起，猛然间感到所谓"大漠孤烟直"并没有写出一种残酷。

汉家寨只是几间破泥屋；它坐落在新疆吐鲁番北、天山以南的一片铁灰色的砾石戈壁正中。无植被的枯山像铁碴堆一样，在三个方向汇指着它——三道裸山之间，是三条巨流般的黑戈壁，寸草不生，平平地铺向三个可怕的远方。因此，地图上又标着另一个地名叫三岔口；这个地点在以后我的生涯中总是被我反复回忆，咀嚼吟味，我总是无法忘记它。

仿佛它是我人生的答案。

我走进汉家寨时，天色昏暮了。太阳仍在肆虐，阳光射入眼帘时，一瞬间觉得疼痛。可是，那种将结束的白炽已经变了，汉家寨日落前的炫目白昼中已经有一种寒气存在。

几间破泥屋里，看来住着几户人。

不知从什么时候起，有了这样一个地名。新疆的汉语地名大多起源久远，汉代以来这里便有中原人屯垦生息，唐宋时又设府置县，使无望的甘陕移民迁到了这种异域。

真是异域——三道巨大空茫的戈壁滩一望无尽，前是无人烟的盐碱低地，后是无植被的红石高山。汉家寨，如一枚被人丢弃的棋子，如一粒生锈的弹丸，孤零零地存在于这巨大得恐怖的大自然中。

三个方向都像可怕的暗示。我只敢张望，再也不敢朝那些入口催动一下马匹了。

独自伫立在汉家寨下午的阳光里，我看见自己的影子一直拖向地平线，又黑又长。

三面平坦坦的铁色砾石滩上，都反射着灼烫的亮光，像热带的海面。

默立久了，突然意识到什么。转过头来，左右两座泥屋门口，各有一个人在盯着我。一个是位老汉，一个是七八岁的小女孩。

他们痴痴盯着我。我猜他们已经好久没有见过外来人了。老少两人都是汉人服饰；一瞬间我明白了，这地方确实叫作汉家寨。

我想了想，指着一道戈壁问道：

——它通到哪里？

老人摇摇头。女孩不眨眼地盯着我。

我又指着另一道：

——这条路呢？

老人只微微摇了一下头，便不动了。女孩还是那么盯住我不眨眼睛。

犹豫了一下，我费劲地指向最后一条戈壁滩。太阳正向那里滑下，白炽得令人无法瞭望。地平线上铁色熔成银色，闪烁着数不清的亮点。

我刚刚指着，还没有开口，那老移民突然钻进了泥屋。

我呆呆地举着手站在原地。

那小姑娘一动不动，她一直凝视着我，不知是为了什么。这女孩穿一件破红花棉袄，污黑的棉絮露在肩上襟上。她的眼睛黑亮——好多年以后，我总觉得那便是我女儿的眼睛。

在那块绝地里，他们究竟怎样生存下来，种什么，吃什么，至今仍是一个谜。但是这不是幻觉也不是神话。汉家寨可以在任何一份好些的地图上找到。《宋史·高昌传》据使臣王延德旅行记，有"又两日至汉家砦"之语。砦就是寨，都是人坚守的地方。从宋至今，汉家寨至少已经坚守着生存了一千多年了。

独自面对着那三面绝境，我心里想：这里一定还是有一口食可觅，人一定还是能找到一种生存下去的手段。

次日下午，我离开了汉家寨，继续向吐鲁番盆地前行。大地倾斜得更急剧了；笔直的斜面上，几百里铺伸的黑砾石齐齐地晃闪着白光。回首天山，整个南麓都浮升出来了，峥嵘嶙峋，难以言状。俯瞰前方的吐鲁番，蜃气中已经绰约现出了绿洲的轮廓。在如此悲凉严峻的风景中上路，心中涌起一股决绝的气概。

我走下第一道坡坎时，回转身来想再看看汉家寨。它已经被起伏的戈壁滩遮住了一半，只露出泥屋的屋顶窗洞。那无言的老人再也没有出现。我等了一会儿，最后遗憾地离开了。

千年以来，人为着让生命存活曾忍受了多少辛苦，像我这样的人是无法揣测的。我只是隐隐感到了人的坚守，感到了那坚守如这风景一般苍凉广阔。

走过一个转弯处——我知道再也不会有和汉家寨重逢的日子——我激动地勒转马缰。遥遥地，我看见了那堆泥屋的黄褐中，有一个小巧的红艳身影，是那小女孩的破红棉袄。那时的天山已经完全升起于北方，横挡住大陆，冰峰和干沟裸谷相映衬，向着我倾泻般伸延的，是汉家寨那三岔戈壁的万顷铁石。

我强忍住心中的激动，继续着我的长旅。从那一日，我永别了汉家寨。也是从那一日起，无论我走到哪里，都在不知不觉之间，坚守着什么。

我不知道那是什么。我只觉得它与汉家寨这地名天衣无缝。在美国，在日本，我总是倔强地回忆着汉家寨，仔细想着每一个细节。直至南麓天山在阳光照耀下的伤痕累累的山体都清晰地重现，直至大陆的倾斜面、吐鲁番低地的白色蜃气，以及每一块灼烫的戈壁砾石都逼真地重现，直至当年走过汉家寨戈壁时有过的那种空山绝谷的难言感受充盈在心底胸间。

（资料来源：人教版语文选修《中国现代诗歌散文欣赏》）

【简评】通过上文可以看出写作感知的三级选择、三种趋向和三层递进是同一过程的三个方面，它们三者之间是一种并列的关系，且相互联系。特别是在我们分析一篇文章的时候，这三个方面在作者的写作感知过程之中都是存在的，切不可割裂来看。

四、写作感知的方法

写作感知作为我们行文应有的起点，其重要性是不言而喻的。那么，如何才能让我们的文章有一个成功的感知呢？

现代写作感知的方法

（一）观察

观察是写作感知的最基本方法，是写作活动的出发点。

首先，要有目的地进行观察。要有具体的目标，在一定的范围内选择观察对象，有重点地进行观察。还要选择好观察点，观察点可以是定点，也可以是动点。定点观察就是选定一个观察点后不变动观察点，即在一个场景中观察。动点观察是根据观察的需要移动观察点，观察过程分散在几个场景中。动点观察实际上是两次以上定点观察的综合。

其次，要全面细致地进行观察。所谓全面，即既要进行不同角度、不同距离的观察，又要进行不同环境、不同场合的观察，还要把观察对象放置在它所处的特定的背景中去观察。宋代文学家苏东坡有诗句"横看成岭侧成峰，远近高低各不同"，说的也是这个道理。所谓细致，就是要抓住事物的细节，抓住它各个方面、各个阶段隐蔽的特征。看，不能只看到事物的表面现象，还要通过现象看到本质。发现，它的前提就是开放感官，竖耳张目，设身处地，感悟生活。

最后，要捕捉事物的特点。既要观察事物的共性，更要注意观察事物的特殊性，要抓住某一事物与其他事物相区别的特征所在。每种事物都具有自身的特点。当某一事物成为我们的写作对象时，我们就要善于从不同方面、不同角度，发现和观察它的特点，然后紧紧把握住这一特点，对事物进行说明或描述，这样才能说得准确、简洁，描述得生动逼真、富有特色。

（二）调查采访

调查采访与观察体验是不能截然分开的，二者往往相互伴随着发生。前者着重于对实事、实物、实情的了解和考察，后者着重于主体对事、物、情的反应和感受。它要求我们首先要真诚和热情，其次要求实和细心，这样才能取得好的调查采访效果。

调查与采访并不是随便问几个问题、做做笔记而已，而是要在调查与采访前就开始做大量的准备工作。唯有收集到充分而翔实的资料，深入到社会生活中，才能写出一篇既有高度又有深度的有价值的文章，获得较好的调查采访效果。

（三）手脑并用，阅读集录

俗话说"好记性不如烂笔头"，勤记、勤练不仅能帮助我们加深对知识的记忆，还能让我们在纷繁的知识海洋中梳理出自己的思想脉络，同时它也是我们阅读的深入和继续。

世间千味、人生百态，我们不可能都一一品尝，而丰富广泛的阅读却能帮我们弥补这一缺憾，开阔我们的思路，引起我们的文思。

◆ **名作欣赏** ◆

涓涓不息　将成江河
——四谈学：资料积累

我们读一些科学名著，常常为它们的旨意高远、体大思精、立论谨严、搜罗丰富而感叹，同时不禁要问：作者从哪里找到这么多的思想和资料呢？其实，这绝非朝夕之功，而是日积月累、辛勤劳动的结晶。

据不完全统计，马克思为了写《资本论》，曾钻研过一千五百种书，而且都做了提要。这种工作毅力令人惊服。列宁也是一样，善于从各方面，包括托尔斯泰、屠格涅夫等人的文学作品在内，汲取他所需要的材料。

读书应做有心人。要善于在平时逐渐搜集对日后有用的资料，把它们写成笔记。有各种各样的笔记：有些是简单的摘录；有些加进了自己的见解，成了创作的半成品；而另一些则是相当完善的精制短篇。零件既备，大器何难！一旦需要时，就可以把它们组织起来，使之成为有价值的著作。

唐代著名诗人李贺，《新唐书》说他："每旦日出，……背古锦囊。遇所得，书投囊中，……及暮归，足成之，……日率如此。"可见，他随时随地都在搜集资料，然后"足成之"以制佳篇。相传王勃的《滕王阁序》，是对客挥毫一气呵成的，这说法未必全面。我认为王勃有坚实的基础，平日积累了许多丽辞佳句，才能当场吐玉泻珠，写出这篇文采飞扬的骈体文压卷名作来。

鲁迅也很重视资料积累。为了研究中国小说史，他从上千卷书中寻找所需要的资料，《古小说钩沉》《唐宋传奇集》等书就是他辛勤辑录的成果。正如他自己所说："废寝辍食，锐意穷搜。"鲁迅积累资料的勤奋态度和认真精神，值得我们学习。

俄国作家果戈理说："一个作家，应该像画家一样，身上经常带着铅笔和纸张。一位画家如果虚度了一天，没有画成一张画稿，那很不好。一个作家如果虚度了一天，没有记下一条思想，一个特点，也很不好……"果戈理总是每天一大早就开始工作。他又说："必须每天写作。如果有一天没有写，怎么办呢？……没关系，拿起笔来，写'今天不知为什么我没写'，把这句话一遍一遍地重复下去，等到写得厌烦了，你就要写作了。"

达尔文是善于直接向大自然索取第一手资料的能手。从1831年踏上军舰做航行考察时开始，他就孜孜不倦地搜集各种珍贵动植物和地质标本，挖掘古生物化石，研究生物遗骸，观察荒岛上许多生物的习性。经过二十七年长期的资料积累和分析、写作，终于发表了轰动一时的《物种起源》，恩格斯称赞它是一部划时代的著作。

没有渐变，不会有质变；没有数量，就谈不上质量。只有平日多学习，多积累，才有可能产生高水平的创作。荀子说："不积跬步，无以至千里；不积小流，无以成江海。"这话对我们是有启发的。

（选自《科学发展纵横谈》，有删改）

【学以致用】读完这篇文章，你对读书有了什么新认识？你能体会到阅读集录的好处了吗？

【简评】伟人或大家的成名，都不是一朝一夕之功，除却才气，他们所倚重的更多的是异乎于常人的勤奋。博闻强记来自丰富大量的阅读与持续不断的观察思考，再加上笔耕不辍的坚忍毅力，一个思想饱满而厚重的人就诞生了。

学以致用

1. 通过案例来回答写作感知的特性有哪些。
2. 在写作中，感知的过程是怎样表现的？
3. 除课文中介绍的写作感知的方法，你认为还有哪些？

任务二　写作运思

任务设计

作为高职学校的学生在高中阶段已经对写作有了初步了解，对现代写作的写作运思逐渐有了一些想法。为进一步丰富我们写作运思的理论知识，请你通过所学的理论知识，写一篇文章，并通过理论知识加以阐述。

知识探究

一、写作运思的概念

运思，即思维的运行。写作，从本质上说就是物化思维，即用语言文字表现作者的思维活动和结果。写作运思以感知为基础，为行文创造条件，并与感知、行文相互渗透，交错行进，贯穿于写作始终。

清代李渔说："袖手于前，始能疾书于后。"就是指只有运思成熟之后才能顺畅地执笔行文。它是我们升华认识、疏通思路、理清材料、设计文章蓝图的必由之路。可以用清代郑板桥画竹的故事，进一步解释运思的概念。运思是贯穿写作活动的一个重要因素。清人郑板桥曰："江馆清秋，晨起看竹，烟光日影露气，皆浮动于疏枝密叶之间。胸中勃勃，遂有画意。其实胸中之竹，并不是眼中之竹也。因而磨墨展纸，落笔倏作变相，手中之竹又不是胸中之竹也。"本段话的大意是：在秋天江边的住所，早晨起来看竹。只见缥缈的烟雾和露气还有太阳的影子，全部都在竹子的枝丫和叶子间移动。于是很有作画的冲动。这时候心中竹子的印象，并不是眼中所看到的竹子形象。磨好墨，展开纸，很快地落笔作画，然而所画出来的竹子却又不是心中所想的竹子的印象了。"眼中之竹—胸中之竹—手中之竹"，胸中之竹是衔接眼中之竹和手中之竹的关键环节。这样的顺序在写作过程中也同样体现。"胸中之竹"这个阶段就是我们要学习的写作运思。

二、写作运思的特性

在集中运思的阶段，其特性是十分明显的。接下来，我们将对写作运思的特性进行逐一梳理。

现代写作运思的特性

1. 运思的广阔性

运思的广阔性，是对思维的对象而言的。要培养思维的广阔性，应学会多角度、全方位思考，善于分析、概括、总结、联想和想象，运用各种思路。这样，一弯月亮、一轮明月、一湖清泉、一缕青丝都有可能引发我们的思考。例如苏轼的《题西林壁》，作者从"横看""侧看""远看""近看"等不同角度对庐山进行了描写，全方位地进行观察。只用两句诗，庐山的雄伟和壮丽就生动地展现在我们面前。这正是运思广阔性的最好体现。

2. 运思的多变性

运思的多变性表现在运思的模糊上。这种模糊是指主体在运思过程中对感性材料和理性材料认识的多义性、多角度性，运思方法与层次的差异性、交叉性，以及信息交换时相互作用、相互影响的渗透性。

运思如同开启思路的按钮。只要作者展开构思，就必然会留下思路，思路就是思维前进留下的轨迹。思路中断、阻塞，肯定是思维出现了问题。构思会促使思维前进，命意选材会给思维提供内容，布局谋篇、遣词造句都会促使思路不断向前推进。为了避免构思中出现思维滞涩或思绪散乱的情形，最好努力找到促使思绪聚合的"线索"，这是构思的一个关键点。要将这条可明可暗的线索贯穿于全文中，构思就不会走弯路。运用这一线索，就可以把作者构思中逐渐明朗起来的内容片段、情节段落，依据表现写作发现和塑造形象的需要穿结起来，组成一个完整、和谐、统一的有机整体。线索在构思中能起到穿针引线的作用，但它一般不独立存在，往往是随着构思的思路一起出现的，并作用于构思之中，使构思由最初的朦胧的意念，随着思路而自觉不自觉地发展，逐渐形成并明朗化。

3. 运思的敏捷性

所谓敏捷性，是就思维的速度而言的，是指善于抓住客体事物的特点，并在头脑中做出迅疾反应。运思敏捷性是思维的品质之一，指善于迅速地发现和解决问题的思维特征。它主要表现在用词的流畅性、观念的流畅性、表达的流畅性和联想的流畅性等方面。具有思维敏捷性的人会表现出如下特点：多谋善断，反应迅速，应变果断，即使在某种紧急情况下，也能积极地进行思维，周密地考虑，正确地判断，迅速地做出决定。例如，千百年来，人们一直津津乐道于曹植的七步成诗、李白的斗酒诗百篇，这实际上体现了人们对写作运思的希求：用最快的速度收集材料，快速构思，迅疾成文。

思维的敏捷性不同于思维的轻率性。思维轻率的人，表现为遇到问题急躁而不冷静，草率而不周密，迅速而不解决问题。因此，思维的轻率性是一种有害的思维品质，容易给工作带来损失。思维的敏捷性是以思维的广阔性与深刻性、思维的独立性与批判性、思维的灵活性等品质为前提的。只有具备了高度发展的灵活而又广阔的思维，才能在思考问题时周密而迅速地做出结论。思维的敏捷性品质对于军事、司法及其他紧急状况下进行决策的决策者尤为重要。

4. 运思的深刻性

所谓深刻性，是就思维的程度而言的，指善于从表面现象中抓住事物本质及其内在联系。在感性材料的基础上经过思维过程去伪存真、由表及里，于是在人们的脑子里生成一个认识过程的突变（飞跃），而产生了概念。个体在这个过程中表现出深刻性的差异。思维的深刻性集中表现在善于深入地思考问题，抓住事物的规律和本质，预见事物的发展进程。思维深刻性的差异表现在思维形式的个体差异，即在形成概念、构成判断、进行推理和论证的深度上是有差异的。例如在小说《复活》中，同样一个故事，在不同人的手里却有不同的处理方式。最先听到这个故事的是柯尼，但他只把罗查利之事当作逸闻和笑料随便讲讲；而托尔斯泰却从这个故事开始深刻的思考，挖掘故事背后更深层的意义，于是才有了今天不朽的名著《复活》。

5. 运思的独创性

所谓独创性，是就思维的品质而言的，是指思维不落俗套、别致新颖，具有鲜明的个性特征。

◆ **名作欣赏** ◆

一只特立独行的猪

王小波

插队的时候，我喂过猪，也放过牛。假如没有人来管，这两种动物也完全知道该怎样生活。它们会自由自在地闲逛，饥则食渴则饮，春天来临时还要谈谈爱情；这样一来，它们的生活层次很低，完全乏善可陈。人来了以后，给它们的生活做出了安排：每一头牛和每一口猪的生活都有了主题。就它们中的大多数而言，这种生活主题是很悲惨的：前者的主题是干活，后者的主题是长肉。我不认为这有什么可抱怨的，因为我当时的生活也不见得丰富了多少，除了八个样板戏，也没有什么消遣。有极少数的猪和牛，它们的生活另有安排。以猪为例，种猪和母猪除了吃，还有别的事可干。就我所见，它们对这些安排也不大喜欢。种猪的任务是交配，换言之，我们的政策准许它当个花花公子。但是疲惫的种猪往往摆出一种肉猪（肉猪是阉过的）才有的正人君子架势，死活不肯跳到母猪背上去。母猪的任务是生崽儿，但有些母猪却要把猪崽儿吃掉。总的来说，人的安排使猪痛苦不堪。但它们还是接受了：猪总是猪啊。

对生活做种种设置是人特有的品性。不光设置动物，也设置自己。我们知道，在古希腊有个斯巴达，那里的生活被设置得了无生趣，其目的就是要使男人成为亡命战士，使女人成为生育机器，前者像些斗鸡，后者像些母猪。这两类动物是很特别的，但我以为，它们肯定不喜欢自己的生活。但不喜欢又能怎么样？人也好，动物也罢，都很难改变自己的命运。

以下谈到的一只猪有些与众不同。我喂猪时，它已经有四五岁了，从名分上说，它是肉猪，但长得又黑又瘦，两眼炯炯有光。这家伙像山羊一样敏捷，一米高的猪栏一跳就过；它还能跳上猪圈的房顶，这一点又像是猫——所以它总是到处游逛，根本就不在圈里待着。所有喂过猪的知青都把它当宠儿来对待，它也是我的宠儿——因为它只对知青好，容许他们走到三米之内，要是别的人，它早就跑了。它是公的，原本该劁掉。不过你去试试看，哪怕你把劁猪刀藏在身后，它也能嗅出来，朝你瞪大眼睛，嗷嗷地吼起来。我总是用细米糠熬的粥喂它，等他吃够了以后，才把糠兑到野草里喂别的猪。其他猪看了嫉妒，一起嚷起来。这时候整个猪场一片鬼哭狼嚎，但我和它都不在乎。吃饱了以后，它就跳上房顶去晒太阳，或者模仿各种声音。它会学汽车响、拖拉机响，学得都很像；有时整天不见踪影，我估计它到附近的村寨里找母猪去了。我们这里也有母猪，都关在圈里，被过度的生育搞得走了形，又脏又臭，它对它们不感兴趣；村寨里的母猪好看一些。它有很多精彩的事迹，但我喂猪的时间短，知道得有限，索性就不写了。总而言之，所有喂过猪的知青都喜欢它，喜欢它特立独行的派头儿，还说它活得潇洒。但老乡们就不这么浪漫，他们说，这猪不正经。领导则痛恨它，这一点以后还要谈到。我对它则不只是喜欢——我尊敬它，常常不顾自己虚长十几岁这一现实，把它叫作"猪兄"。如前所述，这位猪兄会模仿各种声音。我想它也学过人说话，但没有学会——假如学会了，我们就可以做倾心之谈。但这不能怪它，人和猪的音色差得太远了。

后来，猪兄学会了汽笛叫，这个本领给它招来了麻烦。我们那里有座糖厂，中午要鸣一次汽笛，让工人换班。我们队下地干活时，听见这次汽笛响就收工回来。我的猪兄每天上午十点钟总要跳到房上学汽笛，地里的人听见它叫就回来——这可比糖厂鸣笛早了一个半小时。坦白地说，这不能全怪猪兄，它毕竟不是锅炉，叫起来和汽笛还有些区别，但老乡们却硬说听不出来。领导因此开了一个会，把它定成了破坏春耕的坏分子，要对它采取专政手段——会议的精神我已经知道了，但我不为它担忧——因为假如专政是指绳索和杀猪刀的话，那是一点门都没有的。以前的领导也不是没试过，一百人也逮不住它。狗也没用：猪兄跑起来像颗鱼雷，能把狗撞出一丈开外。谁知这回是动了真格的：指导员带了二十几个人，手拿五四式手枪；副指导员带了十几人，手持看青的火枪，分两路在猪场外的空地上兜捕它。这就使我陷入了内心的矛盾：按我和它的交情，我该舞两把杀猪刀冲出去，和它并肩战斗。但我又觉得这样做太过惊世骇俗——它毕竟是只猪啊；还有一个理由，我不敢对抗领导，我怀疑这才是问题之所在。总之，我在一边看着。猪兄的镇定使我佩服之极：它很冷静地躲在手枪和火枪的连线之内，任凭人喊狗咬，不离那条线。这样，拿手枪的人开火就会把拿火枪的打死，反之亦然；两头同时开火，两头都会被打死。至于它，因为目标小，多半没事。就这样连兜了几个圈子，它找到了一个空子，一头撞出去了；跑得潇洒至极。以后我在甘蔗地里还见过它一次，它长出了獠牙，还认识我，但已不容我走近了。这种冷淡使我痛心，但我也赞成它对心怀叵测的人保持距离。

我已经四十岁了，除了这只猪，还没见过谁敢于如此无视对生活的设置。相反，我倒见过很多想要设置别人生活的人，还有对被设置的生活安之若素的人。因为这个缘故，我一直怀念这只特立独行的猪。

（选自《王小波全集》，有删改）

【简评】本文充分地体现了写作运思的独创性和深刻性。《一只特立独行的猪》是王小波的著名篇章之一。作者选择了一只猪作为文章的主角，并对其特立独行进行了诙谐幽默的描写。其选材角度非常新颖，发人所不能发，想人所不敢想，运思的独创性展现得淋漓尽致。同时，作者通过对猪的行为的描写，重点落脚在其敢于无视生活的设置的立意上，实则是通过猪反讽人类，展现出作者不凡的立意，也很好地体现了运思的深刻性的特点。

三、写作运思的过程

读下面的案例，想想你从这篇案例中能得到什么体会，思考作者的写作运思过程是怎样的。

现代写作运思的过程

学以致用

《汤姆叔叔的小屋》创作故事

著名小说《汤姆叔叔的小屋》的作者斯托夫人，1811年6月14日出生于北美一个著名的牧师家庭，1896年去世。斯托夫人在青年时代随全家迁往距南部蓄奴州只隔一河之遥的辛辛那提，她亲眼看到南部奴隶主残酷压迫下的黑奴的悲惨生活。基督教的博爱思想和政治上的民主主义理想，使她对黑奴的命运十分关注。

有一天，斯托夫人接到嫂嫂的来信，嫂嫂爱德华·比彻夫人在信中请求她写点东西，让全国人民都能知道可恶的奴隶制是什么样子。斯托夫人说："上帝帮助我吧。我将要把我所了解的事情写出来。只要我活着，我就一定写。"几天后，《汤姆叔叔的小屋》的第一章就写出来了。据斯托夫人的回忆，有一次，她在布伦斯威克教堂做礼拜，突然创作灵感涌上心头，汤姆叔叔的遭遇渐渐在她脑海里形成一个完整的故事。当天下午，她回到家，锁上门，就写了起来。稿纸不够，她就用食品包装纸代替。写完第一章后，斯托夫人念给丈夫和孩子们听。他们深受感动，斯托先生鼓励妻子继续写下去，说："这样写下去，你就可以写一部了不起的书。"

小说一经问世，在国内外引起极大的重视和反响。林肯总统在接见斯托夫人时，曾称她为"写了一部书，酿成一场大战的小妇人"。

（选编自人民网）

【简评】通过本案例可以看出作者写作运思的过程。斯托夫人目睹了奴隶制的野蛮和落后，既有材料也有发现，内心又积聚了强大的张力，但由于缺少外在机缘的刺激，一直未能成文。直到嫂嫂的来信，其创作欲望才迅速地被激发。过去18个月连眉目都没有的《汤姆叔叔的小屋》，在半年多时间就完成连载并结集出版。

写作运思呈现一定的流变状态，沿着一定的思路向前跃动、推进。其过程主要是：

1．由模糊到清晰推进

一方面，写作运思的存在形态往往不是独立存在的，也不是单纯存在的，而是相互联系、发展变化、错综复杂的模糊集合。另一方面，主体思维也有其发展的过程，通过主体的个人思维以及知识储备使事物逐渐清晰。当我们的主体思维从模糊的状态成为主体的作品时，也就是完成了清晰的过程。

2．由无序趋向有序

客体常常以独立存在、杂乱无章的状态作用于主体感官，而且被写作主体选择和接纳。积极活跃的感知主体对这些杂乱无章的事物进行归纳总结，逐渐变得有条理性和系统性，从而为文章的表达提供有用的理论依据及素材，使行文更加清晰明了、层次分明。

3．由具象到抽象推进

写作运思的进程，符合人类思维发展的一般规律，即由具象思维到抽象思维的过程。从运思的发端来看，它一般由具体的事物引发，如一段刻骨铭心的事件、一场惊心动魄的比赛、一段怡然自得的旅行、一幅印象深刻的水彩画、一段富有哲理的话等。由此展开的思维活动也首先围绕感性世界进行，或情绪涌动，或心潮起伏。在经过了触发、静思、入迷三种思维状态后，主体对事物的认识会逐渐全面、深入，再运用联想、想象、引申、排列、取舍等手段，使写作运思由繁杂到单纯，由具象到抽象，由肤浅到深刻，最后向理性王国迈进。

4．由整体向局部推进

其中包含整体运思和局部运思。

（1）整体运思。

①认识线——立意定体。即指运思中为内容选定模式的过程，它不仅具有"合模"的趋向，而且具有动态可塑性。确定具体体裁的原则是内容决定形式，形式为内容服务。例如：我们有了一个好的思想，那么就要考虑是写成小说还是写成散文，是写成随笔还是写成偶感。譬如到大连旅游之后，你想向父母报告一下自己的游踪和观感，你就可以写成书信；你在游玩中遇到一些使你感动的人或事，你就可以写随笔、漫录；你在游金石滩、中山公园、发现王国等地之后，觉得中山公园特别吸引人，并引起你的遐思，你就可以写成一篇诗意浓郁的抒情文；如果碰到一些很特别的事，甚至可以再加点想象写成一篇小说……

总之，要根据立意内容来确定表现形式——具体的体裁。

②信息线——选材取事。不同的立意需要不同的材料来表现。文章的"意"是文章的"灵魂"和"统帅"，而材料则是"血肉"和"士兵"。在立好"意"以后就要选择能充分表现主题的材料写入文中，而舍弃那些和主题无关或关系不大的材料。例如，我们可以写写父亲日常的生活轨迹，选取日常生活的小事，虽然这些事很小很琐碎，但写完之后，你却能从由这些小事堆砌的字里行间读出浓浓的父爱。

③布局线——架构谋篇。架构谋篇的过程具体表现为定基调、理线索、搭骨架，一

定要找准一个角度，即下笔的落点。例如：某些作家曾到某一个地区的一家农户深入生活，从一位农业专家的角度写出报告文学《农业专家》；农业专家的女儿打扮漂亮，又烫了时髦发型，却看不起农村环境，作者从她和家庭矛盾的角度构思谋篇，写出小说《路》；又从人才学角度，剖析农业专家的成长道路，写出论文《希望的田野》。

（2）局部运思。

局部运思指思考事物整体的一个部分、一个方面、一个阶段。主要有三点：思考层段、推敲枝节、生成句子。例如，我们还是写一篇关于父亲的文章。我们描写父亲的爱，所选事例都是日常生活中很小甚至琐碎的事，如此平凡却又如此熟悉，是你我都可能经历过的。而且，遣词造句也朴实，但写的时候通过一番筛选和组合，呈现在读者面前的却是字里行间透出的浓浓父爱。

四、写作运思的方式

运思方式，其实质就是思维方式。"思维的大脑神经回路说"认为，神经回路具有不同的构成方式，分别具有发散、收敛、突现的功能。写作运思正是综合体现这些功能的复杂精神活动。因此，发散、收敛和突现也相应地成为运思的基本方式。

现代写作运思的方式

1. 发散型运思

发散型运思，又叫辐射性思维、放射性思维、扩散性思维或求异性思维，是指大脑在思维时呈现的一种扩散状态的思维模式，它表现为思维视野广阔，思维呈现出多维发散状。如"一题多解""一事多写""一物多用"等方式，培养发散思维能力。不少心理学家认为，发散思维是创造性思维的最主要的特点，是测定创造力的主要标志之一。发散、收敛和突现也相应地成为运思的基本方式。

发散型运思的典型方法有两种，分别是想象和联想。想象以观察为前提，以表象为基础，以知识和经验为跳板，以情感为动力。联想是因一事物而想起与之有关事物的思想活动。例如，钱钟书在《围城》中勾画"买办"的脸谱，是要讽刺"买办"的媚外和无谓的炫耀，仅联想两个事物，一是"嘴里嵌的金牙"，二是"牙缝里的肉屑"，就将其意思表达得淋漓尽致，令人印象深刻。

2. 收敛型运思

收敛型运思，亦称"辐合性思维""求同性思维"，是指通过分析、综合、比较、判断和推理选择出最有价值设想的一种有方向、有范围、有条理的思维方式。与"发散型思维"相对。其主要特点是求同，对有关的尤其是主要的信息进行分析与综合、归纳与概括。

收敛型运思的基本过程是：收敛信息寻找"中心"→确立"中心"→围绕"中心"进行综合。

3. 突现型运思

突现型运思是一种豁然顿悟的运思。它的一般进程是"苦思—搁置—断续思考—潜意识思考—机遇—脱颖而出（即顿悟）"。从苦思到潜意识思考是准备、酝酿的沉思阶段；机遇是灵感突发的外界诱因、引爆的火花；顿悟则是感知觉、意象和观念的豁然贯通与认识的飞跃，仿佛电视屏幕上从光点的聚拢排列到刹那间的突然成像，是一种疑窦顿开、文思如潮的思维状态。例如，我们听到过的一个故事《苏小妹三难新郎官》就是突现型运思的经典案例。看似偶然的经过，其实渗透着作者坚持不懈的思考和努力。

学以致用

仔细阅读《夜雨寄北》。在这首诗中，写作运思是怎样表现的？

任务三　写作行文

任务设计

作为高职学校的学生在高中阶段已经对写作有了初步了解，对现代写作的写作运思逐渐有了一些想法。为进一步丰富我们写作行文的理论知识，请你通过所学的理论知识，写一篇文章并通过理论知识加以阐述。

知识探究

一、写作行文

行文是对思维的创作和检索，既是思维活跃的具体体现，也是思维内容和思维成果的文体形式展示和符号化过程。

现代写作行文的
特性和过程（一）

二、写作行文的特性

（一）操作性

这一点很容易理解。我们要写文章，就必须要有一定的工具和方法，这就是行文的操作性。

（二）外化性

一件事物，我们光在脑子里边想是不够的，还必须把它转化成一些实实在在的东西才能让其他的人也感知到这个事物。此时，这种思想的外化就要借助于一定的符号来完成，比如文字、声音、图像等。例如，民歌是一首叙事诗、儿童诗、格律诗，流行歌曲是一首朦胧诗、科幻诗、自由诗，这是我们对民族歌曲与流行歌曲的感知与理解。以形象的方式进行表述，并将这种理解，通过文字的形式来向外界传递，这就体现出作者对"歌曲"这个事物的"外化"。

三、写作行文的过程

写作行文的过程是主体心手如一的综合性操作，它体现为运思成果向语言文字的过渡与转化。下面我们就来逐一梳理一下。

前面我们讲到了感知与运思，二者既是行文的心理起点，同时也是为行文所做的思想准备。行文的过程就是将我们之前准备的这些所思所想用一种让别人也能明白的方式展现出来。具体展开主要包括以下几点：

1. 气韵贯通，以旨统文

我们写文章首先要思路顺畅、线索明确，要让别人读来能跟着我们的思路走下去，意到笔到，语言不啰唆，不牵强附会，努力使文章的段落层次清晰易懂。例如我们在高中阶段学过的《醉翁亭记》。《醉翁亭记》是欧阳修脍炙人口的传世之作。全文首尾呼应，内在逻辑严密，上下贯通，浑然一体。这样的文章仿佛有一种内在的气韵，给人以一种鲜活生动之感，意到笔到，意贯文随，意尽言止，自然流畅。

2. 搭配词语，组合句段

（1）搭配词语。

词语搭配是一个词语和另一个词语的前后组合。在语言实践中，词和词组的搭配有一定的限度，不能任意组合。选词时，我们应注意词语的准确、形象、恰当。

✎ **学以致用**

相传，苏东坡与他的妹妹苏小妹及诗友黄山谷一起论诗。苏小妹说出"轻风细柳"和"淡月梅花"后，要哥哥从中各加一字，说出诗眼。苏东坡当即道：前者加"摇"，后句加"映"，即成为"轻风摇细柳，淡月映梅花"。不料，苏小妹却评之为"下品"。苏东坡认真思索后，得意地说："有了，'轻风舞细柳，淡月隐梅花'。"小妹微笑道："好是好了，但仍不属上品。"一旁的黄山谷忍不住了，问道："依小妹的高见呢？"苏小妹便念了起来："轻风扶细柳，淡月失梅花。"苏东坡、黄山谷吟诵着、玩味着，不禁拊掌称妙。

【互动】 读完这个小故事，你对诗中的"摇"与"映"、"舞"与"隐"、"扶"与"失"有何感想呢？你体味出这三组词之中的细微差别了吗？

【简评】 "摇""舞"之态，动作幅度较大，而"轻风""细柳"皆为轻柔之物景，其动姿均不宜过大，故轻轻一个"扶"字足可衬托其轻盈之态。而"映""隐"只是对"淡月""梅花"的白描，一个"失"字却可以将月弄梅花之态写活。

（2）组合句段。

组合关系，也称句段关系，可比作横向水平关系，指一个语言元素与另一个语言元素同时排列在言语链条上，构成语言要素在现场的组合。句子是文章的骨架。要立文，首先就要"立骨"。句还是词与段之间的过渡。词组句、句组段，一环套一环，哪里出了问题都写不出一篇好文章。句与句不仅是支撑文章的骨架，也是贯通文章意蕴的经脉，因此句间的起承转合尤为重要。例如"我屡战屡败"和"我屡败屡战"的差别，同样的五个字组合出的两个句子，说的是同一件事，表达出的却是两种意蕴。"我屡战屡败"难免给人一种衰颓之势，费了力气，却毫无成效可言，等于做的是无用功；而"我屡败屡战"则是强调了自己尽心职守，不屈战斗，虽战果不尽如人意，但精神可嘉，相比于第一种说法则对自己更为有利。两相对比，我们便不难看出炼句之功用了。

3．建构句型，搭建段落

文章有了筋骨还不够，还要有血肉才算完整，段落就是这个"血肉"。

（1）句型组建。

句型建构的基本形态有四种：叙述、描写、议论、说明。四种形态在表述功能上各有优缺，具体选用哪种句式应择文、择意而定。

现代写作行文的
特性和过程（二）

（2）段落搭建。

段落是在句型的基础上形成的。句是骨架，段是血肉，有什么样的骨架，才能堆砌出什么模样的血肉。段落搭建的基本形态具体展开有三种：记叙体段落、议论体段落和说明体段落。每一种构建形式在篇章中都有其不同的功用。

例如我们在高中学过《林黛玉进贾府》这篇文章，其中描写贾宝玉初见林黛玉的场景最为经典。段中既有对事件的记叙句型，也有对人物外貌的描写句型，同时还兼有说明跟议论的句型。由此我们知道：一个段落的构建，大都由多种句型组合而成。这样的段落显得丰满而有吸引力。这几种句式或段落的构建方式并不是水火不容的，它们也可在一篇文章中混合使用，以使文章显得层次有致。

4．行文推进，篇章构建

文章大体都由开头、中段、结尾三个部分构成。它是由"骨架"与"血肉"所构成最后呈现出来的"人形"。

文章的构建大体上也可分为三类：记叙类文章、议论类文章和说明类文章。不同的文章类型有不同的建构模式，其内容的组织与结构安排也不尽相同。

记叙体段落——"场面"

《西游记》中写唐僧师徒历经的九九八十一难，则是典型的叙事文本中各种不同"场面"的转换。

议论体段落——"论层"

罗素的《我为什么而活着》就是一篇"论层"的典型文本。文章开篇便开门见山地提出"对爱情的渴望，对知识的追求，对人类苦难不可遏制的同情，这三种纯洁而无比强烈的感情支配着我的一生"。接下来便分开对爱情、知识和苦难——做了议论和阐释。最后一段再次点题。文章用议论类文章常用的总—分—总的形式，将"我为什么而活着"这个富于哲思的问题做了明确的回答和论述，读来让人觉得心灵震撼，穿透灵魂。

说明体段落——"释项"

茅以昇《中国石拱桥》即是说明文中"释项"的典型案例。全文共有四个释项组成。介绍中国石拱桥的特点；分别以赵州桥和卢沟桥为例进行特点分析；再解释中国石拱桥取得辉煌成就的原因。层次清楚，语言简练，是说明文中的经典之作。

四、写作行文的方法

(一) 人称角度

1. 第一人称视角，也就是所说的有限叙述视角。包括"主要人物自述"视角、"次要人物侧叙"视角和"局外人旁叙"视角。"主要人物自述"视角，又叫"主人公视角"。"主要人物自述"视角，是让主要人物自述其事，如鲁迅的《从百草园到三味书屋》《藤野先生》《狂人日记》《社戏》等。其好处在于，人物叙述自己的事情，自然而然地带有一种特殊的亲切感和真实感，体现出鲜明的主体性与浓郁的抒情性。只要他愿意就可以袒露内心深处隐秘的东西，便于揭示主人公自己的深层心理，对于其他人物，也可以从外部描写，并运用一定的艺术方式接触到他们的内心世界。这种视角的主要局限是受视点人物本身条件，诸如年龄、性别、教养熏陶、思想性格、气质、智商等等的限制。弄不好容易造成主人公的情况与其叙事话语格调、口吻等的错位。以当事人的口吻来记叙的，叫第一人称记叙。在文章中出现的是"我"或"我们"，所记叙的都是"我"或"我们"的所见、所闻、所做、所感。

2. 第二人称视角。所谓第二人称视角就是文章中频频出现"你"的称呼，作者采用这种称呼有两种情况：一是"把读者置于叙述者的对面"的视角，如魏巍的《谁是最可爱的人》中的用法。这种方法可以消除作者与读者之间的距离感，使读者感觉亲切、自然。二是"让读者旁观，面对写作对象"的视角。采用第二人称视角，如同面对面交流，便于抒情，便于沟通，可增强文章的抒情性，使记叙更加精彩，使文章显得更加灵动。

3. 第三人称视角。第三人称视角是以旁观者的身份来记叙的，用"第三者"的口吻，将"他"或"她"的经历和事情的变化过程告诉读者。第三人称视角，包括"全知视角""半知视角"和"借人物的视角"三小类。"全知视角"也就是叙述者比任何人物知道得都多，他全知全觉，而且可以不向读者解释这一切他是如何知道的。例如毕淑敏的《紫色人形》可以很清楚地看到作者在行文中的人称转换。小说先以作者像讲述亲身经历的事情一样，从"那时我在乡下医院当化验员"开始，用回忆的叙述视角展开。接着又通过老大妈的回忆，直接借老大妈的视角促进小说的进一步发展。作者通过不同视角的运用，给读者展现了一个动人心魄的爱情故事。

(二) 循体行文

循体行文即遵循一定的文体格式进行文字表述。这个比较好理解，即不同的文体都有各自不同的行文方式。其基本要求和方法主要有以下三点：

1. "挑选"与"合成"

即挑选典型，而后再将这些"典型特征"合二为一。文学创作讲"源于生活，高于生活"，或许就是源于此。文学作品中的人物形象大多都有其生活中的原型，但是又不仅仅只是原型的简单再现。它往往会整合多重人物身上的特点进行集中表现，以使所塑造的人物形象更加鲜明、个性更加突出，表现出文学作品所要展现的特殊艺术效果。

2. "整块"与"化了"

"整块"就是选择真实材料；"化了"就是融入作者的主观感情。它通过主体的观察、感受得来，化解在心里，看起来零碎，实则血肉丰满。例如韩愈《祭十二郎文》，十二郎是韩愈之侄，虽名为叔侄，感情却胜似手足。即为十二郎过世之后韩愈所作的一篇纪悼文章。文中所记皆为他与十二郎之间的一些家常琐事，但作者将这些细碎的感受整理出来，通过其至情的笔调，让人读来感到的却是字字血泪，感人心脾。

3. "雕像"与"塑像"

实用文体用"雕像式"；文学文体用"塑像式"。正如契诃夫所说的："在大理石上刻出人脸来，无非是把这块石头上不是脸的地方都剔掉罢了。"

◆ 名作欣赏 ◆

回忆我的母亲

朱　德

得到母亲去世的消息，我很悲痛。我爱我母亲，特别是她勤劳一生，很多事情是值得我永远回忆的。

我家是佃农。祖籍广东韶关，客籍人，在"湖广填四川"时迁移四川仪陇县马鞍场。世代为地主耕种，家境是贫苦的，和我们来往的朋友也都是老老实实的贫苦农民。

母亲一共生了十三个儿女。因为家境贫穷，无法全部养活，只留下了八个，以后再生下的被迫溺死了。这在母亲心里是多么惨痛悲哀和无可奈何的事情啊！母亲把八个孩子一手养大成人。可是她的时间大半被家务和耕种占去了，没法多照顾孩子，只好让孩子们在地里爬着。

母亲是个好劳动。从我能记忆时起，总是天不亮就起床。全家二十多口人，妇女们轮班煮饭，轮到就煮一年。母亲把饭煮了，还要种田，种菜，喂猪，养蚕，纺棉花。因为她身体高大结实，还能挑水挑粪。

母亲这样地整日劳碌着。我到四五岁时就很自然地在旁边帮她的忙，到八九岁时就不但能挑能背，还会种地了。记得那时我从私塾回家，常见母亲在灶上汗流满面地烧饭，我就悄悄把书一放，挑水或放牛去了。有的季节里，我上午读书，下午种地；一到农忙，便整日在地里跟着母亲劳动。这个时期母亲教给我许多生产知识。

佃户家庭的生活自然是艰苦的，可是由于母亲的聪明能干，也勉强过得下去。我们用桐子榨油来点灯，吃的是豌豆饭、菜饭、红薯饭、杂粮饭，把菜籽榨出的油放在饭里做调料。这类地主富人家看也不看的饭食，母亲却能做得使一家人吃起来有滋味。赶上丰年，才能缝上一些新衣服，衣服也是自己生产出来的。母亲亲手纺出线，请人织成布，染了颜色，我们叫它"家织布"，有铜钱那样厚。一套衣服老大穿过了，老二老三接着穿还穿不烂。

勤劳的家庭是有规律有组织的。我的祖父是一个中国标本式的农民，到八九十岁还非耕田不可，不耕田就会害病，直到临死前不久还在地里劳动。祖母是家庭的组织者，一切生产事务由她管理分派，每年除夕就分派好一年的工作。每天天还没亮，母亲就第一个起身，接着听见祖父起来的声音，接着大家都离开床铺，喂猪的喂猪，砍柴的砍柴，挑水的挑水。母亲在家庭里极能任劳任怨。她性格和蔼，没有打骂过我们，也没有同任何人吵过架。因此，虽然在这样的大家庭里，长幼、伯叔、妯娌相处都很和睦。母亲同情贫苦的人——这是朴素的阶级意识，虽然自己不富裕，还周济和照顾比自己更穷的亲戚。她自己是很节省的。父亲有时吸点旱烟，喝点酒；母亲管束着我们，不允许我们染上一点。母亲那种勤劳俭朴的习惯，母亲那种宽厚仁慈的态度，至今还在我心中留有深刻的印象。

但是灾难不因为中国农民的和平就不降临到他们身上。庚子年（1900）前后，四川连年旱灾，很多的农民饥饿、破产，不得不成群结队地去"吃大户"。我亲眼见到，六七百穿得破破烂烂的农民和他们的妻子儿女被所谓官兵一阵凶杀毒打，血溅四五十里，哭声动天。在这样的年月里，我家也遭受更多的困难，仅仅吃些小菜叶、高粱，通年没吃过白米。特别是乙未（1895）那一年，地主欺压佃户，要在租种的地上加租子，因为办不到，就趁大年除夕，威胁着我家要退佃，逼着我们搬家。在悲惨的情况下，我们一家人哭泣着连夜分散。从此我家被迫分两处住下。人手少了，又遇天灾，庄稼没收成，这是我家最悲惨的一次遭遇。母亲没有灰心，她对穷苦农民的同情和对为富不仁者的反感却更强烈。母亲沉痛的三言两语的诉说以及我亲眼见到的许多不平事实，启发了我幼年时期反抗压迫追求光明的思想，使我决心寻找新的生活。

我不久就离开母亲，因为我读书了。我是一个佃农家庭的子弟，本来是没有钱读书的。那时乡间豪绅地主的欺压，衙门差役的横蛮，逼得母亲和父亲决心节衣缩食培养出一个读书人来"支撑门户"。我念过私塾，光绪三十一年（1905）考了科举，以后又到更远的顺庆和成都去读书。这个时候的学费都是东挪西借来的，总共用了二百多块钱，直到我后来当护国军旅长时才还清。

光绪三十四年（1908）我从成都回来，在仪陇县办高等小学，一年回家两三次去看母亲。那时新旧思想冲突得很厉害。我们抱了科学民主的思想，想在家乡做点事情，守旧的豪绅们便出来反对我们。我决心瞒着母亲离开家乡，远走云南，参加新军和同盟会。我到云南后，从家信中知道，我母亲对我这一举动不但不反对，还给我许多慰勉。

从宣统元年（1909）到现在，我再没有回过一次家，只在民国八年（1919）我曾经把父亲和母亲接出来。但是他俩劳动惯了，离开土地就不舒服，所以还是回了家。父亲就在回家途中死了。母亲回家继续劳动，一直到最后。

中国革命继续向前发展，我的思想也继续向前发展。当我发现了中国革命的正确道路时，我便加入了中国共产党。大革命失败了，我和家庭完全隔绝了。母亲就靠那三十亩地独立支持一家人的生活。抗战以后，我才能和家里通信。母亲知道我所做的事业，她期望着中国民族解放的成功。她知道我们党的困难，依然在家里过着勤苦的农妇生活。七年中间，我曾寄回几百元钱和几张自己的照片给母亲。母亲年老了，但她永远想念着我，如同我永远想念着她一样。去年收到侄儿的来信说："祖母今年已有八十五岁，精神不如昨年之健康，饮食起居亦不如前，甚望见你一面，聊叙别后情景。"但我献身于民族抗战事业，竟未能报答母亲的希望。

母亲最大的特点是一生不曾脱离过劳动。母亲生我前一分钟还在灶上煮饭。虽到老年，仍然热爱生产。去年另一封外甥的家信中说："外祖母大人因年老关系，今年不比往年健康，但仍不辍劳作，尤喜纺棉。"

我应该感谢母亲，她教给我与困难做斗争的经验。我在家庭中已经饱尝艰苦，这使我在三十多年的军事生活和革命生活中再没感到过困难，没被困难吓倒。母亲又给我一个强健的身体，一个勤劳的习惯，使我从来没感到过劳累。

我应该感谢母亲，她教给我生产的知识和革命的意志，鼓励我以后走上革命的道路。在这条路上，我一天比一天更加认识：只有这种知识，这种意志，才是世界上最可宝贵的财产。

母亲现在离我而去了，我将永不能再见她一面了，这个哀痛是无法补救的。母亲是一个平凡的人，她只是中国千百万劳动人民中的一员，但是，正是这千百万人创造了和创造着中国的历史。我用什么方法来报答母亲的深恩呢？我将继续尽忠于我们的民族和人民，尽忠于我们的民族和人民的希望——中国共产党，使和母亲同样生活着的人能够过快乐的生活。这是我能做到的，一定能做到的。

愿母亲在地下安息！

（选自《朱德选集》）

【简评】每一个人都是有多面性的。母亲作为一个伟大爱的名词，也有她的多面性。然而在这篇文章中，作者为我们竭力刻画的是"母亲"勤劳、俭朴、不为困难所惧的一生，表现的是"母亲"对于"我"的事业的支持与理解，以及对底层人民的理解与同情，而将"母亲"的其他方面略去，这就体现出写作行文时应注意材料的运用要主体相契合。

学以致用

理论联系实际，写一篇关于秋天的文章。

◆ 名作欣赏 ◆

长江三日（节选）

刘白羽

十一月十七日

......

雾笼罩着江面，气象森严。十二时，"江津"号启碇顺流而下了。在长江与嘉陵江汇合后，江面突然开阔，天穹顿觉低垂。浓浓的黄雾，渐渐把重庆隐去。一刻钟后，船又在两面碧森森的悬崖陡壁之间的狭窄的江面上行驶了。

你看那急速漂流的波涛一起一伏，真是"众水会涪万，瞿塘争一门"。而两三木船，却齐整地摇动着两排木桨，像鸟儿扇动着翅膀，正在逆流而上。我想到李白、杜甫在那遥远的年代，以一叶扁舟，搏浪急进，该是多少雄伟的搏斗，会激发诗人多少瑰丽的诗思啊！……不久，江面更开朗辽阔了。两条大江，骤然相见，欢腾拥抱，激起云雾迷蒙，波涛沸荡，至此似乎稍为平定，水天极目之处，灰蒙蒙的远山展开一卷清淡的水墨画。

从长江上顺流而下，这一心愿真不知从何时就在心中扎下根子，年幼时读"大江东去……"读"两岸猿声……"辄心向往之。后来，听说长江发源于一片冰川，春天的冰川上布满奇异艳丽的雪莲，而长江在那儿不过是一泓清溪；可是当你看到它那奔腾叫啸，如万瀑悬空，砰然万里，就不免在神秘气氛的"童话世界"上又涂了一层英雄光彩。后来，我两次到重庆，两次登枇杷山看江上夜景，从万家灯光、灿烂星海之中，辨认航船上缓缓浮动而去的灯火，多想随那惊涛骇浪，直赴瞿塘，直下荆门呀。但亲身领略一下长江真风景，直到这次才实现。因此，这一回在"江津"号上，正如我在第二天写的一封信中所说："这两天，整天我都在休息室里，透过玻璃窗，观望着三峡。昨天整日都在朦胧的雾罩之中。今天却阳光一片。这庄严秀丽气象万千的长江真是美极了。"

下午三时，天转开朗。长江两岸，层层叠叠，无穷无尽的都是雄伟的山峰，苍松翠竹绿茸茸的遮了一层绣幕。近岸陡壁上，背纤的纤夫历历可见。你向前看，前面群山在江流浩荡之中，则依然为雾笼罩，不过雾不像早晨那样浓，那样黄，而呈乳白色了。现在是"枯水季节"，江中突然露出一块黑色礁石，一片黄色浅滩，船常常在很狭窄的两面航标之间迂回前进，顺流驶下。山愈聚愈多，渐渐暮霭低垂了，渐渐进入黄昏了，红绿标灯渐次闪光，而苍翠的山峦模糊为一片灰色。

当我正为夜色降临而惋惜的时候，黑夜里的长江却向我展开另外一种魅力。开始是，这里一星灯火，那儿一簇灯火，好像长江在对你眨着眼睛。而一会儿又是漆黑一片，你从船身微微地荡漾中感到波涛正在翻滚沸腾。一派特别雄伟的景象，出现在深宵。我一个人走到甲板上，这时江风猎猎，上下前后，一片黑森森的，而无数道强烈的探照灯光，从船顶上射向江面，天空江上一片云雾迷蒙，电光闪闪，风声水声，不但使人深深体会到"高江急峡雷霆斗"的赫赫声势，而且你觉得你自己和大自然是那样贴近，就像整个宇宙，都罗列在你的胸前。水天，风雾，浑然融为一体，好像不是一只船，而是你自己正在和江流搏斗而前。"曙光就在前面，我们应当努力。"这时一种庄严而又美好的情感充溢我的心灵。我觉得这是我所经历的大时代突然一下集中地体现在这奔腾的长江之上。是的，我们的全部生活不就是这样战斗、航进、穿过黑夜走向黎明的吗？现在，船上的人都已酣睡，整个世界也都在安眠，而驾驶室上露出一片宁静的灯光。想一想，掌握住舵轮，透过闪闪的电炬，从惊涛骇浪之中寻到一条破浪前进的途径，这是多么豪迈的生活啊！我们的哲学是革命的哲学，我们的诗歌是战斗的诗歌，正因为这样——我们的生活是最美的生活。列宁有一句话说得好极了："前进啊！——这是多么好啊！这才是生活啊！"……"江津"号昂奋而深沉地鸣响着汽笛向前方航进。

（选自《刘白羽散文选》，有删改）

项目三　写作的材料与主题

在写作过程中，收集材料和文章的主题是非常重要的环节。在创作中，只有通过充足的材料，写作者才能把自己与生活接触所获得的直接经验与读书所得的间接经验结合起来，继而用文字语言将形象固定下来；面对文学作品，主题至关重要，只有依据作品中的主题唤起有关现实和情感的表象经验，发挥自己的写作技能，才能在脑海中勾勒出作品中所展现的艺术形象。

【学习目标】

1. 把握现代写作的材料的概念、选择和使用。
2. 明确主题的概念和提炼。

任务一　写作的材料

任务设计

通过训练，提高采集材料、凝练观点、安排结构和使用语言的能力。

知识探究

现代写作的材料

一、材料的概念

材料是指作者为特定的写作目的而搜集的，或写入文章中的一系列事实现象和理论依据，诸如人物、事件、景物、情理、数据、例证、名言等等。例如，司马迁在写《史记》前，南游江淮，上会稽，探禹穴，窥九疑，浮于沅湘，北涉汶泗，讲业齐鲁之都，观孔子之遗风，乡射邹峄，厄困鄱薛彭城，过梁楚以归。茅盾写作《子夜》时，曾翻阅大量文献资料，还特地到证券交易所仔细观察人情百态，体会他们的生活。托尔斯泰为了写《战争与和平》，仅参阅的历史书籍就多达 700 种。朱熹有诗道："问渠那得清如许？为有源头活水来。"因此，作品不是变戏法变出来的，就是变戏法，也得做道具，练手法。写作，必须有准备，有积累，写出好的作品，就要收集好的材料。以上实例都说明，材料的搜集在写作中占有十分重要的地位。

◆ **名作欣赏** ◆

陶然亭的雪

俞平伯

悄然的北风，黯然的彤云，炉火不温了，灯还没有上呢。这又是一年的冬天。在海滨草草营巢，暂止飘零的我，似乎不必再学黄叶们故意沙沙地作成那繁响了。老实说，近来时序的迁流，无非逼我换了几回衣裳；把夹衣叠起，把棉衣抖开，这就是秋尽冬来的唯一大事。至于秋之为秋，冬之为冬，我之为我，一切之为一切，固依然自若，并非可叹可悲可怜可喜的意味，而且连些意味的残痕也觉无从觅哩。千条万派活跃的流泉似全然消释于无何有之乡土，剩下的"漠然"这么一味来相伴了。看看窗外酿雪的彤云，倒活画出我那潦倒的影儿一个。像这样喑哑无声的蠢然一物，除血脉呼吸的轻颤以外，安息在冬天的晚上，真真再好没有了。有人说，这不是静止——静止是没有的——是均衡的动，如两匹马以同速同向去跑着，即不异于比肩站着的石马。但这些问题虽另有人耐烦去想，而我则岂其人呢。所以于我顶顶合适，莫如学那冬晚的停云。（你听见它说过话吗？）无如编辑《星海》的朋友们逼我饶舌。我将怎样呢？——有了！在"悄然的北风，黯然的彤云，炉火不温了，灯还没有上呢"这个光景下，令我追忆昔年北京陶然亭的雪。

我虽生长于江南，而自曾北去以后，对于第二故乡的北京也真不能无所恋恋了。尤其是在那样一个冬晚，有银花纸糊裱的顶棚和新衣裳一样绰绰的纸窗，一半已烬一半红着，可以照人须眉的泥炉火，还有墙外边三两声的担子吆喝。因房这样矮而洁，窗这样低而明，越显出天上的彤云格外的沉凝欲堕，酿雪的意思格外浓鲜而成熟了。我房中照例上灯独迟些，对面或侧面的火光常浅浅耀在我的窗纸上，似比月色还多了些静穆，还多了些凄清。当我听见廓落的院子里有脚步声，一会儿必要跟着"砰"关风门了，或者"砸搭"下帘子了。我便料到必有寒紧的风在走道的人颈傍拂着，所以他要那样匆匆地走。如此，类乎此黯淡的寒姿，在我忆中至少可以匹敌江南春与秋的姝丽了，至少也可以使惯住江南的朋友了解一点名说苦寒的北方，也有足以系人思念的冬之黄昏啊。有人说："这岂不将钩惹我们的迟暮之感？"真的！——可是，我们谁又是专喝蜜水的人呢。

总是冬天罢，（谁要你说？）年月日是忘怀了。读者们想决不屑介意于此琐琐的，所以忘怀倒也没要紧。那天是雪后的下午。我其时住在东华门侧一条曲折的小胡同里，而G君所居更偏东一些。我们雇了两辆"胶皮"，向着陶然亭去，但车只雇到前门外大外郎营（从东城至陶然亭路很远，冒雪雇车很不便）。车轮咯咯吱吱地切碾着白雪，留下凹纹的平行线，我们遂由南池子而天安门东，渐逼近车马纷填、兀然在目的前门了。街衢上已是一半儿泥泞，一半儿雪了。幸而北风还时时吹下一阵雪珠，蒙络那一切，正如疏朗溟蒙的银雾。亦幸而雪在北京，似乎是白面捏的，又似乎是白泥塑的（往往到初春时，人家庭院里还堆着与土同色的雪，结果是成筐地挑了出去完事）。若移在江南，檐漏的滴答，不终朝而消尽了。

言归正传。我们下了车，踏着雪，穿粉房琉璃街而南，炫眼的雪光愈白，栉比的人家渐寥落了。不久就远远望见清旷莹明的原野，这正是在城圈里耽腻了的我们所期待的。累累的荒冢，白着头的，地名叫作窑台。我不禁联想那"会向瑶台月下逢"的所谓瑶台。这本是比拟不伦，但我总不住地那么想。

那时江亭之北似尚未有通衢。我们踯躅于白毵衣广覆着的田野之间，望望这里，望望那里，都很像江亭似的。商量着，偏西南方较高大的屋，或者就是了。但为什么不见一个亭子呢？藏在里边罢？到拾级而登时，已确信所测不误了。然踏穿了内外竟不见有什么亭子。幸而上面挂着的一方匾，否则那天到的是不是陶然亭，若至今还是疑问，岂非是个笑话？江亭无亭，这样的名实乖违，总使我们怅然若失。我来时是这样预期的，一座四望极目的危亭，无碍无遮，在雪海中沐浴而嬉，宛如回旋的灯塔在银涛万沸之中，浅礁之上，亭亭矗立一般。而今竟只见拙钝的几间老屋，为城圈之中所习见而不一见的，则已往的名流觞咏，想起来真不免黯然寡色了。

然其时雪又纷纷扬扬而下来，跳舞在灰空里的雪羽，任意地飞集到我们的粗呢氅衣上。趁它们未及融为明珠的时候，我即用手那么一拍，大半掉在地上，小半已渗进衣襟去。"下马先寻题壁字"，来来回回地循墙而走，咱们也大有古人之风呢。看看咱们能拾得什么？至少也当有如"白丁香折玉亭亭"一样的句子被传诵着罢。然而竟终于不见！可证"一蟹不如一蟹"这句老话真是有一点意思。后来幸而觅得略可解嘲的断句，所谓"卅年戎马尽秋尘"者，从此就在咱们嘴里咕噜着了。

在曲折廓落的游廊间，当北风卷雪渺无片响的时分，忽近处递来琅琅的书声。谛听，分明得很，是小孩子的。它对于我们十分亲密，因为和从前我们在书屋里所唱出的正是一个样子的。这尽可以使我重温热久未曾尝的儿时的甜酒，使我俯拾眠歌声里的温馨梦痕，并可以减轻北风的尖冷，抚慰素雪的飘零。换一句干脆点的话，就是在清冷双绝的况味中，它恰好给喝了一点热热酽酽的东西，使一切已凝的，一切凝着的，一切将凝的，都软洋洋辴着腰肢不自支持了。

书声还正琅琅然呢，我们寻诗的闲趣被窥人的热念给岔开了。从回廊下踅过去，两明一暗的三间屋，玻璃窗上帷子亦未下。天色其时尚未近黄昏，唯云天密吻，酿雪意的浓酣，阡陌明胸，积雪痕的寒皎，似乎全与迟暮合缘，催索黄昏快些来罢。至屋内的陈设，人物的须眉，已尽随年月日时的迁移，送进茫茫昧昧的乡土，在此也只好从缺。几个较鲜明的印象，尚可片片撷拾以告诸君的，是厚的棉门帘一个；肥短的旱烟袋一支；老黄色的《孟子》一册，上有银朱圈点，正翻到《离娄》篇首；照例还有白灰泥炉一个，高高的火苗蹿着；以外……"算了罢，你不要在这儿做账哟！"游览必终之以大嚼，是我们的惯例，这里边好像有鬼催着似的。我曾和我姊姊说过："咱们以后不用说逛什么地方，老实说吃什么地方好了。"她虽付之一笑，却不斥我为胡闹，可见中非无故了。我且曾以之问过吾师。吾师说得尤妙，"好吃是文人的天性"，这更令我不便追问下去。因为既曰天性，已是第一因了。还要求它的因，似乎不很知趣。如理化学家说到电子，心理学家说到本能，生机哲学者说到什么"隐得而希"……闲言少叙。天性既不许有例外，谈到白雪，自然会归到一条条的白面上去。不过这种说法是很辱没胜地的，且有点文不对题。所以在江亭中吃的素面，只好割爱不谈。我只记得青汪汪的一炉火，温煦最先散在人的双颊上。那户外的尖风呜呜地独自去响。倚着北窗，恰好鸟瞰那南郊的旷莽积雪。玻璃上偶沾了几片鹅毛碎雪，更显得它的莹明不滓。雪固白得可爱，但它干净得尤好。酿雪的云，融雪的泥，各有各的意思；但总不如一半留着的雪痕，一半飘着的雪华，上上下下，迷眩难分的尤为美满。脚步声听不到，门帘也不动，屋里没有第三个人。我们手都插在衣袋里，悄对着那排向北的窗。窗外有几方妙绝的素雪装成的册页。

累累的坟，弯弯的路，枝枝丫丫的树，高高低低的屋顶，都秃着白头，耸着白肩膀，危立在卷雪的北风之中。上边不见一只鸟儿展着翅，下边不见一条虫儿蠢然的动（或者要归功于我的近视眼），不用提路上的行人，更不用提马足车尘了。唯有背后已热的瓶笙吱吱的响，是为静之独一异品；然依昔人所谓"蝉噪林逾静"的"静"这种诠释，它虽努力思与岑寂绝缘终究是失败的哟。死样的寂每每促生胎动的潜能，唯万寂之中留下一分两分的喧哗，使就烬的赤灰不致以内炎而重生烟焰；故未全枯寂的外缘正能孕育着止水一泓似的心境。这也无烦高谈妙谛，只当咱们清眠不熟的时光便可以稍稍体验这番悬谈了。闲闲的意想，乍生乍灭，如行云流水一般的不关痛痒，比强制吾心，一念不着的滋味如何？这想必有人能辨别的。

炉火使我们的颊热，素面使我们的胃饱，飘零的暮雪使我们的心越过越黯淡。我们到底不得不出去一走，到底不得不面迎着雪，脚踹着雪，齐向北快快地走。离亭数十步外有一土坡，上开着一家油厂，厂右有小小的断坟并立。从坟头的小碣，知道一个葬的是鹦鹉，一个名为香冢，想又是美人黄土那类把戏了。只是一件，油厂有狗，喜拦门乱吠。G君是怕狗的；因怕它咬，并怕那未必就咬的吠，并怕那未必就吠的狗。而我又是怯登土坡的，雪覆着的坡子滑滑的难走，更有点望之生畏。故我们商量商量，还是别去为妙。

我们绕坡北去时，G君抬头而望（我记得其时狗没有吠）对我说，来年春归时，种些红杜鹃花在上面。我点点头。路上还商量着买杜鹃花的价钱。……现在呢，然而现在呢？我惆怅着凤愿的虚设。区区的愿原不妨辜负；然区区的愿亦未免辜负，则以外的岂不又可知了。——北京冬间早又见了三两寸的雪，而上海至今只是黯然的彤云，说是酿雪，说是酿雪，而终于不来。这令我由不得追忆那年江亭玩雪的故事。

（选自《俞平伯散文精选集》，有删改）

二、材料的选择与使用

【他山之石】

"选用的时候，可就要像关卡的税吏似的百般挑剔了：整整一卡车的'货'，全要翻过身来，硬的要敲一敲，软的要捏一把，薄而成片的，还得对着阳光照了又照——一句话，用尽心力，总想找个把柄，便扣下来，不让过卡。"

（茅盾《有意为之——谈如何收集题材》）

1. 要选择表现主题的材料

主要是要避免材料的误用。材料的误用主要表现在以下三个方面：（1）材料与主题无关；（2）材料堆砌，淹没主题；（3）材料分散，各自为阵。例如，胡适的《我的母亲》之所以能具有感人至深的力量，当然不是凭借什么宏伟的结构和华丽的文字，而是凭借它的平实与真实。平实的语言，朴素明净，选材典型，材料搜集集中、典型，把母亲的性格和母爱刻画得入木三分：母亲"事事留心，事事格外容忍"，"她实在忍不住了，便悄悄走出门去"，或者"轻轻地哭一场。她不骂一个人，只哭她的丈夫，哭她自己苦命"。母亲忍辱负重的形象，只通过这平淡的叙述，便跃然纸上，并在读者心中碰出同情的音响。没有华丽辞藻的堆砌，对母之爱倒显得深沉而质朴。文章在平淡的语言下，多了一份感情。这份宽广、持久的母子之爱，通过淡似白描的勾勒，显示出那样感人至深的艺术效果。

2. 要选择真实的材料

主要应注意两点：一方面，实有其事、确凿无疑的材料；另一方面，材料本身能反映事物的本质。选取真实的材料，是高职写作的最基本的要求。这是因为，写作最重要、最基本的要求就是"真实"二字——真实的内容，真实的情感。当然，也只有写真实的内容，才有真情实感可以表达，写出的文章才有说服力，才能感染对方，打动、教育读者。编造、套背的内容，既不符合写作的要求，也难以表达真实的感情；选取真实的材料，由于掌握了比较充分的第一手材料，所以最容易、最有把握把文章写好。一位作家曾指出："如果用两个字概括作文的成败，便是'真'与'假'二字。""真实"的确是作文成功的第一要义。套背，尤其是编造的内容，无论你考虑得多么周全，写出的文章也一定会捉襟见肘、漏洞百出，让人觉得不可信，甚至闹出笑话；选取真实的材料，写出来的文章往往最有新意。因为生活是丰富多彩的，而从自己的生活中选取来的材料也往往是最新鲜的，是"顶花带刺儿，挂着露水珠儿"的。有人说："生活中真实的内容，也一定是具有某种新意的内容。"这话是很有道理的，相信大家也一定会有这样的体会。选取真实的材料，有利于推动、促进自己养成深入观察，勤于积累的习惯；选取真实的材料，有利于培养自己老老实实做文章的良好习惯，在作文中逐步学会诚实做人。要学作"真"文，先要学做"真"人，这是过来的人发自心底的呼唤。

3. 要选择新颖的材料

一指以前没有被别人使用过或很少使用过的材料；二指对旧材料的活用，即突破固有的思维定式，站在时代精神和科学思维的高度，去揭示材料的意义。例如，王小波《一只特立独行的猪》以下乡插队时的一个故事为叙述主体，故事主角"猪"是中国散文中非常罕见的表现对象，这个对象的选择其实也说明了作品本身具有一种特立独行的因素，具有新颖的一面。

4. 要选择典型的材料

◆ **名作欣赏** ◆

谁是最可爱的人

魏 巍

在朝鲜的每一天，我都被一些东西感动着；我的思想感情的潮水，在放纵奔流着；我想把一切东西都告诉给我祖国的朋友们。但我最急于告诉你们的，是我思想感情的一段重要经历，这就是：我越来越深刻地感觉到谁是我们最可爱的人！

谁是我们最可爱的人呢？我们的战士，我感到他们是最可爱的人。

也许还有人心里隐隐约约地说：你说的就是那些"兵"吗？他们看来是很平凡、很简单的哩，既看不出他们有什么高深的知识，又看不出他们有什么丰富的感情。可是，我要说，这是由于他跟我们的战士接触太少，还没有了解我们的战士：他们的品质是那样地纯洁和高尚，他们的意志是那样地坚韧和刚强，他们的气质是那样地淳朴和谦逊，他们的胸怀是那样地美丽和宽广！

让我还是来说一段故事吧。

还是在二次战役的时候，有一支志愿军的部队向敌后猛插，去切断军隅里敌人的逃路。当他们赶到书堂站时，逃敌也恰恰赶到那里，眼看就要从汽车路上开过去。这支部队的先头连就匆匆占领了汽车路边一个很低的光光的小山冈，阻住敌人。一场壮烈的搏斗就开始了。敌人为了逃命，用了32架飞机、10多辆坦克发起集团冲锋，向这个连的阵地汹涌卷来，整个山顶的土都被打翻了，汽油弹的火焰把这个阵地烧红了。但是，勇士们在这烟与火的山冈上，高喊着口号，一次又一次把敌人打死在阵地前面。敌人的死尸像谷个子似的在山前堆满了，血也把这山冈流红了。可是敌人还是要拼死争夺，好使自己的主力不致覆灭。这场激战整整持续了8个小时。最后，勇士们的子弹打光了。蜂拥上来的敌人占领了山头，把他们压到山脚。飞机掷下的汽油弹把他们的身上烧着了火。这时候，勇士们是仍然不会后退的呀，他们把枪一摔，向敌人扑去，身上帽子上呼呼地冒着火苗，把敌人抱住，让身上的火，也把占领阵地的敌人烧死。……据这个营的营长告诉我，战后，这个连的阵地上，枪支完全摔碎了，机枪零件扔得满山都是。烈士们的遗体，保留着各种各样的姿势，有抱住敌人腰的，有抱住敌人头的，有掐住敌人脖子把敌人摁倒在地上的，和敌人倒在一起，烧在一起。有一个战士，他手里还紧握着一个手榴弹，弹体上沾满脑浆；和他死在一起的美国鬼子，脑浆迸裂，涂了一地。另一个战士，嘴里还衔着敌人的半块耳朵。在掩埋烈士遗体的时候，由于他们两手扣着，把敌人抱得那样紧，分都分不开，以致把有些人的手指都掰断了。……虽然这个连伤亡很大，他们却打死了300多敌人，更重要的，他们使得我们部队的主力赶上来，聚歼了敌人。

这就是朝鲜战场上一次最壮烈的战斗——松骨峰战斗，或者叫书堂站战斗。假若需要立纪念碑的话，让我把带火扑敌和用刺刀跟敌人拼死在一起的烈士们的名字记下吧。他们的名字是：王金传、邢玉堂、王文英、熊官全、王金侯、赵锡杰、隋金山、李玉安、丁振岱、张贵生、崔玉亮、李树国。还有一个战士，已经不可能知道他的名字了。让我们的烈士们千载万世永垂不朽吧！

这个营的营长向我叙说了以上的情形，他的声调是缓慢的，他的感情是沉重的。他说在阵地上掩埋烈士的时候，他掉了眼泪。但是，他接着说："你不要以为我是为他们伤心，不，我是为他们骄傲！我觉得我们的战士太伟大了，太可爱了，我不能不被他们感动得掉下泪来。"

朋友，当你听到这段英雄事迹的时候，你的感想如何呢？你不觉得我们的战士是可爱的吗？你不以我们的祖国有着这样的英雄而自豪吗？

我们的战士，对敌人这样狠，而对朝鲜人民却是那样地爱，充满国际主义的深厚热情。

……

朋友们，用不着多举例，你们已经可以了解我们的战士是怎样一种人，这种人有一种什么品质，他们的灵魂多么地美丽和宽广。他们是历史上、世界上第一流的战士，第一流的人！他们是世界上一切伟大人民的优秀之花！是我们值得骄傲的祖国之花！我们以我们的祖国有这样的英雄而骄傲，我们以生在这个英雄的国度而自豪！

亲爱的朋友们，当你坐上早晨第一列电车驰向工厂的时候，当你扛上犁耙走向田野的时候，当你喝完一杯豆浆提着书包走向学校的时候，当你坐到办公桌前开始这一天工作的时候，当你往孩子口里塞苹果的时候，当你和爱人一起散步的时候……朋友，你是否意识到你是在幸福之中呢？你也许很惊讶地说："这是很平常的呀！"可是，从朝鲜归来的人，会知道你正生活在幸福中。请你意识到这是一种幸福吧，因为只有你意识到这一点，你才能更深刻地了解我们的战士在朝鲜奋不顾身的原因。朋友！你是这么爱我们的祖国，爱我们的伟大领袖毛主席，你一定会深深地爱我们的战士——他们确实是我们最可爱的人！

（选自魏巍《谁是最可爱的人》，有删改）

【简评】作者在朝鲜前沿阵地上采访了 3 个月。他亲眼看见了战士们杀敌的无畏；亲身感受了敌人巨炮的轰鸣，我们多少战士被这百倍于惊雷的爆炸声震聋。他踏过被炮弹深翻过的阵地，他手握过鲜血浸透的泥土。前线这 3 个月，他终生难忘。文中都是典型的事迹。

三、材料的使用

1. 对材料提升提纯

我们积累的生活材料，并非都可以或者说都适合写进作文之中；我们所熟悉的名人材料，也绝非点点滴滴都可融入一篇记叙文中。因此，我们就必须对积累的材料进行提升提纯，使之更能表现主题，更显得真实可信。

2. 对材料有效剪裁

生活是写作的源泉，但并非将生活原样照搬便是作文。因为生活中的某一件事，从不同的角度以不同的态度去思考，往往会得出不同的见解，而一篇文章只能表现某一个明确的中心。我们在记叙某一事件时，就应立足于既定的中心进行合理巧妙的剪裁，选择那些能表现中心、突出中心的内容详细记叙和描写，而把与中心联系不大甚或没有联系的内容断然舍去，即使那内容很新鲜、很有趣，甚至很有意义，也需"忍痛割爱"。

3. 对材料添枝加叶

有时，生活中的真实情况无助于中心的表达，我们还要合理想象，适当添加一些材料。

4. 对材料充分利用

如上所述，从不同的角度用不同的态度去思考某一则材料，往往会得出不同的见解，因此我们可以抓住材料的多义性，对材料充分利用，以达到"一材多用"的目的。

5. 材料的顺序要恰切

例如，鲁迅的《故乡》中，当母亲和"我"提起闰土时，叙述的主线中断了，插进了一段描写天真可爱、活泼质朴的童年闰土的材料。这段材料的安排就非常自然、贴切，它为下文"木偶人"式的中年闰土的出场做了必要的铺垫和对照，从而丰富了文章的内容，有力地表现了文章的主题思想。因此，贴切自然，合理有序。

6. 材料的详略要得当

材料在使用时不能平均用力，有的材料应细致展开如工笔，有的只需粗笔勾勒如写意，疏密有致，详略得当，才能使文章错落起伏。一般来讲，具有典型意义，能表现中心事件、中心议题的材料应该详写。材料的详略往往还受到文体因素的影响。记叙类文体以记人写事为主，记叙事实的部分需要详写，议论、抒情部分则应略写；议论类文体以概念、判断、推理的逻辑方式来阐明观点，说理部分往往需要详写，所用的事例要求简明、概括，一般略写。

任务二 写作的主题

任务设计

通过在平时的学习生活当中不断积累写作知识，不断深入思考，能够准确提炼主题，并在实践中加以运用。

知识探究

一、主题的概念

现代写作的主题

主题是作者在文章中所表达的中心内容和思想倾向，也是指文艺作品或者社会活动中所要表现的中心思想，一般指主要内容。在描绘性艺术中，主题涉及个人或事物的再现，也涉及艺术家的经验，这经验是艺术创作灵感的来源。

主题是作者从自己对生活的感受和对题材的加工、提炼中产生的，是生活暗示给他的一种思想。主题是作者在文章中通过各种材料所表达的中心意思。它渗透、贯穿于文章的全部内容，体现着作者写作的主要意图，包含着作者对文章中所反映的客观事物的基本认识、理解和评价。如果换一个角度来说，主题就是读者对文章中心内涵的一种独特理解。

学以致用

说说下文的主题是什么。

一个青年老是埋怨自己时运不济，生活不幸，终日愁眉不展。有一天，走过来一个

须发俱白的老人，问："年轻人，干吗不高兴？""我不明白我为什么老是这么穷？""穷？我看你很富有嘛！"老人由衷地说。"这从何说起？"年轻人问。老人没有正面回答，反问道："假如今天，我折断你的一根手指头，给你 1000 元，你干不干？""不干。"年轻人回答。"假如斩断你一只手，给你 10000 元，你干不干？"老人又问。"不干。""假如让你马上变成 80 岁的老翁，给你 100 万元，你干不干？""不干。""假如让你马上死掉，给你 1000 万元，你干不干？""不干。""这就对了，你身上的钱已超过了 1000 万元啊！"老人说完笑吟吟地走了。

【简评】看来，感叹自己不幸的人，并不是由于幸福之神从未光临过他们，而是因为他们心灵的空间挤满了物欲，无法因自己的拥有而感到幸福。

二、主题的特点

1. 客观性

一定的材料拥有相对固定的主题，尤其是在新闻写作过程中，比如写作一篇一场水灾的报道，只要掌握材料、查清事实后，就可以很快地写出报告。主题的客观性要求作者以现实为基础，根据多方面的调查情况，最终形成较为客观的文字材料。

2. 主观性

主观性主要是针对文学创作而言。面对相同的事件可以从不同的角度出发写作不同的内容，最有代表性的作品当属朱自清和俞平伯的同名散文《桨声灯影里的秦淮河》，二人夜游秦淮河后相约以《桨声灯影里的秦淮河》为题写一篇散文，虽然二人游玩过程一样，但是二人在作品中表达的主题情感则不尽相同：前者在声光色彩的协奏中，敏锐地捕捉到了秦淮河不同时代、不同情境中的绰约风姿，引发思古之幽情；后者通过描绘秦淮河上的喧哗景象，表达了作者想竭力地回避现实社会，然而却难以超然的心情。这就是主题的主观性的表现。

3. 评价性

文章的高度很大程度上由主题所决定。余光中的《乡愁》如果第四节仍是写个人的乡愁，那么《乡愁》也只能达到李白《静夜思》的高度，但是第四节直接将前文的个人思想升华到了对大陆母亲的思念，文章立意一下就高了很多，确保了诗歌达到了另一个高度。

4. 指导性

材料的取舍、结构的措置、语言的遣用、情境的设定、表达方式的配合等都需要围绕主题进行选用，构思的不同其实是主题不同的表现，因此主题具有很强的指导性。

5. 时代性

任何生活都是一定时代的生活，任何一篇文章都是时代的产物。主题作为社会生活在作者思维过程中反映的产物，同样具有时代的特征。

三、提炼主题的要求

一是集中，即集中笔墨说明中心问题。要做到集中，首先要一文一意，不搞多个中心。刘勰在《文心雕龙·熔裁》中说："一意两出，义之骈枝也。"意思是说，文章有两个中心，就会"骈拇枝指"。"意多"必"乱文"，文章就失去了统帅。防止多中心，就要善于删意，使思想高度集中于一点。其次要言必及义，不搞大而空。无论写哪一类文章，一开始，都应接触主体事件，接触中心。不可废话连篇，言不及义。再次不要跑题。陆机《文赋》中说："立片言而居要，乃一篇之警策。"就是说，一篇文章要提炼出一两句警辟的话来，放在关键的位置上，统贯全篇。例如范仲淹《岳阳楼记》中的"先天下之忧而忧，后天下之乐而乐"，就是该文的警策之词，实际也是文章的中心，文章紧扣这个警句，中心十分突出。

二是正确，这是指客观地反映事物的本质及其运动变化的规律。因此，在写作时，一要杜绝歪曲事实，错误引导。二要防止以偏概全，未经深入调查研究就轻易下结论。由于文章的功能不同，主题的正确性往往表现为不同的含义。在记叙类文章和文学作品中，一般表现为某种正确的思想、健康的情感和审美的价值。议论文一般表现为正确的观点和主张，或体现某种客观的真理。说明文和科学论文一般表现为某种事物的规律或科学的信息。

◆ **名作欣赏** ◆

白杨礼赞

茅　盾

白杨树实在是不平凡的，我赞美白杨树！

当汽车在望不到边际的高原上奔驰，扑入你的视野的，是黄绿错综的一条大毯子。黄的是土，未开垦的荒地，几百万年前由伟大的自然力堆积成功的黄土高原的外壳；绿的呢，是人类劳力战胜自然的成果，是麦田，和风吹送，翻起了一轮一轮的绿波，——这时你会真心佩服昔人所造的两个字"麦浪"，若不是妙手偶得，便确是经过锤炼的语言的精华。黄与绿主宰着，无边无垠，坦荡如砥，这时如果不是宛若并肩的远山的连峰提醒了你（这些山峰凭你的肉眼来判断，就知道是在你脚底下的），你会忘记了汽车是在高原上行驶。这时你涌起来的感想也许是"雄壮"，也许是"伟大"，诸如此类的形容词；然而同时你的眼睛也许觉得有点倦怠，你对当前的"雄壮"或"伟大"闭了眼，而另一种的味儿在你心头潜滋暗长了——"单调"！可不是，单调，有一点儿吧？

然而刹那间，要是你猛抬眼看见了前面远远有一排——不，或者只是三五株，一株，傲然地耸立，像哨兵似的树木的话，那你的恹恹欲睡的情绪又将如何？我那时是惊奇地叫了一声的！

那就是白杨树，西北极普通的一种树，然而实在是不平凡的一种树！

那是力争上游的一种树，笔直的干，笔直的枝。它的干通常是丈把高，像加过人工似的，一丈以内绝无旁枝。它所有的丫枝一律向上，而且紧紧靠拢，也像加过人工似的，成为一束，绝不旁逸斜出；它的宽大的叶子也是片片向上，几乎没有斜生的，更不用说倒垂了；它的皮光滑而有银色的晕圈，微微泛出淡青色。这是虽在北方风雪的压迫下却保持着倔强挺立的一种树！哪怕只有碗那样粗细，它却努力向上发展，高到丈许，两丈，参天耸立，不折不挠，对抗着西北风。

这就是白杨树，西北极普通的一种树，然而决不是平凡的树！

它没有婆娑的姿态，没有屈曲盘旋的虬枝。也许你要说它不美。如果美是专指"婆娑"或"旁斜逸出"之类而言，那么，白杨树算不得树中的好女子。但是它伟岸，正直，朴质，严肃，也不缺乏温和，更不用提它的坚强不屈与挺拔，它是树中的伟丈夫！当你在积雪初融的高原上走过，看见平坦的大地上傲然挺立这么一株或一排白杨树，难道你就觉得它只是树？难道你就不想到它的朴质，严肃，坚强不屈，至少也象征了北方的农民？难道你竟一点也不联想到，在敌后的广大土地上，到处有坚强不屈，就像这白杨树一样傲然挺立的守卫他们家乡的哨兵？难道你又不更远一点想到，这样枝枝叶叶靠紧团结，力求上进的白杨树，宛然象征了今天在华北平原纵横决荡，用血写出新中国历史的那种精神和意志？

白杨不是平凡的树。它在西北极普遍，不被人重视，就跟北方的农民相似；它有极强的生命力，磨折不了，压迫不倒，也跟北方的农民相似。我赞美白杨树，就因为它不但象征了北方的农民，尤其象征了今天我们民族解放斗争中所不可缺的朴质、坚强、力求上进的精神。

让那些看不起民众、贱视民众、顽固的倒退的人们去赞美那贵族化的楠木（那也是直挺秀颀的），去鄙视这极常见、极易生长的白杨树吧，我要高声赞美白杨树！

（资料来源：人教版八年级上册语文教科书）

【简评】这篇文章采用象征手法，通过对白杨树不平凡的形象的赞美，歌颂了中国共产党领导下的抗日军民和整个中华民族的紧密团结、力求上进、坚强不屈的革命精神和斗争意志。《白杨礼赞》以赞美白杨树的不平凡为抒情线索，歌颂了北方军民团结抗战、奋发向上的精神品质，进而歌颂了整个中华民族的精神品质。

三是新颖。新颖指的是主题要有新鲜感，能给人以启发。那么，怎样才能做到新颖呢？一是要善于翻前人已发之意。要深入开掘材料，或者变换角度。峻青的《秋色赋》是翻欧阳修的《秋声赋》的范例。同是写秋，欧阳修的《秋声赋》主题是慨叹人生易老，充满了悲凉的情感。峻青的《秋色赋》的主题是通过谷物丰收、瓜果香鲜的秋色描写，表现出成熟、昌盛和繁荣的喜悦。二是要善于扩前人已发之意。扩是阐述和补充。在前人已言之理或已写之事的基础上，有新的发现，或阐述或补充，也可写出新意来。韩愈的《师说》中，从师不计贵贱、长少的观点，实际上是孔子的"三人行，必有我师焉"论点的深入阐述和发挥，给人以深刻的启迪。三是要善于创前人未发之意。就是要写出自己的独特感受和发现。王安石的《游褒禅山记》重点不在写游山的过程，而是写游山时的发现："人之愈深，其进愈难，而其见愈奇"的道理，以及"而世之奇伟、瑰怪，非常之观，常在于险远，而人之所至罕焉，故非有志者不能至也"的感受，引申出"做事和做学问均应立志才能探胜"的哲理，颇有新意。

四是深刻，即主题要有一定的高度、深度或比较有预见地体现事物发展趋势，不能仅仅停留在一些零碎的表面现象，或轻描淡写，就事论事。主题深刻关键在于作者的见识要精卓，对事物要有深刻的认识能力。对所写事物，能揭示出内部的必然联系，在反映诸多矛盾时，能够抓住主要矛盾的主要方面。同时，要特别注意事物的特殊性，深刻的主题常常寄寓在个性鲜明的事物之中。毛泽东同志在《矛盾论》中说："在特殊性中存在着普遍性，在个性中存在着共性。"对有个性、有特色的事物深入挖掘，往往能揭示生活的本质和规律，获得高人一筹的独到见解。例如，艾青《我爱这土地》和闻一多《七子之歌·澳门》这两首诗的主题都是描写爱国情怀的。艾青用想象和第一人称"我"，把自己融入诗歌中；闻一多的诗则运用了拟人手法和第二人称"你"，联系人间的母子亲情细腻而又强烈地表达了自己渴望祖国统一的思想感情，主题特别深刻。

学以致用

1. 在学习生活中，你经历过很多事情，通过鉴别和选取让你感动的一件事，以口头形式记录下来。

2. 在你学习的文学作品当中，你认为主题最深刻的是哪一篇文章？为什么？

3. 阅读下列短文，说出本文的主题。

①千万不要被太阳那圆乎乎黄澄澄的可爱外表给迷惑了。实际上，它的脾气可大了！从 2008 年开始，一股无名之火在它心中翻腾——美国国家海洋大气局早在 2008 年一月份就报告说，他们观察到了太阳活动新周期内的第一个太阳黑子，并将其编号为 10981，它位于太阳的北半球。别以为这只是少数天体物理学家需要操心的事情，你、我、他乃至全人类都可能真真切切地感受到它的影响。比如，人造卫星可能会从天上跌落下来，或者变成一群没头的苍蝇；航班的飞行员可能在降落时再也接收不到导航指令；许多国家的电力供应可能出现大面积的故障；输油管道可能会变成漏勺；更甭提你的手机了，它很可能会变成聋人兼哑巴……

②其实，这并不是什么新鲜事。我们早就知道太阳的脾气就像是过山车，每 9—14 年（平均为 11 年）就会发生一次周期性的爆发。新一轮的爆发从 2008 年开始到 2012 年，其剧烈程度将会是 50 年来最疯狂的一次……

③太阳的愤怒都有哪些表现呢？首先它的表面会发生喷发。地球上的火山喷发与太阳的喷发比起来简直是小巫见大巫，后者喷发出来的是充满能量的粒子（如质子）和波（如 X 射线、无线电波）。而每一"团"的喷发都相当于 500 亿颗轰炸广岛的原子弹的爆炸！尽管我们和太阳相距 1.5 亿公里，但这丝毫不影响太阳喷发的威力。每一次太阳喷发后，如果这次喷发的方向是朝着我们的，不消几分钟，我们的地球就会遭到倾盆大雨般的 X 射线和无线电波的袭击，以及质子风暴的扫荡。而这些家伙正是电子芯片的天敌……另外，有的时候，喷发还会将围绕着太阳的太阳大气层的一部分喷射出来。设想一下，100 亿吨的电离气体——即我们所说的等离子体——以 700 万公里的时速喷向太空。在这团等离子体中，还存在着太阳磁场。这足以扰乱一切依靠电流运作的东西……

④波、粒子、磁场，这便是一整套的必杀技！幸好，我们的地球拥有一个磁层。它像个磁性的金钟罩，保护着我们的地球免遭来自太空的袭击。它能驱散太阳发射的大部分带电粒子。看清楚，是大部分，但不是全部……我们的磁性金钟罩最终还是会饱和，而将太阳发出的一部分暴徒放进来，好在溜进来的只是很小的一部分。但它们已经足以在地球上和地球周围的太空中制造麻烦了！以人造卫星为例，我们来看看它们在上一次太阳活动峰年中的遭遇吧。

⑤这一幕发生在 2003 年 10 月的 28、29 和 30 日。一阵太阳风袭击了地球的向阳面，世界的几大空间机构同时都拉响了警报：超过 60% 的在轨人造卫星的运行都出现了故障，甚至有两颗人造卫星彻底失踪。这种情况造成的混乱是巨大的。想想这些卫星所承担的功能就知道了：通信、GPS 定位、天气预报、出于科学或国防目的的地球观测……

⑥当时到底发生了什么？短短几分钟，大量的质子就穿越了太阳和我们之间的 1.5 亿公里的距离。这些亢奋的家伙从地球的磁极（也就是地球磁层的薄弱环节）鱼贯而入，窜入了地球的轨道。随即，它们便轻而易举地打进了卫星搭载的电脑内部。它们的造访改变了卫星电脑电子元件的状态。比如，高层空间（在那里，平静地运行着 GPS 卫星、通信卫星和气象卫星）的电子会发生剧烈的加速运动，变成所谓的"杀手电子"。这些杀手电子会侵入卫星的电脑，烧坏它们的电路，为电子的大量释放创造条件，而我们却只能眼睁睁地看着这一切发生。

（选自《青年文摘》2009 年第 9 期，有删改）

项目四　写作的结构与语言

　　本项目是关于写作的结构与语言，就是在校学生在写作课程学习、实践、实习等过程中所使用的写作理论，实践性很强。通过对这一理论的学习，学生能够切实了解和解决写作载体的外形。写作的结构与语言当中的理论具有很强的理论性、指导性、权威性等特点。

【学习目标】

1. 理解写作的结构和语言的相关概念。
2. 掌握写作的结构和语言在实践中的要求。
3. 通过写作训练，提高采集材料、提炼主题、安排结构和使用语言的能力。

任务一 写作的结构

任务设计

通过之前的学习我们已经掌握了现代写作的相关理论，那么，你在写作之前是怎样谋篇布局的。请你通过写一篇关于"青春"为主题的作文，掌握作文的结构布局。

知识探究

现代写作的结构

一、写作的结构的概念

结构指文章各部分按一定的组合关系联结而成的序列形式，还称之为组织、布局、章法、格局、文序。它包括：文章各部分的先后顺序和文章各部分之间的内在联系。例如，李斯的《谏逐客书》的中心论点："臣闻吏议逐客，窃以为过矣。"文章首先铺陈秦国历史上四位著名国君重用客卿使秦富强的史实，说明任用客卿于秦有利。接着，铺陈秦王为满足生活享受而对异国色乐珠玉唯美是用的事实，以小喻大，说明为实现统一天下的远大目标，对于比色乐珠玉宝贵得多的客卿更应唯贤是用。最后，指出逐客之害。文章末尾，对上述三层内容加以概括。全文铺陈排比，比喻形象生动，气势充沛，音韵铿锵，文采斐然，颇具纵横家说辞的特色，难怪秦王嬴政看后改变了逐客主张。还有罗曼·罗兰的《名人传》是一部独具魅力的人物传记，著者倾注他全部激情，成功地让读者在传记中跟三位大师接触，分担他们的痛苦、失败，也分享他们的诚挚、成功。

二、写作结构的基本单位与要求

（一）结构的基本单位：层次与段落

1. 层次

层次是文章思想内容的表现次序。它是事物发展阶段性、矛盾的各个方面或人们的思维进程在文章中的具体表现。它体现了文章内在线索展开的步骤。

2. 段落

段落是构成文章的基本单位，是句子的集合体。它是文章思想在表达时由于转折、强调、间歇等情况所造成的文字停顿。习惯上称"自然段"，具有换行另起的标志。就语言运用来说，句子是最基本的常用单位。有了句子，为什么还要段落呢？第一，它能逻辑地表现思维进程中的间歇、转折、强调，用它清晰地反映文章的内在层次和文章构成的顺序。第二，段落使文章眉目清楚，便于读者阅读、理解，并给予他们在阅读中以"停顿"的时机，从而获得思索、回味的余地。第三，一段特殊段落，能引起强调重点、加强印象、传达某种特定感情的作用。

3. 段落与层次是有区别的

段落是构成篇章的基本单位，是换行另起的标志；层次是文章思想内容的表现次序。段落侧重于文字表达的需要，层次着眼于思想内容的划分。在具体表现形式上，一个层次可以就是一个段落或包含几个段落，而一般情况下，一个段落不宜包含两个以上的层次。总之，段落指的是文章的"意义段"或"逻辑段""结构段"；它大于或等于自然段。而层次，是"部分"里的子单位，它可以大于、等于或小于自然段。

4. 怎样划分段落

分段的方法多种多样，可以有一定的灵活性，但重在分清自然段与自然段之间的联系。常见的分段方法有：第一，整体分割法：读一篇写事的文章，要搞清它写的是什么事，事情的起因、经过和结果是怎样的。依此可将文章分段；对写了几件事的文章，则要把事情一件一件分割开；说明事物的文章，同样要把所说明的几个方面分割开。第二，部分归并法：首先给每个自然段编上序号并归纳出每个自然段的大意，然后把说明同一内容的邻近自然段归并成一个大段。第三，提取中心法：先抓住文章中占较多篇幅的主要内容，把这部分内容归纳为一大段，就是提取中心段。第四，标志分段法：有些文章有明显的分段标志，如有标明时间的语句，有标明地点、方位的语句，还有空行标志。

5. 划段分层还要牢记四点

一是要在熟悉课文的基础上进行。只有熟悉了课文，才能从整体出发去考察各个部分，从而正确地划分出课文的段落。随着理解的深入，还应明确整体与部分、部分与部分之间的联系，认识文章结构安排的特点及其在表现思想内容上所起的作用。二是分段一定要从内容出发，而不能单从形式出发。开头、经过、结尾三大段（其他如绪论、本论、结论等）或开端、发展、高潮、结局、尾声五大段的分段方法，不能体现课文内容的特点，是不足取的。每篇课文有每篇课文的特点，只有从课文的内容出发，把内容一部分一部分地划分开来，才能起到分段训练的作用，才能收到培养阅读能力的效果。三是划分段落要与概括段意相结合。分段，主要是由整体到部分的分析；概括段意，是从部分到整体的综合。相比较，后者难些。但二者不可截然分开。四是划分段落应立足于分析、概括能力的培养，深入理解课文的结构和内容，而不在于机械地记忆某篇分成几段。在划分段落过程中，不能只长于分析而不善于归纳。总之，划段分层、概括段意是理解文章的一种手段，一定要从理解内容的角度去概括段意。

（二）结构的基本要求

1. 完整

完整指的是结构布局的匀称饱满、首尾圆合。首先，构成文章的各个局部应该结合成一个完美统一的整体，它们共同表达一个主题，体现着作者完整的思路，体现着彼此之间有着深刻的内在联系和巧妙得体的外部组合。其次，构成文章整体的各个局部要相对齐备，不可残缺。残缺不仅破坏文章的完整性，而且也影响文章内容的表达，使文章结构显得不协调、不完美。最后，文章的各个部分所占的篇幅要大小适中。为此，行文中要尽可能地做到详略得当，轻重合理，疏密有致，首尾照应，使文章写得匀称和谐，体现出整体美。

2. 连贯

文章结构的完整性离不开连贯，由于连贯才能使文章浑然一体，它是完整的关键环节。我们所说的连贯，即指文章的各部分在内容脉络上的相互贯通，在语言形式上有紧密的衔接与合理的过渡。所谓脉络，是指作者思路的表现形态。思路不清，脉络必然紊乱，结构自然不连贯。不管文章内容多么复杂，意念多么曲折，只要脉络清晰连贯，其文章的起承转合都能畅通地发展下去，不会有什么阻隔。

3. 严密

文章的各部分之间要联系紧密、浑然一体。这就要求文章在结构布局上要严谨，层次上要清楚，段落上要分明，该过渡处过渡，该照应处照应，文章的组织程序合乎逻辑与事物发展的规律。

要使文章结构完整连贯、严密，必须重视"线索"与"脉络"的使用。记叙文中的"线索"是指贯穿文章全部材料、推进内容发展的"筋节"。这"线索"可以是"人""物""中心事件"等。论说性文章中的"脉络"是指作者为再现事物的内部"纹理"而进行的叙述、论证过程中所留下的思想"线索"。

三、结构的组合方式可分为三种类型

1. 纵式组合

纵式组合指按时间顺序或逻辑顺序安排层次。包括：按事件发展或人物经历的时间顺序排列；按作者或人物思想情感发展变化的脉络排列；按客观事物、事理展开的逻辑顺序排列等。主要特点是，各层次之间是延续与承接的先后关系。

◆ **名作欣赏** ◆

垂钓（节选）

在一个小小的弯角上，我们发现，端坐着一胖一瘦两个垂钓的老人。

胖老人听见脚步声我们眨了眨眼算是打了招呼，他回身举起钓竿把他的成果朝我们扬了一扬，原来他的钓绳上挂了六个小小的钓钩，每个钓钩上都是一条小鱼。他把六条小鱼摘下来放进身边的水桶里，然后再次下钩，半分钟不到他又起竿，又是六条挂在上面。就这样，他忙忙碌碌地下钩起钩，我妻子走近前去一看，水桶里已有半桶小鱼。

奇怪的是，只离他两米之远的瘦老人却纹丝不动。为什么一条鱼也不上他的钩呢？正纳闷，水波轻轻一动，他缓缓起竿，没有鱼，但一看钓钩却硕大无比，原来只想钓大鱼。在他眼中，胖老人忙忙碌碌地钓起那一大堆鱼，根本是在糟践钓鱼者的取舍标准和堂皇形象。伟大的钓鱼者是安坐着与大海进行谈判的人类代表，而不是在等待对方琐碎的施舍。

胖老人每次起竿摘鱼都要用眼角瞟一下瘦老人，好像在说："你就这么熬下去吧，伟大的谈判者！"而瘦老人只以泥塑木雕般的安静来回答。

两人都在嘲讽对方，两人谁也不服谁。

过了不久，胖老人起身，提起满满的鱼桶走了，快乐地朝我们扮了一个鬼脸，却连笑声也没有发出，脚步如胜利者凯旋。瘦老人仍然端坐着，夕阳照着他倔强的身躯，他用背影来鄙视同伴的浅薄。暮色苍茫了，我们必须回去，走了一段路回身，看到瘦小的身影还在与大海对峙。此时的海，已经更加狰狞昏暗。狗吠声越来越响，夜晚开始了。

（选自余秋雨《霜冷长河》，有删改）

【简评】本文简单描述了一胖一瘦两位老人垂钓的故事，从中引发出人生的哲理。文章按事件发展和人物经历的时间顺序排列，其中也融入了作者的思想情感发展变化的脉络排列，呈现出文章纵式组合的特点。

2. 横式组合

横式组合指按空间顺序或事物、事理的不同类别或不同方面安排层次。这类方式的主要特点是，各层次之间呈现依次展开的并列关系。

◆ **名作欣赏** ◆

乡愁四韵

给我一瓢长江水啊长江水
酒一样的长江水
醉酒的滋味
是乡愁的滋味
给我一瓢长江水啊长江水

给我一张海棠红啊海棠红
血一样的海棠红
沸血的烧痛
是乡愁的烧痛
给我一张海棠红啊海棠红

给我一片雪花白啊雪花白
信一样的雪花白
家信的等待
是乡愁的等待
给我一片雪花白啊雪花白

给我一朵蜡梅香啊蜡梅香
母亲一样的蜡梅香
母亲的芬芳

是乡土的芬芳

给我一朵蜡梅香啊蜡梅香

（选自余光中《余光中诗选》）

【简评】 余光中的《乡愁四韵》依次选用了四个极具中国特色和个性风格的意象来抒发诗人久积于心、耿耿难忘的乡愁情结。四个不同类别或不同层次的意象以相同的方式呈现，多侧面、多角度地抒写了诗人对祖国母亲手足相连、血肉相依的深挚情怀。

3. 纵横交错式组合

纵横交错式组合指依据事物发展的多样性和思维活动的复杂性，交错使用纵横两种结构形式的组合形态。它是文章常用的结构方法之一。纵横交错地安排层次，以便把复杂的内容写得清清楚楚，并且突出事件的紧张气氛。例如《为了六十一个阶级弟兄》一文的中心事件，牵涉了不同地区很多单位和很多人。但文章以时间的推移和地点的转换为顺序，把这一复杂的事件叙述得清清楚楚。既注意了事件发展在时间上的连贯性，又照顾了空间的平列性，把同一时间不同地点的人们为了六十一个阶级弟兄寻药、送药的完整事件紧凑地表现出来。从而歌颂了中国共产党的英明领导，歌颂了一方有难、八方支援的共产主义精神和社会主义制度的优越性。运用纵横交错式结构，首先要理清头绪；其次要使时间推移和地点变换两条线索齐头并进，不要顾此失彼。

◆ **名作欣赏** ◆

我的空中楼阁

李乐薇

山如眉黛，小屋恰似眉梢的痣一点。

十分清新，十分自然，我的小屋玲珑地立于山脊一个柔和的角度上。

世界上有很多已经很美的东西，还需要一些点缀，山也是。小屋的出现，点破了山的寂寞，增加了风景的内容。山上有了小屋，好比一望无际的水面飘过一片风帆，辽阔无边的天空掠过一只飞雁，是单纯的底色上一点灵动的色彩，是山川美景中的一点生气，一点情调。

小屋点缀了山，什么来点缀小屋呢？那是树！

山上有一片纯绿色的无花树；花是美丽的，树的美丽也不逊于花。花好比人的面庞，树好比人的姿态。树的美在于姿势的清健或挺拔，苗条或婀娜，在于活力，在于精神！

有了这许多树，小屋就有了许多特点。树总是轻轻摇动着。树的动，显出小屋的静；树的高大，显出小屋的小巧；而小屋的别致出色，乃是由于满山皆树，为小屋布置了一个美妙的绿的背景。

小屋后面有一棵高过屋顶的大树，细而密的枝叶伸展在小屋的上面，美而浓的树荫把小屋笼罩起来。这棵树使小屋给予人另一种印象，使小屋显得含蓄而有风度。

换个角度，近看改为远观，小屋却又变换位置，出现在另一些树的上面。这个角度是远远地站在山下看。首先看到的是小屋前面的树，那些树把小屋遮掩了，只在树与树之间露出一些建筑的线条，一角活泼翘起的屋檐，一排整齐的图案式的屋瓦。一片蓝，那是墙；一片白，那是窗。我的小屋在树与树之间若隐若现，凌空而起，姿态翩然。本质上，它是一幢房屋；形式上，却像鸟一样，蝶一样，憩于枝头，轻灵而自由！

小屋之小，是受了土地的限制。论"领土"，只有有限的一点。在有限的土地上，房屋比土地小，花园比房屋小，花园中的路又比花园小，这条小路是我袖珍型的花园的大道。和"领土"相对的是"领空"，论"领空"，却又是无限的，足以举目千里，足以俯仰天地，左顾有山外青山，右盼有绿野阡陌。适于心灵散步，眼睛旅行，也就是古人说的游目骋怀。这个无限大的"领空"，是我开放性的院子。

有形的围墙围住一些花，有紫藤、月季、喇叭花、圣诞红之类。天地相连的那一道弧线，是另一重无形的围墙，也围住一些花，那些花有朵状，有片状，有红，有白，有绚烂，也有飘落。也许那是上帝玩赏的牡丹或芍药，我们叫它云或霞。

空气在山上特别清新，清新的空气使我觉得呼吸的是香！

光线以明亮为好，小屋的光线是明亮的，因为屋虽小，窗很多。例外的只有破晓或入幕，那时山上只有一片微光，一片柔静，一片宁谧。小屋在山的怀抱中，犹如在花蕊中一般，慢慢地花蕊绽开了一些，好像层山后退了一些。山是不动的，那是光线加强了，是早晨来到了山中。当花瓣微微收拢，那就是夜晚来临了。小屋的光线既富于科学的时间性，也富于浪漫的文学性。

山上的环境是独立的，安静的。身在小屋享受着人间清福，享受着充足的睡眠，以及一天一个美梦。

出入的交通要道，是一条类似苏花公路的山路，一边傍山，一边面临稻浪起伏的绿海和那高高的山坡。山路和山坡不便于行车，然而便于我行走。我出外，小屋是我快乐的起点；我归来，小屋是我幸福的终站。往返于快乐与幸福之间，哪儿还有不好走的路呢？我只觉得出外时身轻如飞，山路自动地后退；归来时带几分雀跃的心情，一跳一跳就跳过了那些山坡。我替山坡起了个名字，叫幸福的阶梯，山路被我唤作空中走廊！

我把一切应用的东西当作艺术，我在生活中的第一件艺术品——就是小屋。白天它是清晰的，夜晚它是朦胧的。每个夜幕深垂的晚上，山下亮起灿烂的万家灯火，山上闪出疏落的灯光。山下的灯把黑暗照亮了，山上的灯把黑暗照淡了，淡如烟，淡如雾，山也虚无，树也缥缈。小屋迷于雾失楼台的情景中，它不再是清晰的小屋，而是烟雾之中、星点之下、月影之侧的空中楼阁！

这座空中楼阁占了地利，可以省去许多室内设计和其他的装饰。

虽不养鸟，每天早晨有鸟语盈耳。

无须挂画，门外有幅巨画——名叫自然。

（资料来源：人教版高中语文教科书）

任务二　写作的语言

任务设计

通过学习写作语言，你对现代写作的写作语言逐渐有了一些想法，为进一步规范写作语言，请你通过所学的理论知识，结合案例完整地阐述写作语言。

知识探究

现代写作的语言

一、语言与思维的关系

思维和语言是人类反映现实的意识形态中两个互相联系的方面，它们的统一构成了人类所特有的语言思维形式。思维是人脑的机能，是对外部现实的反映；语言则是实现思维、巩固和传达思维成果，即思想的工具。

语言是人们在社会劳动过程中，适应交流意识、传递信息的需要而产生的。语言一经产生，又成为思维存在和发展的必要因素。按照巴甫洛夫高级神经活动生理学的原理，语言在人脑反映外部现实的神经生理机制中，担负着第二信号系统的职能。思维以抽象的形式间接地、概括地反映外部现实，而语言则是抽象思维活动的必要条件。语言的基本组成单位是词。它是在对客观事物抽象概括的基础上形成的。没有词（言语），间接的、概括的、抽象的思维活动就不能正常进行。科学研究的实验表明，头脑中的思维活动是凭借简化的内部言语进行的。甚至在利用电子计算机模拟人类思维的过程中，也离不开相应的人工语言符号系统。人工语言在现代科学思维中起着愈来愈重要的作用。语言是思维得以实现的工具，是思维存在的形式和表达思维的形式。思维成果凭借语言记录、固定下来，又通过语言而得以表达和传播，使它们代代相传、代代积累，并使思维能够在继承以往成果的基础上发展。

思维和语言是相互依存、相互促进的。语言是现实的思维，是思维的物质外壳；语言的外壳又总是包含着思维的内容。思维的发展推动语言的发展，语言的发展又促进思维的发展。一般来说，语言的发展水平标志着思维的发展水平。但是，思维和语言又不是等同的，它们有各自的相对独立性和特殊规律。语言思维是人类特有的意识形态，但它并不排斥人类的直观思维、动作思维和其他特殊类型思维。然而，思维决不能以赤裸裸的形式存在，它从一开始就受着物质的纠缠，任何类型的思维都有其物质外壳。

二、语言运用的基本要求

1. 规范

规范是语言运用的最根本的要求。它包括词汇的规范和句子的规范。词汇的规范主要有以下几方面：不要用死词，不要乱用外来语，不要乱用方言土语，不要生造词语；句子的规范指造句要符合语法、逻辑规律，符合人们的语言习惯。但有一点要注意，即语言、语句规范的标准也是相对的、辩证的。比如说，在一个时期内看来是生造的词语，由于人们的不断使用，成为约定俗成，那么它也可能转化为常规的词语。事实上，语言的发展、词汇的丰富常常就由此而来。这就是语言变异的现象。

2. 准确

语言表述要准确，就是要以正确的语言表达方式、手段确切地表达意思。语言准确在形式上主要体现为两方面：一是正确选择词语，二是正确运用句式。

要想恰当、确切地选择好词语，大前提就是必须正确地理解词义。有篇文章写一对老年人再结伉俪，说他们婚后"恩恩爱爱，形影相吊，日子过得更加甜蜜"，显然是把"形影相吊"和"形影不离"混为一谈了。相对而言，它还比较好纠正，一经指出或查查字典，就不会再弄错，比较难办的倒是近义词的辨析。汉语的一大特征就是同义词、近义词的大量存在，它标志着一种语言的丰富性和成熟性。近义词的区分应考虑以下几方面：一是词语的轻重程度；二是词语的适用对象；三是词语的感情色彩；四是词语的语体色彩。

用语准确也体现在句式的运用上。句式按照功能分，可分为陈述句、疑问句、祈使句和感叹句；按照结构形态分，可分为主动句和被动句、肯定句和否定句、整句和散句、长句和短句；按照语言材料分，可分为白话句和文言句等。这些句式的运用各有自己的要求和规律，使用时必须注意。

但不是说严格地按规则办事就是最准确、最得体。拿陈述句来说，它的特征是平稳，没有大的波澜起伏，特别适用于说明问题、讲述事件等。但若仅仅这样理解就不够全面。请看这一段：

但竟在执政府前中弹了，从背部入，斜穿心肺，已是致命的创伤，只是没有便死。同去的张静淑君想扶起她，中了四弹，其一是手枪，立仆；同去的杨德群君又想去扶起她，也被击，弹从左肩入，穿胸偏右出，也立仆。但她还能坐起来，一个兵在她头部及胸部猛击两棍，于是死掉了。

（鲁迅《记念刘和珍君》）

对这种令人发指的暴行本该用极带感情的句子来渲染，如感叹句。这里却只有看似平静的，一句句的陈述。但正是在表面的平静之下潜藏着极度压抑的悲愤，二者形成了巨大的反差，读者也从中受到了更大的心灵冲击。于是，这种平静叙述的方式反而比极带感情的句子效果更加强烈。这是辩证地活用句式的典范。

3. 鲜明

鲜明的要求可以归纳为两方面：一是意思要明白，不得含混；二是态度要明朗，不应暧昧。意思明白就是说要让读者能看出你要说什么，不应产生歧解、别解等。交际中的误解是很常见的，一般文章偶有歧解还关系不大，若是合同、契约一类产生歧义则不得了。态度明朗即对问题要明确表态，观点鲜明，不应暧昧。要使语言的意思鲜明起来，除了内心要有明确的态度之外，也可以使用一些方式技巧使之愈发突出。如近义词连用，它可以使情感的表述有层层推进的意味；又如反义词配合使用，二者相比照，可使情感更加显豁。

4．简洁

简洁就是用尽量少的文字，表达尽可能多的内容。要使语言简洁起来，首先应如毛泽东所说"禁绝一切空话"，比如生活中常见的"打官腔"。与之相类似的是词语堆砌，稍有不同的是它还有具体含义，但堆砌过分则造成了累赘。为使语言更精练简洁，还可以采用一些技巧。比如选用内涵丰富的语句使之"以一当十"；使用文言词语、成语、谚语、典故等经过千锤百炼后概括出来的现成语言材料等。

5．质朴

质朴的语言通俗易懂，而表现力并不弱。《红楼梦》第七回中有一段描写：周瑞家的问香菱："你几岁投身到这里？"又问："你父母今在何处？今年十几岁了？本处是哪里人？"

这在我们某些作者看来一定是个好机会来了，可以用极凄婉缠绵的语言描写一番香菱悲痛欲绝的情态，再来一番"痛说家史"，以换取读者一把同情泪并展示自己的才华。而曹雪芹笔下却只有：香菱听问，都摇头说："不记得了。"回答竟如此"平淡"，但却有无限深意在，极耐回味，也更能赢得听众及读者的慨叹，难怪当时"周瑞家的和金钏儿听了，倒反为她叹息伤感一回"，脂砚斋亦赞曰："伤痛之极，必亦如此收住方妙。"

6．生动

生动的语言也是众多作者所追求的。使语言生动起来的方式主要有三点：形象化、动作化和情态化。要使语言鲜活、生动，常常要借助于形象及形象中蕴蓄的情感，如：我呢，累，像一根站立起来的面条。（陈祖芬《永恒的诱惑》）伸手从脏得看不清眉眼的女招待手里接过同样脏得都能站起来的抹布大刀阔斧地扫除着桌上的山山水水。（王朔《一点正经没有》）再进一步，具体到词语的选择运用，同样有是否形象化的问题。表达同一个意思，有些词语便是抽象的、概念化的，有些则是形象色彩强烈，可以被人直接感受的。试比较：须眉——男人、蛾眉——美女、续弦——再婚、汗颜——惭愧、鹤发鸡皮——老态龙钟、凤毛麟角——寥寥无几。有些作者甚至把无形的事物也赋予了形象，或把不可视的事物变为可视的，使它们也具有了直观的效果，这更是一种主动的艺术技巧了。

另一种手法是言语的动作化。"生动"本身就带有一个"动"字，"动"者，"动作""活动"也。文字、画面活动、流动起来，自然就生动了。许多作者谙熟这一道理。在他们笔下，常有许多通过动作的描画，使画面活动起来的妙笔。再有便是将其他词类活用为动词，也可以增添文章的动感。

第三种方式是情态化，即作者把自己强烈的感受、内心的情愫，极投入地用富于感情的语句写出来，而且在写景、状物、叙事中，也都寄予充盈饱满的情感，这样的文字当然是生动感人的了。

✐ **学以致用**

1. 谈谈鲁迅的《祝福》在结构上的特色。
2. 仔细阅读王小波的作品，谈谈其在语言上有什么特色。

◆ **名作欣赏** ◆

桨声灯影里的秦淮河

俞平伯

我们消受得秦淮河上的灯影，当圆月犹皎的仲夏之夜。

在茶店里吃了一盘豆腐干丝，两个烧饼之后，以歪歪的脚步踅上夫子庙前停泊着的画舫，就懒洋洋躺到藤椅上去了。好郁蒸的江南，傍晚也还是热的。"快开船罢！"桨声响了。小的灯舫初次在河中荡漾；于我，情景是颇朦胧，滋味是怪羞涩的。我要错认它作七里的山塘；可是，河房里明窗洞启，映着玲珑入画的曲栏杆，顿然省得身在何处了。佩弦（朱自清）呢，他已是重来，很应当消释一些迷惘的。但看他太频繁地摇着我的黑纸扇。胖子是这个样怯热的吗？

又早是夕阳西下，河上妆成一抹胭脂的薄媚。是被青溪的姊妹们所熏染的吗？还是匀得她们脸上的残脂呢？寂寂的河水，随双桨打它，终是没言语。密匝匝的绮恨逐老去的年华，已都如蜜饧似的融在流波的心窝里，连呜咽也将嫌它多事，更哪里论到哀嘶。心头，宛转的凄怀；口内，徘徊的低唱；留在夜夜的秦淮河上。

在利涉桥边买了一匣烟，荡过东关头，渐荡出大中桥了。船儿悄悄地穿出连环着的三个壮阔的涵洞，青溪夏夜的韶华已如巨幅的画豁然而抖落。哦！凄厉而繁的弦索，颤岔而涩的歌喉，杂着吓哈的笑语声，噼啪的竹牌响，更能把诸楼船上的华灯彩绘，显出火样的鲜明，火样的温煦了。小船儿载着我们，在大船缝里挤着，挨着，抹着走。它忘了自己也是今宵河上的一星灯火。

既踏进所谓"六朝金粉气"的销金窝，谁不笑笑呢！今天的一晚，且默了滔滔的言说，且舒了恻恻的情怀，暂且学着，姑且学着我们平时认为在醉里梦里的他们的憨痴笑语。

看！初上的灯儿们一点点掠剪柔腻的波心，梭织地往来，把河水都皴得微明了。纸薄的心旌，我的，尽无休息地跟着它们漂荡，以至于怦怦而内热。这还好说什么的！如此说，诱惑是诚然有的，且于我已留下不易磨灭的印记。至于对榻的那一位先生，自认曾经一度摆脱了纠缠的他，其辩解又在何处？这实在非我所知。

我们，醉不以涩味的酒，以微漾着、轻晕着的夜的风华。不是什么欣悦，不是什么慰藉，只感到一种怪陌生、怪异样的朦胧。朦胧之中似乎胎孕着一个如花的笑——这么淡，那么淡的倩笑。淡到已不可说，已不可拟，且已不可想；但我们终究是眩晕在它离合的神光之下的。我们没法使人信它是有，我们不信它是没有。勉强哲学地说，这或近于佛家的所谓"空"，既不当鲁莽说它是"无"，也不能径直说它是"有"。或者说"有"是有的，只因无可比拟形容那"有"的光景；故从表面看，与"没有"似不生分别。若定要我再说得具体些：譬如东风初劲时，直上高翔的纸鸢，牵线的那人儿自然远得很了，知她是哪一家呢？但凭那鸢尾一缕飘绵的彩线，便容易揣知下面的人寰中，必有微红的一双素手，卷起轻绡的广袖，牢担荷小纸鸢儿的命根的。飘翔岂不是东风的力，又岂不是纸鸢的含德，但其根株却将另有所寄。请问，这和纸鸢的省悟与否有何关系？故我们不能认笑是非有，也不能认朦胧即是笑。我们定应当如此说，朦胧里胎孕着一个如花的幻笑，和朦胧又互相混融着的，因它本来是淡极了，淡极了这么一个。

漫题那些纷烦的话，船儿已将泊在灯火的丛中去了。对岸有盏跳动的汽油灯，佩弦便硬说它远不如微黄的灯火。我简直没法和他分证那是非。

时有小小的艇子急忙忙打桨，向灯影的密流里横冲直撞。冷静孤独的油灯映见黯淡久的画船头上，秦淮河姑娘们的靓妆。茉莉的香，白兰花的香，脂粉的香，纱衣裳的香……微波泛滥出甜的暗香，随着她们那些船儿荡，随着我们这船儿荡，随着大大小小一切的船儿荡。有的互相笑语，有的默然不响，有的衬着胡琴亮着嗓子唱。一个，三两个，五六七个，比肩坐在船头的两旁，也无非多添些淡薄的影儿葬在我们的心上——太过火了，不至于罢，早消失在我们的眼皮上。谁都是这样急忙忙地打着桨，谁都是这样向灯影的密流里冲着撞；又何况久沉沦的她们，又何况漂泊惯的我们俩。当时浅浅的醉，今朝空空的惆怅；老实说，咱们萍泛的绮思不过如此而已，至多也不过如此而已。你且别讲，你且别想！这无非是梦中的电光，这无非是无明的幻象，这无非是以零星的火种微炎在大欲的根苗上。扮戏的咱们，散了场一个样，然而，上场锣，下场锣，天天忙，人人忙。看！吓！载送女郎的艇子才过去，货郎担的小船不是又来了？一盏小煤油灯，一舱的什物，他也忙得来像手里的摇铃，这样叮咚而郎当。

杨枝绿影下有条华灯璀璨的彩舫在那边停泊。我们那船不禁也依傍短柳的腰肢，欹侧地欹了。游客们的大船，歌女们的艇子，靠着。唱的拉着嗓子；听的歪着头，斜着眼，有的甚至于跳过她们的船头。如那时有严重些的声音，必然说："这哪里是什么旖旎风光！"咱们真是不知道，只模糊地觉着在秦淮河船上板起方正的脸是怪不好意思的。咱们本是在旅馆里，为什么不早早入睡，掯着牙儿，领略那"卧后清宵细细长"，而偏这样急急忙忙跑到河上来无聊浪荡？还说那时的话，从杨柳枝的乱鬓里所得的境界，照规矩，外带三分风华的。况且今宵此地，动荡着有灯火的明姿。况且今宵此地，又是圆月欲缺未缺，欲上未上的黄昏时候。叮当的小锣，伊轧的胡琴，沉填的大鼓……弦吹声腾沸遍了三里的秦淮河。喳喳嚷嚷的一片，分不出谁是谁，分不出哪儿是哪儿，只有整个的繁喧来把我们包填。仿佛都抢着说笑，这儿夜夜尽是如此的，不过初上城的乡下佬是第一次呢。真是乡下人，真是第一次。

穿花蝴蝶样的小艇子多到不和我们相干。货郎担式的船，曾以一瓶汽水之故而拢近来，这是真的。至于她们呢，即使偶然灯影相偎而切掠过去，也无非瞧见我们微红的脸罢了，不见得有什么别的。可是，夸口早哩！——来了，竟向我们来了！不但是近，且拢着了。船头傍着，船尾也傍着；这不但是拢着，且并着了。厮并着倒还不很要紧，且有人扑咚地跨上我们的船头了。这岂不大吃一惊！幸而来的不是姑娘们，还好。（她们正冷冰冰地在那船头上。）来人年纪并不大，神气倒怪狡狯，把一扣破烂的手折，摊在我们眼前，让细瞧那些戏目，好好儿点个唱。他说："先生，这是小意思。"诸君，读者，怎么办？

好，自命为超然派的来看榜样！两船挨着，灯光愈皎，见佩弦的脸又红起来了。那时的我是否也这样？这当转问他。（我希望我的镜子不要过于给我下不去。）老是红着脸终究不能打发人家走路的，所以想个法子在当时是很必要。说来也好笑，我的老调是一味的默，或干脆说个"不"，或者摇摇头，摆摆手表示"决不"。如今都已使尽了。佩弦便进了一步，他嫌我的方术太冷漠了，又未必中用，摆脱纠缠的正当道路唯有辩解。好嘛！听他说："你不知道？这事我们是不能做的。"这是诸辩解中最简洁、最漂亮的一个。可惜他所说的"不知道"来人倒真有些"不知道"，辜负了这二十分聪明的反语。他想得有理由，你们为什么不能做这事呢？因这"为什么"，佩弦又有进一层的曲解。哪知道更坏事，竟只博得那些船上人的一哂而去。他们平常虽不以聪明名家，但今晚却又怪聪明，如洞彻我们的肺肝一样的。这故事即我情愿讲给诸君听，怕有人未必愿意哩。"算了罢，就是这样算了罢。"恕我不再写下了，以外的让他自己说。

叙述只是如此，其实那时联翩而来的，我记得至少也有三五次。我们把他们一个一个地打发走路。但走的是走了，来的还正来。我们可以使他们走，我们不能禁止他们来。我们虽不轻被摇撼，但已有一点儿杌陧了。况且小艇上总载去一半的失望和一半的轻蔑，在桨声里仿佛狠狠地说："都是呆子，都是吝啬鬼！"还有我们的船家（姑娘们卖个唱，他可以赚几个子的佣金。）眼看她们一个一个地去远了，呆呆地蹲踞着，怪无聊赖似的。碰着了这种外缘，无怒亦无哀，唯有一种情意的紧张，使我们从颓弛中体会出挣扎来。这味道倒许很真切的，只恐怕不易为倦鸦似的人们所喜。

曾游过秦淮河的到底乖些。佩弦告船家："我们多给你酒钱，把船摇开，别让他们来噜苏。"自此以后，桨声复响，还我以平静了，我们俩又渐渐无拘无束舒服起来，又滔滔不断地来谈谈方才的经过。今儿是算怎么一回事？我们齐声说，欲的胎动无可疑的。正如水见波痕轻婉已极，与未波时究不相类。微醉的我们，洪醉的他们，深浅虽不同，却同为一醉。接着来了第二问，既自认有欲的微炎，为什么艇子来时又羞涩地躲了呢？在这儿，答语参差着。佩弦说他的是一种暗味的道德意味，我说是一种似较深沉的眷爱。我只背诵岂君的几句诗给佩弦听，望他曲喻我的心胸。可恨他今天似乎有些发钝，反而追着问我。

前面已是复成桥。青溪之东，暗碧的树梢上面微耀着一桁的清光。我们的船就缚在枯柳桩边待月。其时河心里晃荡着的，河岸头歇泊着的各式灯船，望去，少说点也有十廿来只。唯不觉繁喧，只添我以幽甜。虽同是灯船，虽同是秦淮，虽同是我们；却是灯影淡了，河水静了，我们倦了，——况且月儿将上了。灯影里的昏黄，和月下灯影里的昏黄原是不相似的，又何况入倦的眼中所见的昏黄呢。灯光所以映她的秾姿，月华所以洗她的秀骨，以蓬腾的心焰跳舞她的盛年，以惄涩的眼波供养她的迟暮。必如此，才会有圆足的醉，圆足的恋，圆足的颓弛，成熟了我们的心田。

犹未下弦，一丸鹅蛋似的月，被纤柔的云丝们簇拥上了一碧的遥天。冉冉地行来，冷冷地照着秦淮。我们已打桨而徐归了。归途的感念，这一个黄昏里，心和境的交萦互染，其繁密殊超我们的言说。主心主物的哲思，依我外行人看，实在把事情说得太嫌简单，太嫌容易，太嫌分明了。实有的只是浑然之感。就论这一次秦淮夜泛罢，从来处来，从去处去，分析其间的成因自然亦是可能；不过求得圆满足尽的解析，使片段的因子们合拢来代替刹那间所体验的实有，这个我觉得有点不可能，至少于现在的我们是如此的。凡上所叙，请读者们只看作我归来后，回忆中所偶然留下的千百分之一二微薄的残影。若所谓"当时之感"，我决不敢望诸君能在此中窥得。即我自己虽正在这儿执笔构思，实在也无从重新体验出那时的情景。说老实话，我所有的只是忆。我告诸君的只是忆中的秦淮夜泛。至于说到那"当时之感"，这应当去请教当时的我。而他久飞升了，无所存在。

……

凉月凉风之下，我们背着秦淮河走去，悄默是当然的事了。如回头，河中的繁灯想定是依然。我们却早已走得远，"灯火未阑人散"；佩弦，诸君，我记得这就是在南京四日的酣嬉，将分手时的前夜。

1923 年 8 月 22 日，北京

（摘编自 1924 年 1 月 25 日《东方杂志》第 21 卷，有删改）

项目五　写作主体

通过本项目的学习，学生能够初步具备写作主体所需要的基本能力，强化主体意识，扩大客体信息源，从而提高语言文字的表达能力。

【学习目标】

1. 要求学生掌握写作主体所需要的素质和能力。
2. 说说当代大学生应该具备怎样的写作素质和能力。

任务一　写作主体的素质

任务设计

通过之前的学习我们已经掌握了现代写作的相关理论，那么，你认为写作主体应该具备哪些素质呢？请你通过写关于"我的大学生活"为主题的一篇作文，充分展示自己的各种素质。

现代写作主体的素质

知识探究

一、写作主体的界定

所谓写作主体，就是进入写作思维状态和从事写作行为中的人。在写作活动中，主体始终起着主导作用。写作主体的写作素养、写作能力的高低直接影响写作活动的进行和作品的质量。例如，屈原的"路漫漫其修远兮，吾将上下而求索"追求真理的顽强精神和"虽九死其犹未悔"的献身理想以及"长太息以掩涕兮，哀民生之多艰"忧国忧民的高尚情操，与他在现实中的表现是一致的。文天祥的"人生自古谁无死？留取丹心照汗青"的诗句同他领导抗元斗争的艰苦历程和视死如归的表现是一致的。鲁迅"横眉冷对千夫指，俯首甘为孺子牛"的诗句和杂文著作，同他与反动当局及其走狗的斗争是一致的。这些都是写作主体决定的。

在弄清楚什么是写作主体的修养之前，我们必须知道何谓"主体"。平时讲的"主体"，是相对"客体"而言的，指的是实践活动和认识活动的人。在我们看来，主体应该是自觉的、能动的。写作主体之所以能够成为写作主体，自觉地、能动地从事写作行为，是因为他本身具备了从事写作活动的一些基本条件、基本修养。以前我们谈主体修养，常概言之以"生活、思想、技巧"。古人讲主体修养，则强调"才""德""学""识""胆"。这些概括都是对的，但都太笼统，不免有点空泛。所谓"修养"，主要指主体在知识、思想、技能、技巧等方面所表现出来的一定的水平，它主要是后天实践所致。

写作主体的修养表现在哪些方面呢？除了具有基本的写作知识和写作技巧，还表现在知识、心灵、智能等几个方面。

从事写作生产必须要有材料，主体摄取、库存的材料如何，直接影响到主体的生产。而写作生产不同于一般物质生产之处，在于这个材料不是由别人提供的，而是需要主体从客观世界中去摄取、储存。很显然，一个人的经历、学历，会直接地影响到他的知识、信息系统……而在现实生活中，每个人的经历、学历是不可能绝对一样的，即便是从小学一同读到大学，各人的自觉精神不一样，注意中心不一样，下的功夫不一样，知识构成也不会一模一样。从这一点上讲，有多少个写作主体也就具有多少个各具不同特点的知识系统。

写作主体的能动性，首先体现在他对客观世界的能动把握上，正是这种能动把握，为写作提供了无穷无尽的可能性。而缺乏这方面的修养，是难以胜任写作行为的。其次一个人要从事写作，他首先要具备起码的科学文化知识，对社会、人生具有起码的了解，然后再在此基础上做横向的扩展、纵向的挖掘，对写作主体来说科学文化知识和社会人生知识都是必要的。不能设想，一个作者只具有社会人生知识或只具有科学文化知识，却能顺利地从事写作，写出优秀的篇章。社会上，具有丰富阅历的人并不少，可并不是每个人都能开掘生活的宝藏，缺乏必要的社会人生方面的知识，书本上的种种知识未必能化为作者自己的"血肉"。一切书本上的知识都需要感性生活的印证、消化，而生活中的种种"实感"则需要文化科学知识的"梳理""熔炼"与"升华"。

二、写作主体的素质

"素质"是一个综合概念，通常指个人的才智、能力和内在修养，又称"能力""资质""才干"等，是判断一个人能否胜任某项工作，决定并区别绩效差异的个人特征。所以，素质是在人的先天生理基础上，受后天的教育训练和社会环境的影响，通过自身的认识和社会实践逐步形成的比较稳定的身心发展的基本品质。主要包括以下四方面内容：

1. 素质是教化的结果。它是在先天素质的基础上，通过教育和社会环境影响逐步形成和发展起来的。

2. 素质是自身努力的结果。一个人的素质的高低，是通过自己的努力学习、实践，获得一定知识并把它变成自觉行为的结果。

3. 素质是一种比较稳定的身心发展的基本品质。人的素质一旦形成就具有内在的相对稳定的特征，显示出较为一贯的人格"品质"个性和才能。

4. 素质是动态的、可变的，素质的提高是一个在不断积累、不断渐变，最终达到一定境界的过程。日常生活中日积月累，人的素质会逐步提高和改善。

写作是一项很复杂而且具有广泛社会影响的精神劳动，一个作家无疑应具备特殊的素质，或者说只有具备了一些特殊素质的人才能成为一个作家。从普遍意义上来讲，一个作家应具备以下基本素质：

（一）思想素质

思想是意识的组成部分，是通过思维活动的加工和处理而产生的以某一认识客体对象为主题的观念与知识的集合体。思想是思维的结果，它包括两个方面：一是知识，它是人类对客观事物属性与规律等进行思维活动的成果。二是观念，它是人们对待事物的观点和态度的结合体。一个思想的形成，就是以对某一事物的认识、态度、做法、经验为核心，把相关知识融入其中所构成的一个可以表达与执行的观念系统。思想的表达是靠思维活动来实现的，因此可以说，思维就是思想表达的工具与方法。思想素质包括思想政治素质、道德素质、科学文化素质、能力素质、精神素质、心理素质、健康素质和思维素质等，其中，思想政治素质在各项素质中起着主导和支配作用。思想政治素质首先表现在要用马列主义、毛泽东思想、邓小平理论和"三个代表"重要思想武装头脑，掌握党的基本理论、基本路线、基本纲领和基本经验，认识社会发展规律，认识国家前途和命运，认识自己的社会责任，坚持社会主义理想的信念；其次表现在要有爱国主义精神、集体主义精神、艰苦创业精神和民族精神，在激烈的国际竞争和我国改革开放的伟大实践中保持一种坚韧不拔、奋发向上的良好精神状态；最后表现在要有基本的道德规范，包括遵纪守法、明礼诚信、团结友爱、勤俭自强、敬业奉献等。只有思想政治素质提高了，才能树立正确的世界观、人生观和价值观，才能为提高科学文化素质、心理健康素质等各方面素质提供正确方向、价值目标，才能培养出有理想、有道德、有文化、有纪律的社会主义建设者和接班人。

1. 作者应具备的思想素质

作者的思想决定着写作动机、写作题材、写作主旨。鲁迅说过："从喷泉里出来的都是水，从血管里出来的都是血。"良心是一个好的作家必备的素质。有了良心，一切创作才是对社会有意义的，才是负责任的作家。具体来说，作者应具备以下思想素质：

(1) 要热爱生活

每个作家都是热爱生活的，不热爱生活，就不会写出优秀的作品。试想一个矫揉造作、心态浮躁的人，怎么能够静下心来写东西呢？如果他不热爱生活，怎么会有自己的内心真实感受呢？作家不是生搬硬套、东借西凑地拼接作品，而是从热爱生活中得到启示，将这些写出来，成为一篇佳作。

(2) 要善于观察

不观察就不知道一个事物的细节之所在。只有一个轮廓或者模糊概念，是写不出好的作品的，读者也不会信服你的作品。读者如果对你写的事物非常了解的话，读了你的文章后就会推翻你的观点。观察是非常有必要的，要善于认真观察，观察以后，还要思考、究其本质，这样才能做到下笔如有神。

(3) 要写出自己的真情实感

写作不是弄虚作假，作品来源于生活，却高于生活。我们不能凭空捏造一些东西，写作要有生活基础或者根据。虽然很多科幻小说属于幻想范畴，但想象也是有根据的想象，不是没有道理的胡说八道。要遵循一定的客观规律，有一定的前瞻性。假新闻、假作品目前已经是屡见不鲜，虽然一开始让人感到大吃一惊，倘若再仔细想想，便会发现其中的端倪。

(4) 要坚持不断地创作

一个作家的成就，不是一篇两篇文章就能铸就的。如果只因为一句话、一段文字、一篇文章就成了作家，是不会长久的。所以，作家需要有坚忍不拔的毅力，坚持和努力地进行创作。

2. 影响思想素质的因素

(1) 理想

理想是一个人各种需要的集中体现，也是一个人头脑中主观愿望的反映。理想是指导个人发展的贯彻奋斗历程始终的一种思想。理想的确立，就是一个人长期奋斗方向和目标的确立。因此，理想具有导向性，并能反映出一个人的胸怀和思想境界。理想具体表现为对个人未来发展方向总的构想和远大目标的确定。它将指引着个人发展的方向，把个人的行为与活动有组织地推向理想所指的目标。理想的确立主要受周围环境的影响。明确且积极的远大理想，对一个人的成长与发展具有实际的凝聚力，能够有效地开发一个人的潜力，使其思维结构和能力智慧向目标方向发展前进。远大理想的树立，关系到一个人的成长道路与发展方向，关系到个人潜力的发挥，关系到一个人的前途和最终的成就。

(2) 信念

信念是人们对待某人、某事或某种思想的态度倾向，是一个人在追求目标实现过程中所遵循的心理意志亦或观念定式，也可以说是对某种事有把握的一种感觉。信念是对自身实现理想和目标的一种信心和勇气的反映。是确信还是怀疑？是一种深刻的认识，还是一种肤浅的认识？是依靠他人，还是相信自己的实力和勤奋？它们都是一种信念思想。

信念是个人实现目标的一种力量支撑和推动力。没有坚定的信念，目标就不可能实现。信念需要意志与毅力的支撑，有决心和毅力，有勇气和闯劲，才能斗志昂扬、保持乐观；信念需要韧性做纽带，韧性就是把痛苦的感觉或某种情绪抑制住，不使其表现出来的能力。只有具备了一定的韧性，才能在遇到突发事件时，在情绪上能够把握住自己，不大喜大悲，有足够的自制力。信念需要勇气做动力，当一个人有了信念，或者已经形成了坚定的信念的时候，果断地采取行动，逐步将注入头脑中的信念化为活生生的现实，需要极大的勇气。无论追求什么样的信念，都要付出很大的艰辛。信念对客观现实的反映可能是正确的，也可能是错误的，就看你的信念所要实现的目标是什么样的，是主观的还是客观的，是有利于社会的还是有害于社会的，是有利于个人的健康成长与发展的还是有害于个人的健康成长与发展的。

（3）世界观

世界观是人们对整个世界及人与世界关系的总的看法和根本观点。世界观具有实践性，人的世界观是不断更新、不断完善、不断优化的。世界观的基本问题是意识和物质、思维和存在的关系问题，根据对这两个问题的解答，可将它划分为两种根本对立的世界观类型，即唯心主义世界观和唯物主义世界观。

由于人们所处的地位不同，参加社会实践的方式不同，遇到的利害关系不同，所处的环境和所受的教育不同，世界观也就各不相同。一个人对于周围世界的认识和态度，观察问题和处理问题的方式、方法都是受世界观支配的。人们认识世界和改造世界所持的态度和采用的方法最终是由世界观决定的。世界观自始至终地影响着一个人发展的前途和方向，左右着一个人待人处世的准则和做人的行为规范。一个人的世界观可能是积极的，也可能是消极的；可能是正确的，也可能是错误的；可能是主动的，也可能是被动的；可能是客观、实事求是的，也可能是主观、片面、武断的；可能承认或者不承认实践是检验真理的唯一标准；可能信仰真理，也可能信仰宗教迷信；可能是唯物辩证的思维方式，也可能是唯心绝对的思维方式……这些都会影响一个人对周围世界的认识和态度，制约一个人的行为方式。

（4）方法论

方法论，就是人们认识世界、改造世界的一般方法，是人们用什么样的方式、方法来观察事物和处理问题。概括地说，世界观主要解决世界"是什么"的问题，方法论主要解决"怎么办"的问题。方法论是一种以解决问题为目标的理论体系或系统，通常涉及对问题阶段、任务、工具、方法技巧的论述。方法论会对一系列具体的方法进行分析研究、系统总结并最终提出较为一般性的原则。它决定着人们面临问题时所选择的方法和手段，是影响个人思想素质的重要因素之一。

（二）文化素质

文化素质是人们在文化方面所具有的较为稳定的内在的基本品质，表明人们在这些知识及与之相适应的能力、行为、情感等方面综合发展的质量、水平和个性特点。文化素质不只是学校教给我们的科学技术方面的知识，更多的是指我们所接受的人文社科类的知识，包括哲学、历史、文学、社会学等方面的知识。这些知识通过个人的语言或文字表达体现出来，通过个人的举手投足反映出来。然而，有知识的人不一定有文化、有思想，因为科学技术方面的知识也有很大的局限性，尤其是现在学校教育所传授的技术方面的知识。

文化修养总的来说，是对人文文化、科技文化中的部分学科了解、研究、分析、掌握的技能，可以独立思考、剖析、总结并得出自己的世界观、价值观的一种能力。只修不养，是只知道死读书的呆子；只养不修，则是热衷于主观臆想的狂人。

写作是一种富于个性化的精神劳动，作者的精神气质和人格品位必然对写作产生巨大影响。"人如其文"，成熟的作家，都有着独特的文风文品。

1. 作者的文化素质在写作中的作用

（1）作者的文化素质决定着文章的文化内涵

席慕蓉有着婉约娴静的气质，在她的一篇散文里有这样几句话："我所要的，我所真正要的，只是能从容地坐在盛夏的窗前，映着郁绿的树荫，拿起笔，在极白极光滑的稿纸上，享受我内心的悲喜而已。是的，我也有过这样的愿望，在忙碌的日子以外，在喧闹的声音之后，是不是也能让我拥有我想要的一种安静、一种从容？用手中的笔细细地记下所有的故事，无论喜与忧？"

而现代作家郁达夫则是放浪形骸的旧式文人才子的气质：春风沉醉的晚上、故都的秋、钓台的春昼、水样的春愁……我们也知道鲁迅的作品风格，如"他的语气和风格，哪里只是激愤犀利这一路。他会忽而深沉怀恋，大爱无言，如他的回忆文字；忽而辛辣俏皮，如中年以后的杂文……"多种风格杂糅，透露出了鲁迅本人独特的精神气质和人格品位。这些例子都说明了文章的文化内涵是由作者的文化素质所决定的。

（2）作者的文化素质决定着文章的取材

作者的文化素质决定着文章的取材。即使是同一材料，不同的人也会从不同的角度选择。不同的角度、不同的视线，自然会形成不同的主题。比较有名的例子就是现代文学名篇《桨声灯影里的秦淮河》，朱自清先生和俞平伯先生同游秦淮河，分别写下了两篇题目都一模一样的游记文章，两篇文章透露出来的是作者不同的人格气质。朱自清的文章细腻而深秀，而俞平伯的文章则是细腻而委婉。同是缠绵的情致，朱自清的是缠绵里多含着眷恋悱恻的气息，而俞平伯的则是缠绵里蕴含着温煦浓郁的气氛。

（3）作者的文化素质决定着文章的表现力

《红楼梦》中的薛蟠和众兄弟们宴饮之时，所吟出的诗把众人笑翻了，什么"绣房窜出个大马猴"之类，那种粗俗不堪的诗句也是他本人粗俗人格品位的暴露。曹操的《观沧海》气势磅礴，淋漓尽致地展现了一代枭雄生命激情永驻而追求不息的人格魅力和气度胸襟。可见，作者的文化素质决定着文章的表现力。

2. 提高文化素质的方法

文化修养的提升需要实践的锤炼。文化修养不是天上掉下来的，也不是自古就有的，而是在人们认识、改造自然和社会的过程中逐步产生和发展起来的，文化修养的提升需要依托物质载体。只有在意识到知识储备匮乏的同时，多参加文体活动，多读经典书籍，多浏览新闻来增加社会阅历，才能提高文化修养。气质不是一两个月就可以改变的，而是需要一年、两年甚至更长的时间。多读书总有好处。还有一点，想成为什么人，就和什么人做朋友，亲君子，远小人，时间长了，气质就自然而然地流露出来了。

少说话，多倾听。因为爱说话的人，本就失去了一份宁静的美。而且，言多必失。即使是网络这个靠语言交流的平台，多言也会让人讨厌。有一个好的生活环境、好的心态，才能培养出好的气质。

（三）意志素质

创作是一种实实在在属于作者一个人的艰苦的劳动。创作在很多情况下表现出来的是作家自己与自己较劲，自己与自己搏斗。基于这一点，坚忍的品格将直接关系到作家成就的大小。任何一部名著的诞生，都包含了作家个人的艰苦。创作是一种创造性的劳动，是创造就必须有所超越，超越意识取决于人的内在气质，它不仅仅是胆识的表现，当目标越高，超越意识就会越强烈。如果取得一点成就，就再也看不到自己的不足，是很难有大的作为的。除此之外，还要看这个人是否有战胜自我的勇气。

意志素质是指构成人意志的诸因素的总和。作者应具有的意志素质有以下四个特点：

1．自觉性

意志的自觉性是指对行动目的有明确的认识，尤其是认识到行动的社会意义，主动用目的调节和支配行动方面的意志品质。自觉性是意志的首要品质，贯穿于意志行动的始终。自觉性强的人，能够广泛地听取别人的意见并进行取舍，吸收有益的成分，独立自主地确立合乎实际的目标，自觉地克服困难、执行决定，对行动过程及结果进行自觉反思和评价。作者对于自己写作的目的、意义具有明确且充分的认识，有助于写作活动的进一步展开。

2．果断性

意志的果断性是指能够迅速而合理地做出决定和执行决定。果断性强的人，当需要立即行动时，能迅速地做出决断对策，使意志行动顺利进行；而当情况发生新的变化，需要改变行动时，能够随机应变，毫不犹豫地做出新的决定，以便更加有效地执行决定，完成意志行动。

3．自制性

意志的自制性是指善于控制和支配自己的行动。自制性强的人，在意志行动中，不受无关诱因的干扰，能控制自己的情绪，坚持完成意志行动，同时，也能制止自身不利于达到目的的行动。善于控制和支配自己的行动或情绪，有利于写作活动的有效开展。

4．坚忍性

意志的坚忍性是指在意志行动中能坚持下去，能百折不挠地克服困难和障碍，完成既定目的。意志的坚忍性是最能体现人的意志的一种品质。坚忍性强的人能根据目标要求，在长时间内毫不松懈地保持身心的紧张状态，在任何情况下，都坚持不变，直至达到目标，在遇到困难时，能激励自己树立克服困难的信心，始终如一地完成意志行动。"锲而不舍，金石可镂"，即是意志坚忍性的表现。凡是有成就的人，都有极强的意志坚忍性。正如贝弗里奇所说："几乎所有有成就的科学家，都有一种百折不挠的精神。"可见，意志的坚忍性品质是事业成功的重要条件。作者在克服一切困难和障碍，达到既定目的的过程中，坚忍性不可或缺。

（四）综合素质

作者的素质除了思想素质、文化素质、意志素质，还包括许多其他方面的素质，如艺术素质、职业素质、身体素质等。个人的综合素质即是这些素质的综合反映，那么提高作者的综合素质需要通过哪些途径呢？大致包括以下几个方面：

（1）个人素质从精神层面讲包括道德修养、知识水平、艺术修养、职业素养等方面。精神层面可以无限延伸，没有最高，只有更高。提高精神层面的素质，不断地阅读和学习是最好的途径。活到老学到老，学习对于人生来说是永无止境的。阅读是最直接的途径，可以让你站在巨人的肩膀上。

（2）多参加社会实践，要么身体在路上，要么灵魂在路上。所以，社会实践是身体和灵魂同时在路上，在实践中既锻炼了身体素质，又提高了自身修养和能力。

（3）文化艺术可以陶冶情操，对个人修养的提高具有非常重要的作用，所以应该多欣赏一些高雅的艺术作品，远离粗俗。久而久之，你就会被耳濡目染，潜移默化。个人综合素质还包括很多方面，也是永无止境、可以不断延伸的，就算达到像孔子那样的圣人境界还是需要不断修行提高的。

任务二　写作主体的能力

任务设计

通过之前的学习我们已经掌握了现代写作的相关理论，那么，你认为写作主体应该具备哪些能力呢？

知识探究

写作主体的能力

从普遍意义上来说，作者应具备的最基本的两个能力是发现能力和表达能力。

（一）发现能力

作者的发现能力影响写作的整个过程。法国著名雕塑家、美学家罗丹有句名言："美是到处都有的，对于我们的眼睛，不是缺少美，而是缺少发现。"在我们身边，美是无处不在、无时不有的。就算是一个普通人，我们也能够发现他隐藏在内心深处的美。美，是人生的一种追求。人们热爱美、欣赏美、追求美，然而人们最容易忽视的，却是心灵的美。生活中，有很多人要到大自然中去寻找美，却没有发现，其实美就在我们的身边！人们都说眼睛是心灵的窗户，我想每个人的窗户打开的方向都不一样，有些人把窗户向着阳光，有些人把窗户向着阴暗，有些人把窗户向着美好，有些人把窗户向着丑恶。每个人在自己的窗户里看到了世界，也看到了自己。

一个人活在世间要完成三件事：见自己、见天地、见众生。见自己，首先需要打开自己的窗户。向着好的方向打开，就能够发现在这个世界上，其实有很多美好的瞬间，有很多动人心弦的美丽，光影交错，在那些光影里你就会发现一个独特而美好的自己，因为你有一双善于发现的眼睛。

一双善于发现的眼睛，能够让自己更快地找到自我，不断地通过努力加强自我认同，同时能够更好地"见天地，见众生"。天地之奥妙无穷，众生之善变无穷，极大地丰富了我们的双眼。凡事凡物皆有多面性，而活着的目的绝不是为了丑恶，而是为了那些美好，为了那些让我们内心温热的东西。

生活中处处有美，只是我们缺少发现，只要用心去发现，你就能看到美。在生活中静观默察，在调查中探胜求宝，在阅读中钩深致远，在网络中遨游捕捉……可见，美存在于我们的周围，存在于日常生活环境中，只有观察仔细的人才能发现美。

（二）表达能力

"在写作中，每一个细节都是有价值的。在细节中，你不必考虑'正确思想'，只需要考虑'准确表达'。"表达能力又叫表现能力或显示能力，是指一个人善于把自己的思想、情感、想法和意图等，用语言、文字、图形、表情和动作等清晰明确地表达出来，并善于让他人理解、体会和掌握。

表达能力包括口头表达能力、文字表达能力、数字表达能力、图形表达能力等。数字表达能力、图形表达能力属于其相应专业范围内的基本技能。这里主要强调文字表达能力。

文字表达能力与口头表达能力一样，是人们交流思想、表达思想的工具，是学好专业、成就事业的利器。对于学生来说，如果缺乏文字表达能力，不会写或写不好读书笔记、实验报告以及毕业论文等，可能会影响到自己的事业和今后的前途。文字表达能力是各类高级专门人才应具备的基本素质之一，因为高级专门人才不同于一般的工作人员，他们不仅需要过硬的专业知识，还需要良好的综合素质，而文字表达能力便是一个人综合素质的重要体现之一。我们无法设想一个文字表达能力差的人能在科学研究方面取得很大的成就。

提高表达能力的方法有以下四种：

1. 爱生活，陶冶情操

爱生活，让自己的心真正投入到社会生活中去，这样才能做到有感而发，才能写出好文章。多读，多看，多写，还要多观察生活。鲁迅说："将活人的唇舌作为源泉，使文章更加接近语言，更加有生气。"有心的人才能写出有感觉的东西。

作家由于思维方式的独特，难免会陷入思想的偏颇，或是由于对某种事物的偏好，也会使作家对客观事物产生不客观的认识，这就会形成一种偏激。文学创作又是一种独立性很强的劳动，作家很容易以自我为中心，而自我意识的不断强化很容易使作家走向极端。作家在对于社会、人生、世界、人类的追问中，一旦遇到阻碍也容易丧失信心，产生悲观失望的情绪。这些非理性的因素会影响作家完善人格的形成。

为此，一个作家要活得真实，要以人性的温暖洁净自身的心灵，要活得高尚与纯粹，不能人格分裂，不能唯利是图，更不能为既得利益卑躬屈膝，丧失人格。作家只有完善自己的人格，才能客观、公正地看待世界，才能乐观、昂扬地拥抱生活。

2. 爱阅读，积累素材

"读万卷书，行万里路"及"读书破万卷，下笔如有神"的经验之谈，无疑是在强调读书和阅历的重要。作家理应博览群书，而且要读好书。读书自然是获取知识的重要渠道，但人的生命是有限的，一个人用一生的时间来阅读也难以破万卷。这就必须要巧妙地读书，才能达到事半功倍的读书效果。朱光潜先生曾说："最简捷的办法是精选范文百篇左右，细心研究每篇的命意、布局、分段、造句和用字，务求透懂，不放过一字一句，然后把它熟读成诵，玩味其中声音节奏与神理气韵，使它不但沉到心灵里去，还须沉到筋肉里去。"

作家在了解多学科知识梗概的同时，还应在阅读中有所侧重、有所选择。阅读文学作品要从"纵向"入手，从最早出现的中外文学作品读起，并弄清楚文学作品产生与发展的脉络，重点阅读各历史时期代表作家的代表作品，研究各文学艺术流派产生的原因、发展状况、演变历程、社会背景、作用及影响。在阅读文学作品的同时还要辅以研究文学理论、文学评论著作，用理论去指导创作实践，用理性来促进感性创作。要尽可能地对天文、地理、哲学、美学、宗教、人类学、社会学、语言学、诗学、心理学、心灵学等与文学相关的学科广泛涉猎，并学以致用到文学创作之中。多读一些名著和名人传记，如果看到比较好的文段或是句子，就把它摘抄下来，有的还需要背诵下来。

离开阅读，任何写作主体都不能够形成。阅读既是主体心灵建构的一个重要途径，也是"聚材"的一个重要途径。作为一个写作者，应该将平时的积累性阅读与临时的搜寻性阅读很好地结合起来，有意识地扩充阅读种类和数量。

3. 爱思考，升华思想

有人曾说过："一个思想家不一定是作家，但一个作家必须是思想家。"笛卡尔的"我思故我在"也说明了思考的重要。作家的思考应带着一种追问，应该是全方位、全视角的，对时间、空间、人生、社会、人类、世界、动物、植物，对一切自然与社会的存在都应深入思考。而一切思考与追问都会带给作家一片新的天地。诚然，思考只是一种手段，用这一手段踏进追问的路径最终会到达一个更高的境地。通过不断思考与追问，作家会逐渐形成自己的思想体系，确立自己的人生观、价值观、道德观、世界观，从而作家才会有对事物的是非、价值和道德判断及对一切事物的独到见解。文学作品实际上是作家思想的火花，也是从思想转化为情感、见解、意识的形象表达。作品是作家思想的最好诠释，有了作家深邃的思想，才有文学作品的深刻，有了作家高远的思想，才有作品的宏大。

4. 爱写作，寻找灵感

写作，可以是有感而发，也可以是记录生活。多多练笔，自然就会提高文字的表达能力。建议初学写作者每天写一篇心灵感受的日记，让发生在现实生活中的事情和自己的文字联系起来，或者是读后感，或者是一段经历后的所思所想，都可以用笔记录下来。

灵感对于写作来说是十分重要的，正如莫言所说："一部好的作品，必是被灵感之光笼罩着的作品。而一部平庸的作品，是缺少灵感的作品。我们祈求灵感来袭，就必须深入到生活里去。我们希望灵感频频降临，就要多读书多看报。我们希望灵感不断，就要像预防肥胖那样'管住嘴，迈开腿'，从这个意义上说，夜半三更到田野里去奔跑也是不错的方法。"

◆ 名作欣赏 ◆

我的母亲
老　舍

母亲的娘家是在北平德胜门外，土城儿外边，通大钟寺的大路上的一个小村里。村里一共有四五家人家，都姓马。大家都种点不十分肥美的土地，但是与我同辈的兄弟们，也有当兵的，做木匠的，做泥水匠的和当巡察的。他们虽然是农家，却养不起牛马，人手不够的时候，妇女便也须下地做活。

对于姥姥家，我只知道上述的一点。外公外婆是什么样子，我就不知道了，因为他们早已去世。至于更远的族系与家史，就更不晓得了；穷人只能顾眼前的衣食，没有工夫谈论什么过去的光荣；"家谱"这字眼，我在幼年就根本没有听说过。

母亲生在农家，所以勤俭诚实，身体也好。这一点事实却极重要，因为假若我没有这样的一位母亲，我以为我恐怕也就要大大的打个折扣了。

母亲出嫁大概是很早，因为我的大姐现在已是六十多岁的老太婆，而我的大外甥女还长我一岁啊。我有三个哥哥、四个姐姐，但能长大成人的，只有大姐、二姐、三姐、三哥与我。我是"老"儿子。生我的时候，母亲已有四十一岁，大姐二姐已都出了阁。

由大姐与二姐所嫁入的家庭来推断，在我生下之前，我的家里，大概还马马虎虎地过得去。那时候订婚讲究门当户对，而大姐丈是做小官的，二姐丈也开过一间酒馆，他们都是相当体面的人。

可是，我，我给家庭带来了不幸：我生下来，母亲晕过去半夜，才睁眼看见她的老儿子——感谢大姐，把我揣在怀里，致未冻死。

一岁半，我把父亲"克"死了。兄不到十岁，三姐十二三岁，我才一岁半，全仗母亲独力抚养。父亲的寡姐跟我们一块儿住，她喜摸纸牌，她的脾气极坏。为我们的衣食，母亲要给人家洗衣服，缝补或裁缝衣裳。在我的记忆中，她的手终年是鲜红微肿的。白天，她洗衣服，洗一两大绿瓦盆。她做事永远丝毫也不敷衍，就是屠户们送来的黑如铁的布袜，她也给洗得雪白。晚间，她与三姐抱着一盏油灯，还要缝补衣服，一直到半夜。她终年没有休息，可是在忙碌中她还把院子、屋中收拾得清清爽爽。桌椅都是旧的，柜门的铜活久已残缺不全，可是她的手老使破桌面上没有尘土，残破的铜活发着光。院中，父亲遗留下的几盆石榴与夹竹桃，永远会得到应有的浇灌与爱护，年年夏天开许多花。

哥哥似乎没有同我玩耍过。有时候，他去读书；有时候，他去学徒；有时候，他也去卖花生或樱桃之类的小东西。母亲含着泪把他送走，不到两天，又含着泪接他回来。我不明白这都是什么事，而只觉得与他很生疏。与母亲相依为命的是我与三姐。因此，她们做事，我老在后面跟着。她们浇花，我也张罗着取水；她们扫地，我就撮土……从这里，我学得了爱花，爱清洁，守秩序。这些习惯至今还被我保存着。

有客人来，无论手中怎么窘，母亲也要设法弄一点东西去款待。舅父与表哥们往往是自己掏钱买酒肉食，这使她脸上羞得飞红，可是殷勤地给他们温酒做面，又给她一些喜悦。遇上亲友家中有喜丧事，母亲必把大褂洗得干干净净，亲自去贺吊——份礼也许只是两吊小钱。到如今为我的好客的习性，还未全改，尽管生活是这么清苦，因为自幼儿看惯了的事情是不易改掉的。

姑母时常闹脾气。她单在鸡蛋里找骨头。她是我家中的阎王。直到我入了中学，她才死去，我可是没有看见母亲反抗过。"没受过婆婆的气，还不受大姑子的吗？命当如此！"母亲在非解释一下不足以平服别人的时候，才这样说。是的，命当如此。母亲活到老，穷到老，辛苦到老，全是命当如此。她最会吃亏。给亲友邻居帮忙，她总跑在前面：她会给婴儿洗三——穷朋友们可以因此少花一笔"请姥姥"钱——她会刮痧，她会给孩子们剃头，她会给少妇们绞脸……凡是她能做的，都有求必应。但是，吵嘴打架，永远没有她。她宁吃亏，不斗气。当姑母死去的时候，母亲似乎把一世的委屈都哭了出来，一直哭到坟地。不知道哪里来的一位侄子，声称有承继权，母亲便一声不响，教他搬走那些破桌子烂板凳，而且把姑母养的一只肥母鸡也送给他。

可是，母亲并不软弱。父亲死在庚子闹"拳"的那一年。联军入城，挨家搜索财物鸡鸭，我们被搜两次。母亲拉着哥哥与三姐坐在墙根，等着"鬼子"进门，街门是开着的。"鬼子"进门，一刺刀先把老黄狗刺死，而后入室搜索。他们走后，母亲把破衣箱搬起，才发现了我。假若箱子不空，我早就被压死了。皇上跑了，丈夫死了，鬼子来了，满城是血光火焰，可是母亲不怕，她要在刺刀下，饥荒中，保护着儿女。北平有多少变乱啊，有时候兵变了，街市整条地烧起，火团落在我们院中。有时候内战了，城门紧闭，铺店关门，昼夜响着枪炮。这惊恐，这紧张，再加上一家饮食的筹划，儿女安全的顾虑，岂是一个软弱的老寡妇所能受得起的？可是，在这种时候，母亲的心横起来，她不慌不哭，要从无办法中想出办法来。她的泪会往心中落！这点软而硬的个性，也传给了我。我对一切人与事，都取和平的态度，把吃亏当作当然的。但是，在做人上，我有一定的宗旨与基本的法则，什么事都可将就，而不能超过自己画好的界限。我怕见生人，怕办杂事，怕出头露面；但是到了非我去不可的时候，我便不敢不去，正像我的母亲。从私塾到小学，到中学，我经历过起码有二十位教师吧，其中有给我很大影响的，也有毫无影响的，但是我的真正的教师，把性格传给我的，是我的母亲。母亲并不识字，她给我的是生命的教育。

当我在小学毕了业的时候，亲友一致的愿意我去学手艺，好帮助母亲。我晓得我应当去找饭吃，以减轻母亲的勤劳困苦。可是，我也愿意升学。我偷偷地考入了师范学校——制服、饭食、书籍、宿处，都由学校供给。只有这样，我才敢对母亲提升学的话。入学，要交十元的保证金。这是一笔巨款！母亲作了半个月的难，把这巨款筹到，而后含泪把我送出门去。她不辞劳苦，只要儿子有出息。当我由师范毕业，而被派为小学校校长，母亲与我都一夜不曾合眼。我只说了句："以后，您可以歇一歇了！"她的回答只有一串串的眼泪。我入学之后，三姐结了婚。母亲对儿女都是一样疼爱的，但是假若她也有点偏爱的话，她应当偏爱三姐，因为自父亲死后，家中一切的事情都是母亲和三姐共同撑持的。三姐是母亲的右手，但是母亲知道这右手必须割去，她不能为自己的便利而耽误了女儿的青春。当花轿来到我们的破门外的时候，母亲的手就和冰一样的凉，脸上没有血色——那是阴历四月，天气很暖。大家都怕她晕过去。可是，她挣扎着，咬着嘴唇，手扶着门框，看花轿徐徐地走去。不久，姑母死了。三姐已出嫁，哥哥不在家，我又住学校，家中只剩母亲自己。她还须自晓至晚的操作，可是终日没人和她说一句话。新年到了，正赶上政府倡用阳历，不许过旧年。除夕，我请了两小时的假，由拥挤不堪的街市回到清炉冷灶的家中。母亲笑了。及至听说我还须回校，她愣住了。半天，她才叹出一口气来。到我该走的时候，她递给我一些花生，"去吧，小子！"街上是那么热闹，我却什么也没看见，泪遮迷了我的眼。今天，泪又遮住了我的眼，又想起当日孤独地过那凄惨的除夕的慈母。可是，慈母不会再候盼着我了，她已入了土！

儿女的生命是不依顺着父母所投下的轨道一直前进的，所以老人总免不了伤心。我二十三岁，母亲要我结婚，我不要。我请来三姐给我说情，老母含泪点了头。我爱母亲，但是我给了她最大的打击。时代使我成为逆子。二十七岁，我上了英国。为了自己，我给六十多岁的老母以第二次打击。在她七十大寿的那一天，我还远在异域。那天，据姐姐们后来告诉我，老太太只喝了两口酒，很早的便睡下。她想念她的幼子，而不便说出来。

七七抗战后，我由济南逃出来。北平又像庚子那年似的被鬼子占据了，可是母亲日夜惦念的幼子却跑到西南来。母亲怎样想念我，我可以想象得到，可是我不能回去。每逢接到家信，我总不敢马上拆看，我怕，怕，怕，怕有那不祥的消息。人，即使活到八九十岁，有母亲便可以多少还有点孩子气。失了慈母便像花插在瓶子里，虽然还有色有香，却失去了根。有母亲的人，心里是安定的。我怕，怕，怕家信中带来不好的消息，告诉我已是失去了根的花草。

去年一年，我在家信中找不到关于老母的起居情况。我疑虑，害怕。我想象得到，设有不幸，家中念我流亡孤苦，或不忍相告。母亲的生日是在九月，我在八月半写去祝寿的信，算计着会在寿日之前到达。信中嘱咐千万把寿日的详情写来，使我不再疑虑。十二月二十六日，由文化劳军大会上回来，我接到家信。我不敢拆读。就寝前，我拆开信，母亲已去世一年了！

生命是母亲给我的。我之能长大成人，是母亲的血汗灌养的。我之能成为一个不十分坏的人，是母亲感化的。我的性格、习惯，是母亲传给的。她一世未曾享过一天福，临死还吃的是粗粮。唉！还说什么呢？心痛！心痛！

（选自《老舍全集》，有删改）

模块二
现代写作文体论

高职校园写作文体，主要是指高职学生等在专业课学习过程中经常使用的文体知识。安排这一理论的目的，就是给在校就读的各层次的学生提供一些可以在他们专业学习过程中解决实际问题的现代写作文体知识。在这一模块中，我们针对大学生学习的实际情况，设计了文体写作，包括散文、诗歌、小说、戏剧；通过学习这个模块，使他们了解、掌握并能够熟练运用各种文体写作理论，无论是在专业学习过程中，还是在实际求职过程中，都能撰写出表意确切、符合规范的文章。

近些年来，无论在小学还是大学，都提倡开展研究性学习，而高职写作的任务是研究性学习的重要工具之一，因此，我们在这个模块里对它做了简单的介绍。

项目六　文体写作

本项目文体写作，就是在校学生在专业课课程学习、实践、实习等过程中所使用的各种文体写作理论，它的理论性强，具有很强的权威性。通过学习这一理论的学习，学生能够切实了解和解决自己在学习过程中的实际问题。写作绪论当中的理论具有很强的理论性、指导性、权威性等特点。

【学习目标】

1. 理解各种文体的概念。
2. 掌握各种文体的写作方法
3. 根据理论能实际运用到写作上。

任务一　散　文

任务设计

掌握散文的写作方法及理论。

知识探究

散　文

一、概念的界定

散文是一种题材广泛、形式多样、写法自由、个性鲜明的文学体裁。我国古代，散文是与韵文相对的概念。无论文学性文章，还是应用性文章，只要是散行无韵，均统称为散文，如传、记、跋、奏、书、笔记体小说等。"五四"以后，散文的指代范围有所收缩，并逐渐形成现代意义上广义的散文概念，被看作与诗歌、小说、戏剧并称的一种文学体裁。除以议论、抒情为主的散文外，还包括通讯、特写、回忆录、风俗志、报告文学、人物传记等。进入当代，散文的范围进一步缩小，形成狭义的散文概念，即在选材上丰富多样，在写法上灵活多变，能鲜明地展示作者个性的真实性文章。它的突出特征是具有极强的表现性，注重个体独特感受的表达，主观性灵的流露，具有打动人心的艺术魅力。

二、散文的特点

1. 形散神聚

"形散"既指题材广泛、写法多样，又指结构自由、不拘一格；"神聚"既指中心集中，又指有贯穿全文的线索。散文写人写事都只是表面现象，从根本上说写的是情感体验。情感体验就是"不散的神"，而人与事则是"散"的可有可无、可多可少的"形"。

"形散"主要是说散文取材十分广泛自由，不受时间和空间的限制；表现手法不拘一格：可以叙述事件的发展，可以描写人物形象，可以托物抒情，可以发表议论，而且作者可以根据内容需要自由调整、随意变化。"神不散"主要是从散文的立意方面说的，即散文所要表达的主题必须明确而集中，无论散文的内容多么广泛，表现手法多么灵活，无不为更好地表达主题服务。

2. 意境深邃

意境深邃，即注重表现作者的生活感受，抒情性强，情感真挚。

作者借助想象与联想，由此及彼、由浅入深、由实而虚地依次写来，可以融情于景、寄情于事、寓情于物、托物言志，也可以表达作者的真情实感，实现物我的统一，展现出更深远的思想，使读者领会更深的道理。

3. 优美凝练

所谓优美，就是指散文的语言清新明丽（也即美丽）、生动活泼、富于音乐感，行文如涓涓流水，叮咚有声，如娓娓而谈，情真意切。所谓凝练，是说散文的语言简洁质朴、自然流畅，寥寥数语就可以描绘出生动的形象，勾勒出动人的场景，显示出深远的意境。散文力求写景如在眼前，写情沁人心脾。

散文素有"美文"之称，它除了有精神的见解、优美的意境外，还有清新隽永、质朴无华的文采。经常读一些好的散文，不仅可以丰富知识，开阔眼界，培养高尚的思想情操，还可以从中学习选材立意、谋篇布局和遣词造句的技巧，提高自己的语言表达能力。

三、散文的线索

线索是作者将材料串联起来的"红线"或"寄托物"。常见的线索有以下几类：

（1）以核心人物为线索。

（2）以核心事物为线索。

（3）以时间为线索。

（4）以地点为线索。

（5）以作者的情感变化为线索。

需要注意的是，线索的类型及其在具体文章中的表现形式是多种多样的。有的文章线索单一；有的文章线索双重，或虚实结合，或纵横交叉，或一主一次，或平行发展。线索在文中的体现，多在标题、开头、结尾和过渡段的段首、段尾等处；而把握文章的气势、整体脉络和倾向，则是把握线索的关键。

四、散文创作

常见的散文有叙事散文、抒情散文和哲理散文。本部分就这三类散文的创作方法做详细的介绍。

（一）叙事散文

叙事散文，或称记叙散文，以叙事为主，叙事情节不求完整，但很集中，叙事中的情感渗透在字里行间。叙事散文侧重于从叙述人物和事件的发展变化过程中反映事物的本质，具有时间、地点、人物、事件等要素，从一个角度选取题材，表现作者的思想感情。根据该类散文内容的侧重点不同，又可将它分为记事散文和写人散文。记事散文以事件发展为线索，偏重于对事件的叙述。它可以是一个有头有尾的故事，如许地山的《落花生》，也可以是几个片段的剪辑，如鲁迅的《从百草园到三味书屋》。在叙事中倾注作者真挚的感情，这是与小说叙事最显著的区别。写人散文偏重于记人，全篇以人物为中心。它往往抓住人物的性格特征做粗线条勾勒，偏重表现人物的基本气质、性格和精神面貌，如鲁迅的《藤野先生》。人物形象的真实性是它与小说的区别。

叙事散文是以写人、记事为主要内容的散文。它往往通过叙述事情的经过，反映社会生活；或刻画人物形象，表达作者的爱憎感情。好的叙事散文如行云流水，妙趣横生，处处充满美感。那么，怎样才能写好叙事散文呢？

1．精心构思

叙事散文虽然以写人、记事为主，但它并没有完整的故事情节，而是截取几个生活片段，或一两个场景。写人也比较概括，只是着重突出人物的某一侧面，而不需要塑造典型人物。正所谓"一粒沙里见世界，半瓣花上说人情"，这是散文创作的至高境界。要达到这种境界，构思是关键。如铁凝的《套袖》意在表现作家孙犁质朴勤劳的品质，但文章并没有正面描写他的感人事迹，而是以小见大，抓住孙犁的套袖来写，以此作为情感的凭借，颇具匠心。因为套袖本身就有质朴勤劳的特质，这跟孙犁的人格相似。

2．线索分明

线索是贯穿全文的脉络，也是作者组织材料时的思路在文章中的反映。散文具有"形散神不散"的特点，要做到"不散"，就要有一个明确的中心，还要有一条连缀全篇的线索。叙事散文的情节是不完整的，这更需要有一条内在的线索把材料串联起来。当然，线索是多种多样的，可以是时间，也可以是空间；可以是人，也可以是物；还可以是无形的思想情感。

又如铁凝的《套袖》，文章以"套袖"为线索，按时间顺序，串起了许多关于"套袖"的事件，重点写孙犁老师的"套袖"，思路清晰，详略得当；本文记叙人生不同时段不同场景下关于"套袖"的回忆，互相映衬，既丰富了文章的内容，又深化了主题。

3．细节生动

细节描写是指对人物动作、语言、神态、心理、外貌以及自然景观、场面气氛等细小环节或情节的描写。细节描写表面上看似闲笔或赘笔，信手拈来，无关紧要，可有可无，但都是作者精心的设置和安排，不能随意取代。叙事散文尽管偏重于对事件的概括叙述及对人物粗线条的勾勒，但并不排斥细节描写，相反，简约生动的细节描写能够给读者留下鲜明深刻的印象。如驮驮的《半边钱》（片段）：列车缓缓启动了。这时，爹从上衣袋中摸出一张皱巴巴的10块钱，递给站在窗边的我。我不接。爹将眼一瞪："拿着！"我慌忙伸手去拿。就在我刚捏住钱的一瞬间，列车长吼一声，向前疾驰而去。我只感到手头一松，钱被撕成两半！一半在我手中，另一半随父亲渐渐远去。望着手中污渍斑斑的半截钱，我的泪水夺眶而出。仅过了半个月，我便收到爹的来信，信中精心包着那张半截儿钱，只一句话："粘后再用。"这是一篇表现父爱的散文，其中站台递钱和一封特殊的来信这两个细节特别感人。试想，父爱如山，却又家境贫寒，这让父亲、儿子和读者情何以堪？

4．善于联想

所谓联想，是指对事物由此及彼、由表及里的想象活动，是由一事物过渡到另一事物的心理过程。在联想活动中，事物的特征和本质更容易鲜明和突出，作者的思想认识也能不断提高和深化。作者的知识积累越丰富，则对生活的感受越敏锐，越易于触类旁通，浮想联翩，文思泉涌。联想是叙事散文的重要表现手法，好的联想，能开阔意境，升华主题。如铁凝的《草戒指》（片段）：一簇狗尾巴草为茶道增添了几分清新的野趣，我的心思便不再拘泥于我跪坐的姿态和茶道的表演了，草把我引向了广阔的冀中平原……狗尾巴草，茎纤细、坚挺，叶修长，它们散漫无序地长在夏秋两季，毛茸茸的圆柱形花须活像狗尾。那时太阳那么亮，垄沟里的水那么清，狗尾巴草在阳光下快乐地与浇地的女孩子嬉戏——摇起花穗扫她们的小腿。那些女孩子不理会草的骚扰，因为她们正揪下这草穗，编结成兔子和小狗，兔子和小狗都摇晃着毛茸茸的耳朵和尾巴。也有掐掉草穗单拿草茎编戒指的，那扁细的戒指戴在手上虽不明显，但心儿开始闪烁了。本文要表现的是冀中平原少女的纯真与淳朴，但作者并没有单刀直入切入主题，而是先写了日本友人茶艺上的狗尾巴草，然后联想到冀中平原上的狗尾巴草及由狗尾巴草编成的草戒指，让草戒指成为表现中心的媒介，联想自然，寓意深刻。

5. 寓情于事

情感是散文创作中的重要因素，大千世界中凡可以入笔的东西一旦注入情感便仿佛有了灵性，寄托着作者的某种思想或哲理。叙事散文虽然没有刻意抒情，但行文的目的同样在于表现作者的认识和感受，用心品味，你就会发现字里行间无不渗透着作者的思想感情。这种感情是作者情到深处的自然流露。如张晓风的《有些人》（片段）：他蹲在泥地上，拣了一块碎石子，为特别愚鲁的我讲起行列式来。我焦急地听着，似乎从来未曾那么心领神会过。泥土的大地可以成为那么美好的纸张，尖锐的利石可以成为那么流丽的彩笔——我第一次懂得，他使我在书本的朱注之外了解了所谓"君子谋道"的精神。代数老师姓什么，我竟不记得了，我能记得国文老师所填的许多小词，却记不住代数老师的名字，心里总有点内疚。如果我去母校查一下，应该不甚困难，但总觉得那是不必要的，他比许多我记得住姓名的人不是更有价值吗？作者叙写了自己中学时代的代数老师临考前在泥地上用碎石子教"我"行列式的往事，表面上看，平淡无奇，却句句含情，充满了对教师的感激、敬佩之情，又有一种深深的遗憾。

（二）抒情散文

抒情散文也称写景散文，是指以描绘景物来抒发作者对现实生活的感受、激情和意愿的散文，注重表现作者的思想感受，抒发作者的思想感情。这类散文有对具体事物的记叙和描绘，但通常没有贯穿全篇的情节，其突出的特点是强烈的抒情性。它或直抒胸臆，或触景生情，洋溢着浓烈的诗情画意。优秀的抒情散文感情真挚，语言生动，还常常运用象征和比拟的手法，把思想寓于形象之中，具有强烈的艺术感染力。例如，茅盾的《白杨礼赞》、魏巍的《依依惜别的深情》、朱自清的《荷塘月色》、冰心的《樱花赞》。

以描绘景物为主的抒情散文多是在描绘景物的同时抒发感情，或借景抒情，或寓情于景，抓住景物的特征，按照空间的变换顺序，运用移步换景的方法，把观察的变化作为全文的脉络。生动的景物描绘，不但可以交代背景，渲染气氛，而且可以烘托人物的思想感情，更好地表现主题。例如，刘白羽的《长江三峡》。

怎样鉴赏抒情散文

（1）抓住文章中议论、抒情的句子

写景抒情类散文常常采用边写景边抒情的方式，或在集中写景之后集中抒情，或在写景之前谈自己的感受，或这三种方式同时使用。我们在阅读时，找准作者抒情的核心也就等同抓住了文章的主旨。抓住抒情的句子是读懂这类散文的基础。在阅读完《一日的春光》之后，从中将作者抒情的句子提炼出来："我要尽量地吞咽今年北平的春天。"

"九十天看看过尽——我不信了春天!""坦然中是三分悼惜,七分憎嫌,总之,我不信了春天。""一春来对于春的憎嫌,这时都消失了。喜悦地仰首,眼前是烂漫的春,骄奢的春,光艳的春——似乎春在九十日来无数的徘徊瞻顾,百就千拦,只为的是今日在此树枝头,快意恣情的一放!""虽然九十天中,只有一日的春光,而对于春天,似乎已得了酬报,不再怨恨憎嫌了。只是满意之余,还觉得有些遗憾。"我们将这些句子连接,就不难发现作者在苦苦寻找春天,苦苦等待春天,渐渐产生对春天的怨恨,当看到海棠花以后,这些怨恨一下子就消失了,对春天的喜爱之情立刻表现出来。那么文章的主题就从作者抒情的语句中表现得淋漓尽致。可以这样讲,写景抒情类散文阅读的关键是把握作者的情感。

（2）抓住景物的特点

写景抒情类散文的文章主体是景物,虽然不是文章的核心,但作者却把大量的笔墨用到了对景物的描写上。这些景物是作者抒情的载体,准确把握景物的特点,可以增加对作者抒发情感的理解。把握景物的特点的关键是作者在行文中运用的修饰限制性的词语。找准这些词语成为把握景物特点的关键。

我们依然以《一日的春光》为例具体分析,作者眼里的海棠花是什么样的:"香得不妙,宁可无香""浅浅的红,红得'乐而不淫',淡淡的白,白得'哀而不伤'""玲珑娇艳""乱哄哄地在繁枝上"。我们从这些修饰性词语中,可以看到作者对海棠花的喜爱,进而表达对春天的喜爱。同时用这些形容词、修饰性词语再次印证我们对文章主题的判断。

（3）关注文章中的他人、他物

写景抒情类散文中的其他人物、景物的描写,一般说来,在文章的开头起到引题、对比、烘托或衬托的作用;用在文章中间部分会起到对比、反衬等作用。无论起到什么作用一定和文章的主体事物及文章的主题紧密相连。我们来看《一日的春光》中作者在文章中所写的他人、他物:作者写冬天的寒冷是为了衬托自己对春天的期盼;写大觉寺的杏花是为了衬托春天的短暂,并为写海棠花做铺垫,与海棠花形成对比,突出表现作者对海棠花的喜爱;写幼稚园的孩子,也是为了描写作者对春光的喜爱。

从本质上讲,写景抒情类散文中的他人、他物实际上在文章结构上所起到的作用和内容上的作用是等同的,也体现了散文的特点。

（4）理顺文章线索,把握文章结构

写景抒情类散文的线索一般是作者的行踪或思想感情的变化。把握好文章的线索对我们深入探讨文章的主题非常有好处。将作者的行踪或思想感情的变化按照一定的原则进行梳理,就可以划分出文章的层次来,对理解文章非常有益。我们从中可以看出作者感情的脉络。

（三）哲理散文

哲理散文,是感悟的参透、思想的火花、理念的凝聚、睿智的结晶。它纵贯古今,横亘中外,包容大千世界,穿透人生社会,寄寓于人生百态、家长里短,闪现在思维领域、万千景观。高明的作者,善于抓住哲理闪光的瞬间,形诸笔墨,写出内涵丰厚、耐人寻味的美文。时常咏诵这类美文，自然能在潜移默化中受到启迪和熏陶、洗礼和升华，这种内化作用无疑是巨大的。哲理散文一般以种种形象来参悟生命的真理，从而揭示万物之间的联系，因其深邃性和直指心灵的力量，给我们一种透过现象深入本质的震撼性的审美效果。把握哲理散文体现出的思维方式，去体悟哲理散文所蕴藏的深厚的文化底蕴和文化积淀。例如，尼采的《我的灵魂》。哲理散文中运用到的思维方式有以下三种：

（1）象征思维。哲理散文因为超越日常经验的意义，构成了本体的象征表达。它摒弃的是浅薄，达到的是一种与人的思想情性相通、生命交感、灵气往来的境界，我们从象征中获得理性的醒悟和精神的畅快，由心灵的平静转到灵魂的震颤，超越一般情感反应而居于精神的顶端。

（2）联想思维。由于哲理散文是一个立体的、综合的思维体系，经过联想，把自然、社会、人生等多个角度进行了融合，使文章拥有更丰富的内涵，不至于显得单薄。

（3）情感思维。哲理散文在本质意义上是思想表达对情感的一种依赖。"外师造化，中得心源"，由于作者对生活的感悟过程中有情感参与，理解的结果有情感及想象的融入，所以哲理散文中的思想，就不是一般干巴巴的议论，而是寓含了生活情感的思想，是蘸满了审美情感液汁的思想。从哲理散文的字里行间去读解心智的深邃，理解生命的本义。这就是哲理散文艺术美的所在。

哲理散文大致有以下几种常见的写作方法：

（1）即点散射。此类写法，较常见于学者散文。余光中把这种散文叫作"表意"的散文，因为"它既不要全面的抒情，也不想正式的说理，而是要捕捉情、理之间洋溢的那一份情趣或理趣"。它常常由一点生发开去，信笔游走，恣意挥洒，其文思与论题的关系若即若离。钱钟书的《论快乐》即如此。钱先生学贯中西，下笔则沟通古今，各种典故、妙喻蜂拥笔端，别人的奇谈、自己的妙悟打成一片。在这里，"快乐"这一论题，只是钱先生思维的导火线，它点燃灵感，让学识、智慧绽放成火树银花。此类散文，须厚积薄发，方能出入自如。

（2）以浅写深。在阐述道理时，摘取日常生活情景入文，以身边场景的鲜活气息化解道理的冷若冰霜。如季羡林先生写的《时间》，一看题目，多少有点让人头皮发麻。然而季先生开篇就很家常："一抬头，就看到书桌上座钟的秒针在一跳一跳地向前走动。它那里一跳，我的心就一跳。"由座钟的跳动，想到心脏的跳动，再想到时间的流逝。以眼前的情景切入，消除了读者"谈理色变"的畏惧心理。在谈"生与死也属于时间范畴"时，季先生并不故弄玄虚，还把视角转到眼前景："现在正是初夏，窗外的玉兰花、垂柳和深埋在清塘里的荷花，也都长了那么一点点儿……"。以窗户底下事物的细微变化来说明"生"与"死"不是对立的概念，万物都是"方生方死"，在生长"一点点儿"的过程中，也向死亡靠近了一点点。如此论理，变玄虚隔障为可见、可感、可亲。

（3）即物兴感。此类写法，即在对事物的观照中寄寓人生哲理。苏轼的《题西林壁》，从庐山"横看成岭侧成峰，远近高低各不同"的现象中，认识到身在其中，为一物所制，反而难以认清事物真相的道理。《前赤壁赋》前半部分为感性抒情之作，但是苏轼答客的一段，就地取材，因景立论，"盖将自其变者而观之，则天地曾不能以一瞬；

自其不变者而观之，则物与我皆无尽也"。以水、月为喻，提出变动与永恒的辩证法。正如余光中所说："知性的哲理乃成为感性美文的脊椎，支撑起全篇的高超洒脱。"

（4）即事成理。即事成理，即把道理放在具体事件中去展现。此类写法，避免空洞说教，而是引人入彀中，然后一语道破。如林清玄的《黄昏的沙堡》，写一群孩子在海滩堆沙堡，因保护自己的城堡而起了争执，由争执而毁坏了别人的沙堡，最后高潮来了，"在生命的界线中创建的许多城堡，看来真实，却是虚幻，只有平静的海滩才是开阔而永恒的存在"。"堆沙堡"在林清玄的笔下，已不是儿童的游戏，而是成人的童话，折射出让人深思的哲理。徐迟的《枯叶蝴蝶》脱开了借赞美蝴蝶来歌咏爱情的框架，也没有落入因枯叶蝶濒于绝种而提醒人们抢救自然资源的窠臼，而是由伪装作假而导致灭绝这一角度，论及"美，更要真"的重要性，从节肢动物的生物属性延展至人类社会，最后表明自己的心迹："我愿这自然界的一切都显出它们的真相。"

学以致用

1. 你是怎样理解散文的含义的？
2. 如何理解散文的创作？
3. 写一篇关于春天的散文。

◆ 名作欣赏 ◆

心疼这个家

周国平

有一种曾经广泛流传的理论认为，家庭是社会经济发展到一定阶段上的产物，所以必将随着经济的高度发展而消亡。这种理论忽视了一点：家庭的存在还有着人性上的深刻根据。有人称之为人的"家庭天性"，我很赞赏这个概念。我相信，在人类历史中，家庭只会改变其形式，不会消亡。

人的确是一种很贪心的动物，他往往想同时得到彼此矛盾的东西。譬如说，他既想要安宁，又想要自由，既想有一个温暖的窝，又想做浪漫的漂流。他很容易这山望那山高，不满足于既得的这一面而向往未得的那一面，于是便有了进出"围城"的迷乱和折腾。不过，就大多数人而言，是宁愿为了安宁而约束一下自由的。一度以唾弃家庭为时髦的现代人，现在纷纷回归家庭，珍视和谐的婚姻，也正证明了这一点。原因很简单，人终究是一种社会性的动物，而作为社会之细胞的家庭能使人的社会天性得到最经常最切近的满足。

活在世上，没有一个人愿意完全孤独。天才的孤独是指他的思想不被人理解，在实际生活中，他却也是愿意有个好伴侣的，如果没有，那是运气不好，并非他的主动选择。人不论伟大平凡，真实的幸福都是很平凡很实在的。才赋和事业只能决定一个人是否优秀，不能决定他是否幸福。我们说贝多芬是一个不幸的天才，泰戈尔是一个幸福的天才，其根据就是他们在婚爱和家庭问题上的不同遭遇。讲究实际的中国人把婚姻和家庭关系推崇为人伦之首，敬神的希伯来人把一个好伴侣看作神赐的礼物，把婚姻看作生活的最高成就之一，均自有其道理。家庭是人类一切社会组织中最自然的社会组织，是把人与大地、与生命的源头联结起来的主要纽带。有一个好伴侣，筑一个好窝，生儿育女，恤老抚幼，会给人一种踏实的生命感觉。无家的人倒是一身轻，只怕这轻有时难以承受，容易使人陷入一种在这世上没有根基的虚无感觉之中。

当然，我不是不分青红皂白地为婚姻唱赞歌。我的价值取向是，最好是有一个好伴侣，其次是没有伴侣，最糟是有一个坏伴侣。伴侣好不好，标准是有没有爱情。建设一个好家不容易，前提当然是要有爱情，但又不是单靠爱情就能成功的。也许更重要的是，还必须有珍惜这个家的心意和行动。美丽的爱情之花常常也会结出苦涩的婚姻之果，开始饱满的果实也可能会半途蛀坏腐烂，原因之一便是不珍惜。为了树立珍惜之心，我要提出一个命题：家是一个活的有生命的东西。所以，我们要把它作为活的有生命的东西那样，怀着疼爱之心去珍惜它。

家的确不仅仅是一个场所，而更是一个本身即具有生命的活体。两个生命因相爱而结合为一个家，在共同生活的过程中，他们的生命随岁月的流逝而流逝，流归何处？我敢说，很大一部分流入这个家，转化为这个家的生命了。共同生活的时间愈长，这个家就愈成为一个有生命的东西，其中交织着两人共同的生活经历和命运，无数细小而宝贵的共同记忆，在多数情况下还有共同抚育小生命的辛劳和欢乐。正因为如此，即使在爱情已经消失的情况下，离异仍然会使当事人感觉到一种撕裂的痛楚。此时不是别的东西，而正是家这个活体，这个由双方生命岁月交织成的生命体在感到疼痛。古犹太法典告诉我们，当一个人和他的结发妻子离婚时，甚至圣坛也会为他们哭泣。如果我们时时记住家是一个有生命的东西，它也知道疼，它也畏惧死，我们就会心疼它，更加细心地爱护它了。那么，我们也许就可以避免一些原可避免的家庭破裂的悲剧了。

人的天性是需要一个家的，家使我们感觉到生命的温暖和实在，也凝聚了我们的生命岁月。心疼这个家吧，如同心疼一个默默护佑着也铭记着我们的生命岁月的善良的亲人。

（选自《周国平散文集》，有删改）

任务二　诗　歌

任务设计

掌握诗歌的写作方法及理论。

知识探究

一、诗歌的概念

（一）诗歌的含义

诗歌是用高度凝练的语言，形象地表达作者的丰富情感，集中反映社会生活并具有

一定节奏和韵律的文学体裁。《毛诗序》中记载："诗者，志之所之也。在心为志，发言为诗。"南宋严羽在《沧浪诗话》中说："诗者，吟咏性情也。"中国诗歌具有悠久的历史和丰富的文化遗产，中国最早的诗歌有《诗经》《楚辞》和《汉乐府》等。欧洲的诗歌，由古希腊的荷马、萨福和古罗马的维吉尔、贺拉斯等诗人开启创作之源。

（二）诗歌的特点

诗歌饱含着作者的思想感情与丰富的想象，语言凝练而形象性强，具有鲜明的节奏，和谐的音韵，富于音乐美，语句一般分行排列，注重结构形式的美。

我国现代诗人、文学评论家何其芳曾说："诗是一种最集中地反映社会生活的文学样式，它饱含着丰富的想象和感情，常常以直接抒情的方式来表现，而且在精练与和谐的程度上，特别是在节奏的鲜明上，它的语言有别于散文的语言。"这个定义性的说明，概括了诗歌的几个基本特点：第一，高度集中、概括地反映生活；第二，抒情言志，饱含丰富的思想感情；第三，丰富的想象、联想和幻想；第四，语言具有音乐美。因此，诗歌具有以下四个特点：（1）诗歌的内容是社会生活最集中的反映。（2）诗歌有非常丰富的感情与想象。（3）诗歌的语言具有精练、形象、音调和谐、节奏鲜明等特点。（4）诗歌在形式上，不是以句子为单位，而是以行为单位，且分行主要根据节奏，而不是以意思为主。

（三）诗歌的表现手法

诗歌的表现手法很多，我国最早流行而至今仍常使用的传统表现手法有"赋、比、兴"。《毛诗序》中记载："故诗有六义焉：一曰风，二曰赋，三曰比，四曰兴，五曰雅，六曰颂。"这"六义"中，"风、雅、颂"是指《诗经》的诗篇种类，"赋、比、兴"就是诗歌的表现手法。

赋是直接陈述事物的表现手法。宋代学者朱熹在《诗集传》中说："赋者，敷也，敷陈其事而直言之者也。"例如，《诗经》中的《葛覃》《芣苢》就是用的这种手法。

比是用比喻的方法描绘事物，表达思想感情。刘勰在《文心雕龙·比兴》中说："且何谓为比也？盖写物以附意，飏言以切事者也。"朱熹说："比者，以彼物比此物也。"例如，《诗经》中的《螽斯》《硕鼠》等篇即用此法写成。

兴是托物起兴，即借某一事物开头来引起正题要描述的事物和表现思想感情的写法。唐代孔颖达在《毛诗正义》中说："兴者，起也。取譬引类，起发己心，诗文诸举草木鸟兽以见意者，皆兴辞也。"朱熹更明确地指出："兴者，先言他物以引起所咏之辞也。"例如，《诗经》中的《关雎》《桃夭》等篇就是用"兴"的表现手法。

这三种表现手法，一直流传下来，常常综合运用，互相补充，对历代诗歌创作都有很大的影响。

诗歌的表现手法是很多的，而且历代以来不断地发展创造，运用也灵活多变，夸张、复沓、重叠、跳跃等，难以尽述。但是各种方法都离不开想象，丰富的想象既是诗歌的一大特点，也是诗歌最重要的一种表现手法。用现代的观点来说，诗歌塑造形象的手法，主要有以下三种：

1. 比拟

刘勰在《文心雕龙》一书中说：比拟就是"或喻于声，或方于貌，或拟于心，或譬于事"。这些在我们前面列举的诗词中，便有许多例证。比拟中还有一种常用的手法，就是"拟人化"：以物拟人，或以人拟物。前者如徐志摩的《再别康桥》：轻轻的我走了，/正如我轻轻的来；/我轻轻的招手，/作别西天的云彩。/那河畔的金柳，/是夕阳中的新娘；/波光里的艳影，/在我的心头荡漾。把"云彩""金柳"都当作人来看待。以人拟物的，如，洛夫的《因为风的缘故》：……我的心意/则明亮亦如你窗前的烛光/稍有暧昧之处/势所难免/因为风的缘故/……以整生的爱/点燃一盏灯/我是火/随时可能熄灭/因为风的缘故。把"我的心"比拟为烛光，把"我"比作灯火。当然，归根结底，实质还是"拟人"。

2. 夸张

夸张就是把所要描绘的事物放大，好像电影里的"大写""特写"镜头，以引起读者的重视和联想。李白的"桃花潭水深千尺，不及汪伦送我情"（《赠汪伦》）"飞流直下三千尺，疑是银河落九天"（《望庐山瀑布》），其中说到"深千尺""三千尺"，虽然并非事实真相，但他所塑造的形象，却生动地显示了事物的特征，表达了诗人的激情，读者不但能够接受，而且能信服。然而这种夸张，必须是艺术的、美的，不能过于荒诞，或太实、太俗。打油诗是市井文学的一种特殊形式。如，有一首描写棉花丰收的打油诗："一朵棉花打个包/压得卡车头儿翘/头儿翘，三尺高/好像一门高射炮。"读后却反而使人觉得不真实，产生不出美的感觉。

3. 借代

借代就是借此事物代替彼事物。它与比拟有相似之处。但又有所不同，不同之处在于：比拟一般是比的和被比的事物都是具体的、可见的；而借代却是一方具体，一方较为抽象，在具体与抽象之间架起桥梁，使诗歌的形象更为鲜明、突出，以引发读者的联想。例如，臧克家在《有的人》中写道："把名字刻入石头的/名字比尸首烂得更早。""石头"，通常用来做纪念碑的材料，这里借"石头"代指纪念碑，含蓄地揭示出与人民为敌的反动统治者想名垂后世的美梦终将破灭。

（四）古诗分类

1. 按音律分类

古诗按音律划分，可分为古体诗和近体诗两类。古体诗和近体诗是唐代形成的概念，是从诗的音律角度来划分的。

（1）古体诗。古体诗包括古诗（唐以前的诗歌）、楚辞、乐府诗。"歌""歌行""引""曲""吟"等古诗题材的诗歌也属于古体诗。古体诗不讲究对仗，押韵较自由。古体诗的发展轨迹大体为：《诗经》→楚辞→汉赋→汉乐府→魏晋南北朝民歌→建安诗歌→陶诗等文人五言诗→唐代的古风、新乐府。

①楚辞体。楚辞体是战国时期楚国屈原所创的一种诗歌形式，其特点是运用楚地方言、声韵，具有浓厚的楚地色彩。西汉刘向编辑的《楚辞》，全书十七篇，以屈原的作品为主，而屈原的作品又以《离骚》为代表作，后人因此又称"楚辞体"为"骚体"。

②乐府。乐府是自秦代以来朝廷设立的管理音乐的机构，汉武帝时期大规模扩建，从民间搜集了大量的诗歌，后人统称为汉乐府。后来乐府成为一种诗歌体裁（1976年在秦始皇陵区出土了一件钮钟，上书错金铭文"乐府"两个字；2000年在西安秦遗址出土"乐府承印"封泥一枚，进一步肯定了这一史实，而非始于汉武帝时期）。

（2）近体诗。与古体诗相对的近体诗又称今体诗，是唐代形成的一种格律体诗，分为绝句和律诗两种，其字数、句数、平仄、用韵等都有严格规定。

①绝句。每首四句，五言的简称五绝，七言的简称七绝。绝句又称绝诗、截句、断句，对平仄、押韵、对偶都有一定要求。从上到下，分为首联、颔联、颈联、尾联。所谓平仄，是指用字的声调。"平"指四声中的平声，"仄"指四声中的上、去、入三声。旧诗赋及骈文中所用的字音，平声与仄声相互调节，使声调谐协，称之为"调平仄"。这里所说的"四声"，与现代汉语中的"四声"是有区别的。大致上说，古代的平声，大约相当于现代汉语的阴平声和阳平声；上声和去声，大约相当于现代汉语的上声和去声。普通话中没有入声，古代的入声字分别归入阴平、阳平、上声和去声。

②律诗。每首八句，五言的简称五律，七言的简称七律，超过八句的称为排律（或长律）。

律诗格律极严：篇有定句（除排律外），句有定字，韵有定位（押韵位置固定），字有定声（诗中各字的平仄声调固定），联有定对（律诗中间两联必须对仗）。例如，起源于南北朝、成熟于唐初的律诗，每首四联八句，每句字数必须相同，可四韵或五韵，中间两联必须对仗，二、四、六、八句押韵，首句可押可不押。如果在律诗定格基础上加以铺排延续到十句以上，则称排律，除首末两联外，上下句都需对仗，也有隔句相对的，称为"扇对"。

（3）词。词又称为诗余、长短句、曲子词等。其特点是：调有定格，句有定数，字有定声。词按字数不同可以分为长调（91字以上）、中调（59～90字）、小令（58字以内）。词有单调和双调之分，双调分两大段，两段的平仄、字数是相等或大致相等的，单调只有一段。词的一段叫一阕或一片，第一段叫前阕、上阕、上片，第二段叫后阕、下阕、下片。

（4）曲。曲又称为词余、乐府。元曲包括散曲和杂剧。散曲兴起于金，兴盛于元，体式与词相近。曲可以在字数定格外加衬字，较多地使用口语。散曲包括小令、套数（套曲）两种。套数是连贯成套的曲子，至少是两曲，多则几十曲。每一套数都以第一首曲的曲牌作为全套的曲牌名，全套必须同一宫调。

2. 按内容分类

古诗按内容划分，可以分为怀古诗、咏物诗、山水田园诗、边塞诗、送别诗、行旅诗和闺怨诗等。

（1）怀古诗。怀古诗一般是怀念古代的人物和事迹。咏史怀古诗往往将史实与现实结合在一起，或感慨个人遭遇，或抨击社会现实。例如，苏轼在《念奴娇·赤壁怀古》中感慨个人遭遇，感慨理想和现实的矛盾，年过半百，功业无成。辛弃疾在《永遇乐·京口北固亭怀古》中表达对朝廷苟且偷安的不满，抨击社会现实。也有的咏史怀古诗只是对历史做冷静的理性思考与评价，或仅是客观的叙述，诗人自身的遭遇不在其中，诗人的感慨只是画外之音而已。例如，刘禹锡的《乌衣巷》，今昔对比，表达了诗人的历史沧桑之感。

（2）咏物诗。咏物诗在内容上以某一物为描写对象，抓住其某些特征着意描摹。咏物诗在思想上往往是托物言志：由物到人，由实到虚，写出精神品格。咏物诗常用比喻、象征、拟人、对比等表现手法。

（3）山水田园诗。南朝谢灵运开山水诗之先河，东晋陶渊明开田园诗之先河，发展到唐代，出现了山水田园诗派，代表人物是王维、孟浩然。山水田园诗以描写自然风光、农村景物以及安逸恬淡的隐居生活见长，诗境隽永优美，风格恬静淡雅，语言清丽洗练。

（4）边塞诗。先秦时期就有了以边塞、战争为题材的诗，发展到唐代，由于战争频繁，统治者重武轻文，士人邀功边庭以博取功名比由科举进身容易得多，加之盛唐那种昂扬奋进的时代气氛，于是奇情壮丽的边塞诗便大大发展起来了，形成一个新的诗歌流派，其代表人物是高适、岑参、王昌龄。

（5）送别诗。古代由于交通不便，通信极不发达，亲人朋友之间往往一别数载难以相见，故古人特别看重离别。离别之际，人们往往设酒饯别，折柳相送，有时还要吟诗话别，因此离情别绪就成为古代文人一个永恒的主题。因各人的情况不同，故送别诗所写的具体内容及思想倾向往往有别：有的直接抒写离别之情，有的借以一吐胸中积愤或表明心志，有的重在写离愁别恨，有的重在劝勉、鼓励、安慰，有的兼而有之。

（6）行旅诗和闺怨诗。古人或久宦在外，或长期流离漂泊，或久戍边关，总会引起浓浓的思乡怀人之情，所以这类诗文就特别多，它们或写羁旅之思，或写思念亲友，或写征人思乡，或写闺中怀人。写作上或触景伤情，或感时生情，或托物传情，因梦寄情，或妙喻传情。

（五）新诗分类

1．按内容分类

新诗按照作品内容的表达方式划分，可以分为叙事诗和抒情诗。

（1）叙事诗。该类诗中有比较完整的故事情节和人物形象，通常以诗人满怀激情的歌唱方式来表现。史诗、故事诗、诗体小说等都属于这一类。史诗如古希腊荷马的《伊利亚特》和《奥德赛》；故事诗如我国诗人李季的《王贵与李香香》；诗体小说如英国诗人拜伦的《唐璜》、俄国诗人普希金的《叶甫盖尼·奥涅金》。

（2）抒情诗。抒情诗主要通过直接抒发诗人的思想感情来反映社会生活，不要求描述完整的故事情节和人物形象。情歌、颂歌、哀歌、挽歌、牧歌和讽刺诗等都属于抒情诗。例如，著名诗人汪国真的《热爱生命》《如果生活不够慷慨》、王衍钊的《乡恋》等。

当然，叙事和抒情也不是绝对分割的。叙事诗也有一定的抒情性，不过它的抒情要与叙事紧密结合。抒情诗也常有对某些生活片段的叙述，但不能铺展，应服从抒情的需要。

2．按音律和结构分类

新诗按照音律和结构划分，可以分为格律诗、自由诗、散文诗、韵脚诗、现代诗。

（1）格律诗。格律诗是按照固定格式和规则写成的诗歌。它对诗的行数、诗句的字数（或诗歌音节）、声调音韵、词语对仗、句式排列等有严格规定。例如，我国古代诗歌中的"律诗""绝句""词""曲"，欧洲的"十四行诗"。

（2）自由诗。自由诗是近代欧美新发展起来的一种诗体。它不受格律限制，无固定格式，注重自然的、内在的节奏，押大致相近的韵或不押韵，字数、行数、句式、音调都比较自由，语言比较通俗。美国诗人惠特曼是欧美自由诗的创始人，《草叶集》是他的主要诗集。我国五四运动以来也流行这种诗体。

（3）散文诗。散文诗是兼有散文和诗的特点的一种文学体裁。作品中有诗的意境和激情，常常富有哲理，注重自然的节奏感和音乐美，篇幅短小，像散文一样不分行，不押韵，如鲁迅的《野草》。

（4）韵脚诗。韵脚诗属于文学体裁的一种，韵脚诗每行诗的结尾均须押韵，读起来朗朗上口如同歌谣。这里的韵脚诗指现代韵脚诗，属于一种新型诗体。

（5）现代诗。现代诗是以现代的文笔写出来的一种诗词。现代诗也叫"白话诗""自由诗"，与古典诗歌相对而言，一般不拘格式和韵律。

二、诗歌创作技巧

1．生动传神

诗歌感情的表达往往借助具体的形象，诗歌形象是融注了诗人情感的形象，称为意象。意即情感，象为形象。生活中的形象一旦入诗，就已经染上了诗人心中要表达的情感，一切景语皆情语。例如王维的《观猎》：风劲角弓鸣，将军猎渭城。草枯鹰眼疾，雪尽马蹄轻。忽过新丰市，还归细柳营。回看射雕处，千里暮云平。诗中的"疾"写出了猎鹰发现猎物迅疾俯冲的敏捷，"轻"写出了将军纵马驰骋的雄姿。天上地上互为呼应，传神地描绘出从发现猎物到追捕猎物的过程。全诗借此塑造了一个豪放潇洒、英姿飒爽、武艺不凡的狩猎的将军的形象。

2．优美意境

意，指意脉，即思想感情的脉络；境，指境象，即意脉贯注的对象。意境合称，指作者的思想感情和外界事物相结合产生的一种境界。也就是说，诗人把自己的主观感受和客观景象融为一体，通过艺术手段描绘出来，构成一种情景交融、形神兼备的艺术境界，含有言外之意、弦外之音、景外之景、象外之象，使读者可以从有限感知无限，得到一种韵味无穷的美感。古代诗歌的意境特点主要有：（1）慷慨豪壮，雄奇奔放，如《观沧海》；（2）苍凉沉郁，感慨深沉，如《登高》；（3）清新优美，闲适愉悦，如《咏柳》；（4）凄凉冷落，失意感伤，如《雨霖铃》；（5）闲逸淡泊，旷达超脱，如《过故人庄》。现代诗歌同样讲求意境的创造，意境优美、韵律和谐的现代诗歌同样令人陶醉。例如流沙河的《就是那一只蟋蟀》一诗就以一幅幅生动画面，把诗人的怀旧之情、乡恋之情、盼归之情表现得含蓄深切，令人读来余味无穷，颇受感染。

3．内容深刻

不要以为句子分行排列、语句押韵的文字就是诗歌。诗歌要感情真挚饱满，要有深刻的思想内涵，要发人深省，感人至深，耐人寻味，给人以强烈的感染和思想的启迪。如曹操的《短歌行》、李白的《将进酒》、杜甫的《茅屋为秋风所破歌》，都有深刻的思想内涵，澎湃激越的情感，给人以多方面震撼和感染。写作诗歌，要想获得高分，必须要在思想感情的表达方面用心。既要激情饱满，又要思想深刻，有鲜明的观点或深刻的思想意蕴，使其既富于情怀的感染，又富于哲理的启迪。例如舒婷的《也许》一诗中情感深沉凝重，思想深刻，语言有时直白，有时富有形象感，二者相互映衬，给人以多方面的启迪。

4．凝练集中

诗歌是文学艺术的骄子，高度凝练，概括性强。它讲求以少胜多，有以一当十的概括力。这就是以瞬间表现永恒，以有限传达无限，以尽可能简练的语言表达丰富的思想内容。如毛泽东的《长征》一诗中"红军不怕远征难，万水千山只等闲"两句，就把红军战士万里转战、艰苦卓绝的战斗生活和革命乐观主义精神表现了出来。

5．丰富生动

想象有联想和幻想，联想是由此及彼的想象，运用联想，能够使诗歌内容丰富。联想有相似、相反、相关、相近联想，也有因果联想等，如流沙河的《理想》一诗中诗人从多种角度赞美理想，一连串形象的比喻，蕴含丰富的意义。幻想是对没有实现或不可能实现的事物的想象，运用幻想，能够创造新的意象，使诗歌的意境富于神奇的色彩，令人神往。如写梦境，运用神话传说；写幻觉，时空交错，运用比喻、比拟、夸张等手法，把物人格化，都是幻想运用的表现形式。如李白的"君不见黄河之水天上来，奔流到海不复回。君不见高堂明镜悲白发，朝如青丝暮成雪"；陆游的"夜阑卧听风吹雨，铁马冰河入梦来"。想象是诗歌的翅膀，没有想象的任何作品，都不会产生动人的艺术魅力，诗歌尤其突出。

6．优美形象

诗歌是以意境取胜的，能否创造优美的意境是诗歌成败的关键，诗歌语言的形象生动与否，作用至关重要。既要形象生动，更要生动传神。如王维的"大漠孤烟直，长河落日圆"写进入边塞后所看到的塞外奇特壮丽的风光，画面开阔，意境雄浑。近人王国维称之为"千古壮观"的名句。边疆沙漠，浩瀚无边，所以用了"大漠"的"大"字。边塞荒凉，没有什么奇观异景，烽火台燃起的那一股浓烟就显得格外醒目，因此称作"孤烟"。一个"孤"字写出了景物的单调，紧接一个"直"字，却又表现了它的劲拔、坚毅之美。沙漠上没有山峦林木，那横贯其间的黄河，就非用一个"长"字不能表达诗人的感觉。落日，本来容易给人以感伤的印象，这里用一"圆"字，却给人以亲切温暖而又苍茫的感觉。一个"圆"字，一个"直"字，不仅准确地描绘了沙漠的景象，而且表现了作者的深切的感受。诗人把自己的孤寂情绪巧妙地融入广阔的自然景象的描绘中。《红楼梦》第四十八回里说："'大漠孤烟直，长河落日圆'。想来烟如何直？日自然是圆的。这'直'字似无理，'圆'字似太俗。合上书一想，倒像是见了这景的。若说再找两个字换这两个，竟再找不出两个字来。"这就是"诗的好处，有口里说不出来的意思，想去却是逼真的；有似乎无理的，想去竟是有理有情的"。这段话可算道出了这两句诗高超的艺术境界。

7. 韵律鲜明

既然是写诗，就不能随意罗列语句，除了创造意境之外，一定要遵循诗歌"高度凝练"这一艺术原则，一定要体现语言的音乐美特点。下面介绍两种体现诗歌音乐美特点的方法：音韵和谐。现代诗歌不必讲求处处偶句押韵，但如果每个诗节都能有韵律感，肯定要比诗句散乱、不讲韵律的诗效果要好得多。例如舒婷的《致橡树》中，明丽隽美的意象、缜密流畅的思维逻辑、鲜明的节奏，令诗歌魅力四射。不过，如果诗歌感情饱满，思想深刻，不过于在意押韵也能够有很好的表达效果。如：艾青的《我爱这土地》一诗，从句式上看，用的是排比句；从方法上看，用的是类似电影蒙太奇式的特写镜头，向我们依次推出诗人要歌唱的对象：土地、河流、风、黎明。这些都是博大的自然或宇宙意象，但诗人选择了这几种典型的形象，极其简洁、鲜明，却又能让我们产生丰富的想象和联想，引起深刻的沉思。诗句虽然没有押韵，但是意象的鲜明感人，情感的炽热真诚，早已使人深受感染，令人读后怦然心动，过目难忘，吟诵不已。

8. 诗节对应

闻一多强调诗歌应该具备三美——"音乐美、建筑美、绘画美"。其中"建筑美"讲的就是诗歌段落章节的安排，要有整齐和谐的美感。例如《再别康桥》，开头——我轻轻的招手，作别西天的云彩；结尾——我挥一挥衣袖，不带走一片云彩。诗歌首尾呼应，如行云流水，珠联璧合，读起来令人感到轻灵流畅，回味无穷。

9. 片段组合

可以运用"蒙太奇"手法，把不同场景组合起来，使之分别列段，各段诗句对应基本整齐。如余光中的《乡愁》、闻一多的《一句话》。又如：汪国真的《热爱生命》一诗的四个诗节句式基本对应，整齐中又有错落。

学以致用

1. 你是怎样理解诗歌的含义的？
2. 怎样创作诗歌？

◆ 名作欣赏 ◆

雨　巷

撑着油纸伞，独自
彷徨在悠长、悠长
又寂寥的雨巷，

我希望逢着
一个丁香一样的
结着愁怨的姑娘。

她是有
丁香一样的颜色，
丁香一样的芬芳，
丁香一样的忧愁，
在雨中哀怨，
哀怨又彷徨；

她彷徨在这寂寥的雨巷，
撑着油纸伞
像我一样，
像我一样地
默默彳亍着，
冷漠、凄清，又惆怅。

她静默地走近
走近，又投出
太息一般的眼光，
她飘过
像梦一般的，
像梦一般的凄婉迷茫。

像梦中飘过
一枝丁香的，
我身旁飘过这女郎；
她静默地远了，远了，
到了颓圮的篱墙，
走尽这雨巷。

在雨的哀曲里，
消了她的颜色，
散了她的芬芳，
消散了，甚至她的

太息般的眼光，
丁香般的惆怅。

撑着油纸伞，独自
彷徨在悠长、悠长
又寂寥的雨巷，
我希望飘过
一个丁香一样的
结着愁怨的姑娘。

（选自戴望舒《我的记忆》）

再别康桥

轻轻的我走了，
正如我轻轻的来；
我轻轻的招手，
作别西天的云彩。

那河畔的金柳，
是夕阳中的新娘；
波光里的艳影，
在我的心头荡漾。

软泥上的青荇，
油油的在水底招摇；
在康河的柔波里，
我甘心做一条水草！

那榆荫下的一潭，
不是清泉，是天上虹；
揉碎在浮藻间，
沉淀着彩虹似的梦。

寻梦？撑一支长篙，
向青草更青处漫溯；
满载一船星辉，
在星辉斑斓里放歌。

但我不能放歌，

悄悄是别离的笙箫；

夏虫也为我沉默，

沉默是今晚的康桥！

悄悄的我走了，

正如我悄悄的来；

我挥一挥衣袖，

不带走一片云彩。

（选自徐志摩《猛虎集》）

任务三　小　说

任务设计

掌握小说的写作方法及理论。

知识探究

小说写作

一、小说常识

（一）小说的含义

"小说"一词最早出现于《庄子·外物》："饰小说以干县令，其于大达亦远矣。"庄子所谓的"小说"，是指琐碎的言论，与小说观念相差甚远。直至东汉桓谭的《新论》："小说家合丛残小语，近取譬论，以作短书，治身理家，有可观之辞。"班固的《汉书·艺文志》将"小说家"列为十家之后，其下的定义为："小说家者流，盖出于稗官，街谈巷语，道听途说者之所造也。"才稍与小说的意义相近。

小说，是以刻画人物形象为中心，通过完整的故事情节和环境描写来反映社会生活的文学体裁。小说与诗歌、散文、戏剧并称为"四大文学体裁"。

（二）小说的特性

1. 小说的价值性

小说的价值本质是以时间为序列，以某一人物或几个人物为主线，非常详细地、全面地反映社会生活中各种角色的价值关系（政治关系、经济关系和文化关系）的产生、发展与消亡过程。

2. 小说的容量性

与其他文学样式相比，小说的容量较大，它可以细致地展现人物性格和人物命运，可以表现错综复杂的矛盾冲突，还可以描述人物所处的社会生活环境。其优势是可以提供整体的、广阔的社会生活背景。

3. 小说的情节性

小说主要是通过故事情节来展现人物性格、表现中心的。故事来源于生活，但它通过整理、提炼和安排，就比现实生活中发生的真实事例更加集中，更加完整，更具有代表性。

4. 小说的环境性

小说的环境描写和人物的塑造、中心思想的表达有极其重要的关系。在环境描写中，社会环境是重点，它揭示了种种复杂的社会关系，如人物的身份、地位、成长的历史背景等。自然环境包括人物活动的地点、时间、季节、气候、景物以及场景等，用来表现人物的身份、地位。自然环境描写对表达人物的心情、渲染环境气氛都有不小的作用。

5. 小说的发展性

小说是随着时代的发展而发展的：魏晋南北朝时期，文人的笔记小说，是中国古代小说的雏形；唐代传奇的出现，尤其是三大爱情传奇，标志着古典小说的正式形成；宋元两代，随着商品经济和市井文化的发展，出现了话本小说，为小说的成熟奠定了坚实的基础；明清小说是中国古代小说发展的高峰，中国古典四大名著皆产生于此时期。

6. 小说的纯粹性

纯文学中的小说体裁讲究纯粹性。"谎言去尽之谓纯"，小说在构思及写作的过程中能去尽政治谎言、道德谎言、商业谎言、阶级权贵谎言、愚民谎言等，使呈现出来的小说成品具备纯粹的艺术性。小说的纯粹性是阅读者最重要的审美期待之一。随着时代的发展，不光是小说，整个文学的纯粹性愈来愈成为整个世界对文学审美的一个重要核心。

（三）小说的类别

1. 按小说的篇幅长短分类

（1）微型小说（两千字以内）。一般认为，字数在两千字以内的小说会被划归为微型小说。微型小说是比短篇小说更短的小说，这种小说符合瞬息万变的现代社会中忙碌的人们的阅读习惯。几乎每天都可以看到人们为这类的小说赋予一个新名词和新定义，如"极短篇""精短小说""超短篇小说""微信息小说""分钟小说""一袋烟小说""袖珍小说""焦点小说""拇指小说""迷你小说"等，族繁不及备载，连专门的文学研究者也很难如数家珍。因为微型小说的题材常是生活经验的片段，因此可以是有头无尾、有尾无头，甚至无头无尾的。微型小说的高潮通常放在结尾，高潮一出现马上完结，营造余音绕梁的意境。由于比短篇更短，字句也需要更加精练，题材以见微知著者为佳。一个意外的结局虽然能吸引眼球，但是比起给予读者意外应该更加重视能否带给读者感动。

（2）短篇小说（五千至三万字）。一般认为，字数在五千到三万字的小说会被划归为短篇小说。在它的特色中有所谓的"三一定律"，即"一人一地一时"，也就是减少角色、缩小舞台、短化故事中流动的时间。另外，虽然它们时常惜墨如金，但一般认为短篇小说仍应符合小说的原始定义，也就是对细节要有足够的刻画，绝非长篇故事的节略或纲要。如今短篇小说多要求文笔洗练，这就致使其内容更生动的同时发展也受到了限制。

（3）中篇小说（三万至六万字）。一般认为，中篇小说是字数在三万至六万字之间的小说。也有少数十几万字的小说被算作中篇而不归于长篇，这取决于文章内容的丰富度。中篇小说的容量大小、篇幅长短、人物多寡、情节繁简等均介于长篇小说和短篇小说之间。通常只是截取主人公一个时期或某一段生活的典型事件来塑造形象，反映社会生活的某个方面。故事情节完整，线索比较单一，矛盾斗争不如长篇小说复杂，人物较少。所以，相比于长篇小说，中篇小说比较容易把握，也更容易成功。因为对于初涉创作领域的人而言，写作长篇小说易陷入多数的情节凌乱难收的困境，而写作短篇小说不是转折太少显得单调，就是转折太多显得拥挤，这时将原本的构想修改为中篇小说是一个不错的选择。

（4）长篇小说（六万或十万字以上）。一般认为，字数在六万或十万字以上的为长篇小说。长篇小说还可细分为小长篇小说（一般六万到十万字）、中长篇小说（一般十几万到三五十万字）、超长篇小说（一般超过百万字）。如果作者打算表现人生中常见的错综复杂关系，则必须使用很长的篇幅。通常就算是笔调轻松的长篇小说，也会有一个严肃的主题，否则很容易陷入无组织或是零乱的状态。初涉者在写作长篇小说时最需注意全局对主题的呼应以及结构的严密性，以及避免重复矛盾或有所缺漏。

2. 按小说的创作年代分类

（1）古典小说。古典小说萌芽于先秦，发展于两汉，雏形于魏晋南北朝，形成于唐代，繁荣于宋元，鼎盛于明清。其大致可分以下几个时期。

①先秦两汉时期。当时社会出现的神话传说、寓言故事、史传文学成为古典小说叙事的源头。神话传说已经具备人物和情节两个基本要素，散见于诸子百家书中的寓言典故为古典小说提供了借鉴经验，历史著作有比较完整的结构、人物形象和历史背景。

②魏晋南北朝时期。此时期，出现了志怪、志人小说。严格意义上说这仍然算不上是小说，只能算是小说的雏形。《世说新语》也是这个时期的优秀作品，里面收集了许多短小精悍的小故事。

③唐朝时期。此时期，古代小说的发展趋于成熟，形成了独立的文学形式——传奇体小说，由此我国的小说脱离历史领域而成为文学创作。唐代三大爱情传奇是此时期的标志性作品。

④宋元时期。商品经济的发展和市井文化的兴起，给小说创作带来深厚的土壤。话本经过文人加工形成了许多话本小说和演义小说。

⑤明清时期。此时期，小说开始走上了文人独立创作之路。这一时期，小说作家主

体意识增强。《红楼梦》的出现，把中国古代小说的发展推向了高峰。在这一段时间内涌现了无数的经典之作。如明代的四大奇书《西游记》《水浒传》《三国演义》《金瓶梅》，三言二拍《醒世恒言》《警世通言》《喻世明言》《初刻拍案惊奇》《二刻拍案惊奇》，清代的《红楼梦》《儒林外史》《老残游记》《聊斋志异》等。

（2）现当代小说。现当代小说兴起的标志性事件为新文化运动，新文化运动是五四运动的先导（时间从1915年至1923年）。现当代小说大致可分为以下四个时期。

①第一时期为1949年以前，这时期是小说的多元文艺复兴阶段。民国时期，尤其是五四运动以来，中国遭受列强侵略，社会各种思潮流行，舶来文化冲击传统文化，中国小说的发展出现多元化形式，各类小说题材涌现。其中，现代言情小说的发端——鸳蝴蝶派就出现在此时。晚清及民国时期报纸的兴起为小说创作提供了一个很好的舞台，报纸通过连载小说招揽人气，小说作者通过报纸赚取稿费。近现代几乎所有著名的小说家最初都是从报纸上连载小说开始进入个人的创作生涯的，如鸳鸯蝴蝶派的张恨水及当代的金庸。

②第二时期为中华人民共和国成立后到"文革"结束，即1976年以前，这一时期是小说的阶级斗争阶段。这一时期的大陆小说带有明显的政治倾向，同时，这一时期的大陆文艺青年经历了重大的人生转变，命运的沉浮、多视角的阅历以及对价值的思考，为下一个时期的辉煌埋下了伏笔（中国第一位诺贝尔文学奖得主莫言的人生转变就在这一时期）。而在港台，这一时期的言情小说和武侠小说发展到了巅峰，分别产生了琼瑶时代和金庸时代。

③第三时期为改革开放后的二十多年的时期，即2003年以前，这一时期是小说的反思和蜕变阶段。这一时期的大陆小说展现了强劲的生命力。改革开放，经济高速发展，使知识分子的思想获得解放，知识分子对过去的反思、对未来的向往，传统和新时代的撞击，使得小说界呈现了勃勃生机。以莫言、贾平凹、陈忠实等为代表的"文革"后作家，在此期间创作了许多经典作品，莫言更是凭借在此期间创作的文学作品和影响力，在2012年获得中国第一个诺贝尔文学奖。

④第四时期为21世纪至今，这一时期是小说的"表性"网络文学阶段。随着网络的普及，网络文学的出现颠覆了传统的书写和传播模式，使小说的发展更加多元化，"80后""90后"的有生力量开始步入文坛并展现出惊人的创作能力。以起点中文网为代表的作者群及以晋江文学城为代表的作者群的出现，标志着网络小说已经成为主流文学之外的又一创作主体。

3. 按小说的内容题材分类

（1）神话小说。神话小说是借助神话的表现形式或以神话为题材内容的小说，它起源于远古时期原始先民的口头创作。远古时期出现的大量的用想象或借助想象以征服自然、支配自然，把自然力量加以形象化的远古神话，实际上就是人类创作的神话小说。

（2）武侠小说。武侠小说也可称为武打小说，可以看作男性言情和励志小说。民国时期，尤其是五四运动以来，在舶来文化的冲击下，中国小说发展出现多元化形式。1930年，李寿民开始在天津的《天风报》上以还珠楼主为笔名连载长篇武侠小说《蜀山剑侠传》，自此东南亚刮起了一股武侠风。

（3）仙侠小说。仙侠的雏形与诞生，可以说起于武侠，却更盛武侠。早在民国之前，武侠更具体实际，而李寿民引入虚后，后来作者则受之启迪，开始将小说半虚半实化。尽管武侠文化到了后期，风格也是越来越向仙侠靠拢，不过仙侠在当时没有受到大部分武侠作者重视，以致仙与侠一直脱离，直到《灵仙侠世传》的出现，仙与侠才正式地融合在了一起。

（4）侦探小说。侦探推理小说是指在故事的描述过程中带有足够的线索让读者可以推理出结局，也可以不加推理，由小说中的"侦探"来推导出结局的小说。侦探小说发展早期主要受西方影响，如《霍桑探案集》，当代摆脱西方影响的作品是《游戏侦探》。刑侦小说严格上不算侦探小说，因为刑侦无法批判现实。

（5）探险小说。探险小说是以各种不寻常的冒险事件为中心线索，主人公往往有不平凡的经历、遭遇和挫折，情节紧张、冲突尖锐、场面惊险、内容离奇，如《寻龙诀》。

（6）历史小说。历史小说通常与军事小说不分家，严格来说历史小说主要是以史实记录为蓝本，重新刻画历史人物和事件。网络上出现的历史小说大多是以中国古代历史为背景的穿越类小说。

（7）言情小说。言情小说包括很多，如后宫文、穿越文、都市文、青春校园文等，以描述恋爱感情为主题。

（8）科幻小说。科幻小说是根据现有的科学理论进行幻想的小说，并非凭空捏造。

（9）恐怖小说。恐怖小说是以一定的情节安排及语言渲染达到让读者恐慌目的的小说。

（10）玄幻小说。玄幻小说和科幻小说有很大区别，很多都是天马行空的想象，大多更具东方特征。

4. 按小说的体制分类

按照小说的体制分类，可以将小说分为章回体小说、日记体小说、书信体小说、自传体小说。

5. 按小说的语言形式分类

按照小说的语言形式分类，可以将小说分为文言小说和白话小说。

二、小说创作

（一）小说的三要素

人物、情节、环境是小说的三要素。

1. 人物

人物描写的角度有正面描写和侧面描写。正面描写包括对人物的外貌、语言、动作、神态、心理等的描写，侧面描写通常以他人或事物来反映该人物，又叫侧面烘托。人物的核心是思想性格。小说塑造人物，可以以某一真人为模特儿。综合其他人的一些事迹，如鲁迅所说："人物的模特儿也一样，没有专用过一个人，往往嘴在浙江，脸在北京，衣服在山西，是一个拼凑起来的角色。"任何一部优秀的小说，总有使人难忘的典型人物。人们可以通过这些艺术典型，看到、理解许多人的面目。

2. 情节

情节是指作品所描写的事件发展、演变的全过程。故事情节的一般结构为（序幕）—开端—发展—高潮—结局—（尾声）。故事情节来源于生活，它是现实生活的提炼，它比现实生活更集中、更有代表性。现实生活中的事件和矛盾是有始有终、有起有伏并有一定发展过程的，因而小说情节的展开，也是有起落、有过程的。这个过程一般分为开端、发展、高潮、结局四个部分，有时还有序幕和尾声。在作品中，情节的安排取决于作者的艺术构思，并不一定按照现实生活中的事件发生、发展的自然顺序，有时可以省略某一部分，有时也可颠倒或交错。

3. 环境

环境描写是指对人物活动的环境和事情发生的背景进行描写。一部好的小说总能让人身临其境、感同身受，而不像科学报告那样枯燥乏味。作者总是能以优美的文笔、生动的描写和不可思议的想象把故事牢牢地刻印在读者的脑海里。环境描写分为自然环境描写和社会环境描写。自然环境描写是指对人物活动的时间、地点、季节、气候及花草鸟虫的描写，作用是渲染故事气氛、烘托人物形象、推动情节发展、暗示社会环境、深化作品主题；社会环境描写是指对人物活动的具体背景、处所、氛围以及人际关系等进行描写，作用是交代人物的生存环境、交代人物的社会关系、交代作品的时代背景。

（二）小说创作的技巧

1. 叙述

（1）正叙。正叙是指按时间先后顺序叙述。

（2）倒叙（回忆）。倒叙有以下两种情况。

①先讲结果，后讲原因。用回忆的方式讲原因，揭开谜团。

②触景生情或触事生情，从而回忆过去。有时因物是人非而伤感。

（3）插叙（支线剧情）。插叙分以下两种情况。

①插在开始：前奏，交代故事背景。

②插在中间：为主线剧情做铺垫的支线剧情。

2. 抒情

（1）直接抒情。直接抒情可以使感情表达得朴实真切，它一般适用于抒发强烈而紧张的感情。直接抒情的特点是叙述时感情强烈，节奏快、紧张，情感直接流露，容易把握。

（2）间接抒情。间接抒情一般为话中含话、口是心非、借事喻事，其特点是抒情含蓄婉转，富有韵味，感染力强。

3. 矛盾

矛盾是事物发展的根本动力。因为有矛盾，所以才要努力解决矛盾，在解决矛盾这个过程中，事物得到发展。矛盾一般分为产生、维持、延长、解决四个过程。矛盾产生后，如果早早解决，故事也就早早结束了，所以需要维持、延长矛盾。

4. 伏笔

伏笔是为以后的剧情做铺垫，制造一个"原因"，目的是产生以后的"结果"。

（1）逐渐清楚

①设置谜团，吸引读者的好奇心，随着故事的发展，逐渐揭开谜团。

②开始不理解的话语，随着故事的发展，逐渐地理解了。

（2）设置梦境

①设置梦境，从中得到启发。

②读者以为是真事，后来知道描写的是梦。

（3）中断

先把某件事情说一半，不说另一半，故事发展到一定程度，再说出另一半，使事情完整。

5．配角

（1）正面配角

①能力和主角互补，帮助主角完成事情。

②主角完成事情的必要条件或中间人。

（2）反面配角

①敌人，制造矛盾。

②竞争对手。

正面配角也可能变为反面配角，而反面配角也可能变为正面配角。

6．修辞

比喻：分为明喻、暗喻、借喻。

借代：用一个事物相关的其他事物来代替这个事物。（比喻强调"喻"；借代强调拟人：用人的特征来表现物。）

拟物：用物的特征来表现人。

夸张：扩大或缩小事物的特征。

呼应：写了一个事物，后面又出现这个事物。

对比：把两种不同事物或者同一事物的两个方面，放在一起相互比较。

衬托：利用事物的相似条件来衬托就是正衬，利用事物的对立条件来衬托就是反衬。

粘连：描写甲事物的词也用于描写乙事物。例如：别看我耳朵聋，可是心不聋。（"聋"从耳朵转移到心）

移就：本来描写甲事物的词，转移到乙事物上，而不用在甲事物上。例如：张三向李四伸出善意的手。（"善意的"本来要修饰张三）

排比：结构一致，语气一致，意思相关。

对偶：结构一致，意思相对或相反。

顶真：前一句话的结尾词作为后一句话的开头词。

欲扬先抑：要说一个事物好，先说这个事物不好的方面。

欲抑先扬：要说一个事物不好，先说这个事物好的方面。

引用：引用名言名句。

学以致用

1. 你是怎样理解小说的含义的？
2. 小说的创作方法有哪些？

◆ 名作欣赏 ◆

怎样写小说

张贤亮

张滨海同学给我出了个题目。这个题目是什么呢？叫《怎样写小说》。据我所知，从过去到现在，古今中外还没有一个人能够用这样的题目来讲话的。关于怎样写小说，我看我会使今天到会的二百多名同学感到失望的。这个题目是个很大而且很不好讲的题目，大文豪高尔基都没有写过一篇怎样写小说或小说写法论的文章。前天，张滨海同学到我那儿去了一下，又把题目缩小了一点，提了三个问题，画了三个框框，这就比较好讲了。第一个问题，我们编稿的过程中，发现青年作者的稿子存在哪些问题；另外一个问题，怎样深化主题；还有一个问题，怎样把素材放到小说里去，怎样布局、结构。

我个人写小说的历史不长，只写了两年。1957年以前，我是写了一点诗，后来由于历史的原因又中断了。后来的二十二年，我就没有接触过文艺创作。我生活在离这儿四十多里的一个小村庄里。我能够看到的书就是《艳阳天》，还有几本《解放军文艺》。所以这二十二年，我和文学艺术世界隔绝了，我倒还很希望哪儿有一个人讲怎样写小说，我也很愿意去听一下。后来我怎么写起小说来了呢？也是个偶然的机会。写了一篇以后，就越发不可收拾地写起来了，写了些东西。我就根据我个人创作小说的一些体会，跟同学们谈一谈。我相信在这儿的同学的文学理论水平有很多比我高，所以理论方面的东西我就不多谈了。

谈谈我个人的体会，这样谈也许对同学们的帮助会大些。曹禺说过一句话，会写戏的人，他自己写戏；不会写戏的人，教别人怎样写戏（"会写戏的人，他自己写戏"这句话，应该是戏剧大师曹禺说过的。曹禺继女李如茹回忆道，20世纪80年代初，曹禺曾到上海戏剧学院讲课，说过一句话："会写戏的人写戏，但是不会教人写戏；不写戏的人，教人写戏。"——勘校者注）。我就算一个不会写小说的人，教别人怎样写小说吧。

我现在说得很坦率，尤其在第一部分讲的。我们在阅读稿件当中发现的一些问题，也许有冲犯在座的同学的一些地方。不过希望同学们理解，因为我觉得只有真诚坦率，才对同学们有所帮助。我调到了《宁夏文艺》（《朔方》的前身——勘校者注）编辑部后，由我来管小说，给我最大的一个感触，就是很多写作者很勤奋。据我所知，像生活在海原、固原的山沟沟里的一些年轻人，到现在写了有三四十万字，但从来没有发表过。他们寄来的稿件，有的就是用白粗纸写的，他们连电灯都没有，稿纸上有一股煤油味。他们这样勤奋，但写不出满意的作品来。我们编辑部人手少，不能够对他们进行很具体的帮助。我在这里举的是比较个别的例子。那么，还有一些勤奋的作者，也写了很长时间，但也没有把满意的作品写出来。所以，我是很不客气地对你们第一次讲话就要说这么一句：同学们接触文学艺术创作的时候，必须要很好地认识自己，这是非常重要的——认识自己有没有进行文学艺术创作的素质。这一点，请外地的作家来讲，恐怕不会坦率地跟同学们这样说的。我早就想给一些青年创作者提出这个问题，我所说的素质不单纯是才能，才能是可以后天培养的。比方说，想当芭蕾舞演员，一个矮胖子去参加，目测就给淘汰了；你想当空军驾驶员，近视眼首先就不行，他们都有个身体条件在那儿限制着。你选择你的终身职业和发展的时候，必须首先做好对自己能力的估计。如果发现这条路对自己不合适的话，就不要浪费时间了。我看了很多有关小说创作经验的文章，里面都没有谈到这一点。因为谈到这一点，容易造成两个不好的影响。一个不好的影响是，这个作者是勤奋写作的，但他没有适当地给予他培养的人啊，作者容易灰心丧气。说不定这个作者是有素质的，说不定一个很好的作家就这么被耽误了。还有一个不好的影响是，这个家伙在吹牛，他已经成为一个作家了，他觉得他有素质了，就认为别人没有素质（同学们大笑）。所以，人家一般不愿谈这个问题。我可以提出这个问题，因为我觉得有一些年轻人大可不必在这个上面花时间，我才提出所谓的素质和才能，因为有的人适合在这个方面发展，有的人适合在另外一个方面发展，这也并不是说你没有素质和才能，是没有用的人，说不定你有很伟大的数学天赋。我知道，俄国的别林斯基是一个很伟大的天才发现者（根据后文，此处意为：别林斯基是一个能够发现天才作家的批评家——勘校者注），就现在来说，别林斯基在文学史上是一个很伟大的批评家。他原来是写诗的，他写了很多诗都不行，后来他才发现自己不是个具有诗人素质的人，他是个发现诗人的人。所以他转到这个方面了，专搞文学批评。当时，还有很多这样的人。比如车尔尼雪夫斯基这些人的小说，通过他们的文学批评而主题更明朗。也许，你们认为张贤亮自己在吹自己有多好的素质，要么认为我在给别人泼冷水。不是的。因为从心理的特点上来说，有的人适合干这个，有的人适合干那个。所以，在进行文学创作之前，我觉得同学们首先要很好地认识自己的发展方向。确定究竟哪个方向适合自己，才不必浪费那么多时间。其实，爱好不等于素质。说你爱好文学艺术，你就有文学艺术创作的素质，不一定的。爱因斯坦爱好音乐，他不见得能当作曲家，结果他在物理学上有惊人的发展。所以，有某个方面的爱好，并不等于有某个方面的素质。那么，我说的素质都指的是哪些东西呢？怎样才能发现自己的素质呢？我在这里所说的素质就是丰富的想象力——联想能力。想象能力，对于各种事物，对于各种现象包括社会现象、生活现象，都有很敏锐的感觉。而且在语言方面，就是语言文字方面，掌握得要比别人更快一点。这也不是什么神秘的东西，就是想象力。文学创作最关键的，就是要看你有没有丰富的想象力。爱因斯坦说过，想象力非常重要。爱因斯坦是科学家。对于科学来说，没有想象力的或者想象力比较贫乏的人，是一事无成的。写小说也是如此。缺乏想象力，就只能根据自己的经历来写，写自传倒可以。对生活现象、社会现象、自然现象没有敏锐的感觉，他的文学作品里面便没有文采，就算他写出的文章语言很流畅，但还是干巴巴的。还有人掌握语言文字要比别人来得快，就像有的人掌握数字、掌握运算比别人来得快。你说自己包括文学史在内的文学知识比较浅，语言文字也不通顺流畅，这没关系，你去学习，这是后天可以弥补的东西，是通过学习能够达到的。这个问题，我觉得是进行文学创作的首要问题。

我再说下面的问题。从大量的来稿中，我们发现了一个什么问题呢？这个问题和稿件质量有关。现在，我接到了好多宁夏大学同学的来稿。当然了，这些同学的作品，因为出自宁夏的最高学府，要比工厂、农村、矿山、机关那些青年人的作品，语言文字确实要清楚、流畅、明白得多，可是还存在着不少问题。我们说文学就是一门语言的艺术，语言不过关，就谈不到其他。你就是再有丰富的想象力，构想的故事再巧妙再曲折，你的感情再充沛或者再细腻，你没有语言表达能力，一切都没有用。这就好像我们有句谚语说的那样：茶壶里煮饺子，有货倒不出。的确是这样。同学们，你们现在大都二十多岁，正是学习的时候。这四年，你们就是在学习中度过的。尽管 1977 级、1978 级、1979 级的考生都到学校来了，但是从根底上还应该看到（结合下文，此处说的根底是指大学生入学前的基础——勘校者注），虽然你们比社会上的文学青年优越，可是先天的根底还是差的。才能是后天发展的，我希望同学们不要忽视，也包括具备大学文化程度的青年作者，不要盲目地认为自己在这方面已经过关。我接待过的作者，不仅有宁夏大学的，还有北京大学的，他们或者刚毕业，或者还在上学。多谈构思，他们的作品构思还可以，语言文字却很差。当然，我说的差是相对而言的，主要是指比发表的水平还差，尽管比社会上的一般文学青年的水平还是要好。怎么会造成这样的状况？有这样一个作者，他书读得也不少，鲁迅、茅盾、巴金的读了，外国的像高尔基、契诃夫、莫泊桑的读了。我就想，他书读得也不少，而他本人也正在北京大学上学，怎么会在语言文字方面还没有准确地，而且是有文采地表现出来他思考的东西呢？这是因为，他在读书的过程中，没有有意识地去捕获语言。据我所知，在大学里读书学习的人总认为自己的语言文字在高中时候就已经过关了。到大学学习阶段，讲到文学作品的时候，大多是讲主题，讲构思，讲结构，语言文字方面讲得少了。而同学们所说的阅读作品、分析作品，大部分是分析作品的主题思想、时代背景、作者意图、结构等，都是这些。当然了，这在外国的大学还是可以的，因为外国的学生在高中已经把语言文字关过了，到了大学就要学习其他东西，理解有规律的东西。可是，我们经过那么一个特殊的时代（在这里，"一个特殊的时代"主要指"文革"十年——勘校者注），同学们在那个特殊的时代，别的知识是空白，语言文字的学习恐怕更是空白，因为那时候不讲这些知识，连初中高中都不讲这些知识。所以，我觉得要补课。同学们如果发现自己有文学创作的素质，非要补语言文字方面的知识不可。你想搞舞蹈，舞蹈的一些基本动作都不会，要想搞声乐，嗓子都没调理好，这是不行的。所以说你要想进行小说创作，语言文字这一关要自觉地去攻克。不要认为自己上了大学，这一关已经过了。语言文字是没有底的。我们现在兴起的这一批作家也程度不同地存在着语言文字方面的问题。我们打倒"四人帮"后兴起的作家，现在已经在全国有点小名气，经常在刊物上看到他们的作品，但是他们的作品中也程度不同地出现了语言文字方面的问题。我就不举他们了。我就举外国作家，他们是用外国语言写的作品，有的被我们翻译了不止一次，英文翻译成法文，法文翻译成中文，或者法文翻译成英文，英文再翻译成中文；当然，有的作品是一次性翻译过来的。我还发现，同学们在语言文字方面基本掌握了要领以后，会认为有的外国作家很奇怪，竟然能够一个礼拜写一部书，这是怎么回事呢？当然有他的方便条件，他用打字机，他脑子里想什么就用打印机随时打下来了，自然而然成了文章。可是我们呢，有时候找一个确切的词都不好找，尤其是我们的汉语同义词分类多。就说这个"走"吧——有走，有踱，有蹓，有步……一个动作可以有很多同义词，从这些同义词中选一个恰当的词，你就会费很多心思。你要准确地表达你的意思，什么地方应该用踱，什么地方应该用走，什么地方应该用蹓，把这些基本的问题解决了以后，你脑子大概已经像电子计算机一样，在百万分之一或者几百万分之一秒的时间里，自然提笔而成（同学们笑）。因此，我觉得同学们现在要想进行文学创作，语言文字这一关你必须要过。当然，这也是老生常谈。既然是老生常谈，就应该经常谈一谈（同学们笑），也就是向书本学习，向老百姓的口头语言学习。

我也跟同学们坦率地讲，稿子开头的几句话如果不通顺，就要被编辑打回去了。你们不要这样说："哦，今天我才知道，编辑一点也不负责任。"（同学们笑）没有办法，我的工作速度只能是这样：你要叫我好好看稿子，八千字以上的我一天只能看两篇，八千字以下的一天看四篇；一个星期除去两天政治学习，一天业务学习，只有三天的看稿时间，三四一十二，一个星期看十二篇，一个月看四十多篇。可是，我们编辑部只有三个编辑，看一千多篇稿子怎么行？也许我们这样做，埋没了很多文学人才。也许有的同学想，我们是这样，外国是不是这样？告诉大家，外国也是这样，因为我们多少还是有编辑的良心呐，我们还都是同志啊。比如我看到沾着煤油味的稿子吧，尽管作者写了七八万字，当然不是一篇稿子七八万字，是七八篇稿子一起给送来的，我的确真正地看完了。因为这个作者是从山沟沟里出来的，生活很艰苦。你们想想啊，我还是很有良心的。在外国，这样的稿子编辑根本不看，尤其是不用稿纸誊写的小说稿子。本来诗歌作品是发表最多的，现在倒过来了，小说作品多，而且都很长的，所以我说竞争是相当激烈的。开始的语言文字没有抓住编辑，这样的作品就不要想上刊物，就是这样。我必须坦率地对同学们这样说。你们还应该认识到，我们这些编辑还是一种同志式的工作态度，我们比资本主义国家实业性、商业性的报刊编辑负责得多。怎样锻炼和提高自己的语言文字表达能力，这应该也是你们在大学里的一个课程，我就不多讲了。

我从青年作者的来稿中，还发现了这样一个问题，可以说是一个带有普遍性的问题。就是说，这个作者有文学创作的素质，也有志于创作小说或者诗歌，而且也发表过一篇两篇作品。他有一定的创作才能，有一定的写作经历，问题是艺术的趣味过于单纯，写小说就看小说，只是把契诃夫、莫泊桑、托尔斯泰的小说拿来读。这是一个很大的缺点。你要进行文学艺术中的任何一种创作，艺术的趣味必须广泛——音乐、美术、雕塑、戏剧、电影，等等。你必须要具备很广泛很扎实的艺术底子。小说、诗歌、散文、评论，凡是进行文学创作，作者的艺术趣味必须广泛，你不能说自己是创作诗歌的，就专门读诗歌，这就错了。有广泛的艺术趣味，才能够有扎实的艺术修养，才能够把自己钟情的那个门类的文学创作搞好。我写小说的时候，比如《灵与肉》里许灵均牧马那一段，那相关的音乐就在我的脑子里回响着，那大自然的风光就会自然而然地成为一种音响效果，从我的脑子里传到我的耳朵里来了。这样一来，我下笔时不仅有叙述和描写，还会有一种身临其境的感觉和情绪。我们有的作者写小说场景，一般局限于人物出现和活动的那个地方，单调得很，枯燥得很，引不起读者的兴趣，原因在于作者缺乏美术方面的修养。要多方面地写，当写小说人物活动的情节时，他所活动范围的色彩、画面、音响，那些风声、雨声、鸟声，都要在脑海里出现。这样，只要语言文字掌握得熟练了，作品应该有的气氛就自然而然地出来了。这样就能够抓住读者，当然也能够抓住编辑。

作为编辑，我们接到一篇好稿子的时候，不亚于自己写出一篇好的作品。这种稿子，我们马上就看进去了。你们要信任编辑，编辑还是有一定眼力的。宁夏大学中文系有一个叫李跃飞的同学吧（李跃飞，宁夏大学中文系学生，在校期间就与我国著名文艺理论家陈企霞先生之女陈幼京一起，在《宁夏文艺》发表小说、诗歌，在校园内颇有影响——勘校者注），是我们从大量稿件中发现的。他的作品开头那几句话，就把编辑带进去了，能够使编辑看下去。还有一篇作品《会计主任》，是吴国清（宁夏大学中文系学生，毕业后进入新华社从事新闻记者工作，颇有建树——勘校者注）写的吧？他也是宁夏大学的。他在这篇作品的开头，并没有什么突出的景物描写，但几句话就把编辑带进去了。所以说，作品怎么才能把读者带进去呢？必须发动全部的感官的能力来抓它，不仅有文字的东西，而且有音响的东西，不仅有音响的东西，而且有形象的东西，这样才能够把读者带进去。反之，这也是我所接触到的青年作者创作上的一个缺点。当然，我也许冒说了，也许在同学们当中有的人趣味是很广泛的。但是有这样的缺点，就会妨碍自己在文学创作方面的发展，必须自觉地培养自己广泛的艺术趣味。

我们常看到一些小说有写得比较动人的地方，看到这些地方的时候就是把编辑和读者带进去的时候。要像电影一样写出画面，这样才能把编辑和读者带进去。是立体的多方面的，不是平面的单方面的，让眼、耳、口、舌、鼻等全部都能够感觉到。所以巴尔扎克曾说写到高尼奥（按傅雷译本，应为高里奥——勘校者注）老头死的时候，他自己都哭了——作家就得有这么一股痴情。这股痴情从哪来？就是全部的艺术感，全部的感情都进去了。同学们写东西时，你自己都没进去，还想把别人带进去？那不行，连自己都是旁观者。我们天天听刘兰芳，我看中国最伟大的文学家就是刘兰芳。她说的评书，听众是太多了，当然，这民族文学和政治文学是有区别的。我发现她确实很有才能，她就是能够把故事进行中的各个环境、气氛都说出来。当然，我不是她的听众，我偶尔也听一听，看看她怎么办到的。她把古代的马的各种不同的表情、不同的声音都说出来了。同学们，这是值得我们学习的——培养自己多方面的艺术趣味。还有你们写小说的时候，自己脑子里要演电影，这样就使你所描写的全部场景，像电影画面一样，一幅一幅地以蒙太奇手法在眼前变化。应该是说基本上掌握了语言文字后，在写作的时候，脑子里也在演电影，那样情节线索就不会单一了。小说的传统写法就这一条——情节线加气氛。就这么一条，这就是传统小说写法。你们不是要我讲怎样写小说吗？我告诉你们这个秘诀。

小说就是情节线加气氛，情节线就是故事，故事或者是曲折或者是不曲折。光看情节线，就像娃娃脱裤子一样，给你弟弟给你妹妹脱裤子，有的给老大脱了再给老二脱什么的。这还不是小说，小说还要加气氛——情节线在发展过程当中的氛围、气场。所以只用光秃秃的情节还不行，你必须想到怎样才能让读者进去，因此气氛渲染也很重要。怎样才能渲染好气氛呢？必须有广泛的艺术趣味。你不能总是强调语言文字，那些音乐啦、色彩啦什么的也必须把握住，能够把握住这几点，写小说就差不多了。不过，这是个很艰苦的过程。还有一个，就是写小说实际上和艺术的各个门类都是相通的。小说是语言的艺术，和音乐也有很多相似之处，一部好的小说会有一个内在的节奏感。我发现很多作者来稿没有掌握这个东西，有的稿子看完以后让人觉得很凌乱，这是结构方面的问题。根子在什么地方呢？根子在这样的小说作品中没有内在的节奏感。我们看外国的小说，契诃夫哪怕几千字的小说，或者鲁迅的《孔乙己》——这篇小说很短，大概两千多字吧，这样短的小说，叙述和发展还有曲折，什么时候应该起，什么时候应该伏；什么地方略略交代过去，什么地方应该很细微地描写；有的地方十年，鲁迅只写"十年过去了"，可有的两秒钟的事情，鲁迅却写得很细。这怎么把握呢？什么地方应该写粗，什么地方应该写细，当然这个主要与叙述的内容有关。但是，如果发挥你自己的艺术才能，掌握了事物发展的过程，能够把握住内在的起伏，便能够使读者读小说时像听一首歌曲一样。情节的发展也好，故事的发展也好，时间的发展也好，其实也是只可意会不可言传。第二个问题，就在于写作者本身的艺术修养，有没有形成那样一种内在的节奏感。所以我说同学们，你们应该多听听音乐，尤其要听交响乐，这个作用是潜移默化的，对于你们以后写小说、写诗歌会带来很多好处。

还有一个问题，要谈到情节发展的内在节奏。我们说小说是要靠描写的，不是要单纯靠叙述的。可是，大量的来稿包括同学们的来稿，叙述多于描写，就好像写个人材料似的，写出来的东西和材料一样——张三，今年三十三岁，江西或宁夏人，还没有结婚，文化程度高中毕业。这完全是叙述，把一个人交代了一番，描写的地方没有。同学们，这不叫小说。小说创作之时，注意叙述是必要的，但最主要的是描写。你要把气氛描写出来，而且情节发展也靠描写，不靠叙述。比如人物的行动，他走到学校门口，是怎样走到的，一路上他脑子里都想些什么，这才叫小说。他走到学校门口，见了某个人，两人握了手进来了，这叫叙述。描写和叙述的区别，同学们一看小说就能看出来。同学们写小说的时候，一定要注重描写。我们要看蒲松龄的《聊斋志异》。我看古典作品，用古文写的小说，感觉它的叙述部分极好。开头：王生，山东淄博人也，少时独自……接下来，就说他到哪一个寺庙里去借斋。可是，我们编辑接到的稿子很多就像叙述材料似的，这也是一般作者常犯的通病，在同学们的来稿中我发现也是这样——当然，我说得很坦率。有些时候，我很怕跟年轻的文学爱好者打交道，就像鲁迅所说的文学青年都非常敏感。我和他们交谈的过程中，不知道什么时候就触犯了他们（同学们笑），我却还不明白。

有些青年作者问小说怎么写，这是个大题目。我考虑了一下这个问题，我给小说归纳了三种形式：一种封闭式，一种开放式，一种人物式。我后来想了一下，之所以这样归纳，是这两年我接触了一些小说作品。我获平反出来工作以后，条件比较好了，能够看的小说作品就不只是《艳阳天》什么的了。我认为所有的小说，不出上述三种形式，而现在最流行的好像就是封闭式。什么叫封闭式？先提出了问题，就是小说结尾的部分，然后倒叙这个问题是怎么出现的，最后归结到开头，就是绕了一个圈子。这种小说的好处，就是能够提起读者的兴趣。一开始就交代出它的结尾来了。我的《土牢情话》就是封闭式的。一开头是石在和那个女子，在火车站偶然见面又分别，然后引出石在大段大段的回忆，他在牢狱里面有怎么样的遭遇，最后归结到开头。我在这里声明，我举的有些例子虽然是我自己的小说，但是没有一点卖弄的意思，因为我自己写的小说我比较熟悉，我知道我是怎么写的。我不举王蒙的，不举刘心武的，因为我不能代表人家说话。我举自己的小说，有人可能认为这家伙拿自己的小说卖弄呢（同学们笑）。《灵与肉》也是封闭式的，一开头父子怎样见面，然后倒叙回来，一段一段，最后结尾分别，当然这个口收得不是太拢。这种形式的好处是，一开始就抓住读者，然后往回引。

另外一种写法是开放式。什么叫开放式？说故事，某一个地方，有一个人叫某某，有一天上山去打柴，遇见什么了，直到结尾，完了。平行地往下发展，没有绕圈子。《邢老汉和狗的故事》就是开放式的，一开头写这个老汉怎么在农村里劳动，后来他遇见一个要饭的女人，他自己养了一条狗，后来狗死了，他怎么样死了，这就是开放式。

人物式的小说比较难写，没有大手笔不敢动字，我还没敢用这种手法去写。我知道非常难。《阿Q正传》就是人物式，它没有一个主题的情节线索下来。所以《伤逝》能够拍电影，《祝福》能够拍电影，《阿Q正传》——世界上有名的文学著作，到现在还没有一个编剧和导演能接受这个任务。写这个人物的时候，用各个不同方面、各个不同的角度来写这个人的本质。到现在我所接触的一般文学期刊上所发表的小说，用这种写法是很少的。为什么呢？这种写法是很困难的，你不仅要对这个人物有深刻的理解，而且你在写作上还要是大手笔。这也可以看出现在的有些作家写小说，还相当幼稚，还没有达到20世纪20年代、30年代的水平。20世纪20年代、30年代有一些小说，像丁玲的《莎菲女士的日记》，她采用日记方式来写莎菲这个人物，这就是人物式。情节线索不多，主体情节线索不曲折，但是她从人物的各个方面来写这样一个人物。所以，同学们构思写小说可以用这三种方式。当然，用哪种方式好，归根结底决定于小说的内容，这个我当然无法越俎代庖了。你用人物式，我用开放式，他用封闭式，这个由你们自己决定。

大体上，写小说就用这三种方式。它们的特点是什么呢？我开头说了，封闭式一开头就能吸引人、抓住读者。一开始就抓住读者，必须提出一个读者能够注目的、关心的、感兴趣的问题。一开始"我震惊了。虽然我知道她没有死，但我仍然震惊了"（张贤亮先生中篇小说《土牢情话》的开头——勘校者注），我觉得，这样的开始抛出了悬念，让读者看到这个人为什么没有死，这才有个看头呢。封闭式就是这个特点。还有一条，你构思的小说后半部分，或者一部分读者不感到怎么有兴趣的，你就用封闭式，一开头抓住读者，硬把读者拖进来，听你讲，拖进来就走不出去了；再用一些令读者感兴趣的语言文字，让读者不忍越过去读下面的内容，同样能够抓住读者。比如说，《土牢情话》为什么用封闭式呢？因为中间有一段，在土牢下大雨快被淹的那一段，有两章之多，一万多字，是逸出读者兴趣之外去了；可是这一万多字，如果我不写呢，后边的气氛就渲染不出来；我必须交代，我不能够仅仅从土牢下大雨那一段开始写，那样写下去的话，读者还是进入不到故事的核心里边去。所以，我写了个第一章，把土牢下大雨时的情节写了；第二章、第三章，这个时候人物出现，然后到了第四章。读者一看，第一章讲了怎么回事，但是还有一段一段的故事，就接着往下看吧，后来在土牢里下开大雨了——于是，读者已经从故事里出不去了，已经被情节抓住了，还得继续往下看。

当然，有一些故事本身是连贯的，从头到尾在情节的每一个变化上你如果可以把握住，你就可以采用开放式。先交代人物处在什么环境，在什么条件之下采取了什么行动，结果遇到了什么事，后来遇到了什么挫折，最后结局如何。中间的每一个情节你认为读者能够跟着你走，你就可以用开放式，不要犹豫。《邢老汉和狗的故事》为什么采用了开放式呢？我觉得这个人的一生，自然构成了一条故事线，而这一条故事线当中的每一个环节都是紧紧相扣的：他原来在生产队劳动，解放以前是个贫农，中华人民共和国成立后分到了土地，生活好起来了；可是，1958年的所谓"大跃进"，把他的生活改变了；随着时间的不断推移，他又恢复了能够温饱的生活；最后他遇到了一个要饭的女人，后来这个女人又走掉了；之后，有一条狗陪伴着他——每一个故事的环节都是能扣得住的，使读者很感兴趣地要知道接下来是怎么回事，要知道最后的结果。

人物式小说比较难写，但是写好了是非常吸引人的，而且用这种方法塑造出来的人物，往往能够在文学史上站得住脚——他成了一个典型人物。这也是由小说内容来决定的。这种小说我还没有写过，我也不敢尝试，所以我只是看了一些。我觉得人物式的写法，的确是能够真正打动人的。同学们初学写作，写这种人物式小说比较困难。那么还有一个，就是典型的问题，鲁迅说过他写人物，鼻子在山西，衣裳在浙江，脸在北京，这个典型人物是由很多很多具体的人凑起来的。我觉得这种方法，应该叫集合典型的方法。各个不同的具体的人，可是他们又的的确确就是同一个类型的人，他们的特征就集中在一个人身上。这是一种方法。我发现现在的年轻作者或者说我这一代中年作家，很难搞这个东西。我没有鲁迅那个见多识广的条件。你想啊，茅盾写《子夜》之前就接触了很多资本家，他本身在资本家群里待了很长时间，所以他写的吴荪甫，不是一个单纯的人，他是很多爱国民族资本家集合起来的典型。我获得平反前，比你们的条件差多了，根本没有接触很多人的机会。我在山沟沟里头，我三百六十五天都见的是那些熟人，陌生人便是找我外调的那些人。那么怎么办呢？你可以采用模特人深化，你没有那个条件，见不多，识不广，接触的人不多，就可以抓住一个你感兴趣的人，挖掘他。像黑格尔说的，每个人都是典型，都是"这一个"。每一个人身上都有他自己的东西。所以，这也是一种办法，而这种办法我认为还是比较适合我们的。比如说，我们要写一个发愤图强的人也好，写一个无所事事的人也好，你接触不了那么多发愤图强的人，也接触不了那么多饱食终日、无所事事的人，你周围大约只有那么一个发愤图强的人，也只有一个不务正业的人，你就抓住那么一个，不断地挖掘，也能写出小说来。

我写的那个邢老汉，是确有其人，不过还没有死。在小说中，他怎么死了？根据情节的发展，是他自己要死的。后来《宁夏日报》批评我这篇小说没有光明的尾巴，我说没有办法，最后他非死不可。因为我写到最后，"极左"路线造成的那个悲剧，归根结底就是这样。那个人倒是确有其事，我们经常能够见面的，他怎么走路，那个形状——是从他那个外形当中取的；当然，他不姓邢。我在小说里写资本家，我也不可能接触那么多资本家；我写厂里的书记，我也不可能见那么多书记，我天天见的只那么一个书记，那就抓住他，就不断挖掘，可以深挖。关于小说的一些结构形式，大概就是这些。关于采取什么方法创作典型人物，我看同学们采用模特深化的方法比较好。刚开始学习写作，这也是比较好的方法，因为你要把很多人的特点集中在一个人身上，但还没有很好的驾驭文字的能力，还没有很好的组织素材的能力，这时候，往往容易搞得繁杂不堪。你抓住一个人去深化他，焦点比较集中，笔就比较好下。

我再谈想象力。实际上，深化的过程也是一个想象的过程。文学没有虚构，就不叫文学。你不要老抓住那么个干巴巴的人，你就把他如实地再现出来，也不会吸引读者。你必须发动自己的想象力，他可能怎么样做，你把那些想象的可能性加在他身上。那个邢老汉的故事是个实事，是我听来的一个故事，有人批评说不现实。我说是真实的：贺兰县1975年就有这么个事情，这个人姓孙，我都可以指出他在哪个大队；陕北来了个要饭的女人，这个女人我不认识，的的确确跟他生活了十个月，走的时候的的确确拿了一点东西，的的确确给他留了一双新鞋；不过，这个老汉的的确确是个牧马的；当然，这个老汉没有死，他最后疯了。农民是有感情的，我们千万不要以为农民没有感情，农民的儿女情长是很重的。这个五十多岁的农民老汉，有这么一个要饭的女人来体贴他，在生活上关心他，最后不辞而别，拿的还只是一点米，他心里很过意不去；但是，他没有权利夹个公文包搞外调去（同学们笑），把这个女人给找回来，他只好得精神病了；他没有死，我觉得他比死了还厉害，是想她想病了，想疯了（全场静，长时间沉默）。我所塑造的邢老汉不是这个人，是我把这个故事移到他身上来了——这就是想象和联想的作用。同学们，真正从事文学创作，是一件非常有趣的事情，而且到处是课堂，哪怕你到食堂打饭都是课堂，不像物理、化学，离开了实验室就不行。我们进行文学创作，到处都是课堂，都是实验室。就在我现在正在进行的漫谈当中——张贤亮这个人怎么讲话，有哪些动作，有什么特点，都是你的素材，你都能抓；还有你脑子里的一闪念，什么东西都可以写。苏东坡说过，世事洞明即文章。这世界上的什么事情，都能够是你的文章，能够是你的学问，都可以进入你的作品里边来。所以，要有丰富的想象力，将各种各样的可能性加在模特身上。当然，你必须有很多很多的素材，平时就要点滴积累；有些东西当初看来是没有用的，可是到了作品里抓住其中的关键，就很有用。比如说《灵与肉》里秀芝数钱的那一段。《人民日报》南明的文章（"南明"即文章作者，或许不是这两个字，可以查到，因条件所限一时不能查明，留待将后去查——勘校者注）对我写"数票子数不清"那段说起了浮漂作用（问题在于"漂漂作用"一词，实在不得其解，肯定是记录者笔误，却又无法听原录音给予校对，故留之——勘校者注）。这是我亲眼看见一个妇女从来没有见过那么多票子，五百块钱，她坐在炕上怎么数也数不清（同学们笑）。这样的细节，在生活中也许很不引人注意，可是到了小说里边就是好情节，很有情趣。我们的小说往往缺乏情趣，缺乏生动性，缺乏引人入胜的素材——是你没有通过独到的观察而发现的细节。所以，我说你要把模特深化了，深化的过程就是一个想象的过程，一个加入很多可能性的过程，也就是说你必须有大量的生活积累、素材、细节在里边。这些东西到写作的时候就有用了。同学们，你们也不缺乏这样的东西啊。不要以为你们每天在课堂上，出去就是宿舍、食堂，再就是教室：一个三角形。不，你们的生活中是有很多东西的、很多细节的，甚至还是很丰富的。同学们的脑子好使。我是不记笔记的，我的东西全在脑子里，因为那时候我不能记笔记，我记的笔记被收去，就是罪证，所以我从来不记笔记；现在又懒得记，这个事、那个事没有笔记。同学们有时间的时候应该记一些东西，尤其是独特的东西要抓住。我写一个女人哭了，她抹了一把鼻涕，不抹在别的地方，她抹在哪儿呢？她抹在炕沿上。现在如果要写我们的女同学，这样写就没用，因为女同学是掏出手绢来擦鼻涕的（同学们笑）。所以，一个动作就把一个人的身份表现出来了。如果没有这些情节，你只说这个女人哭了，也就只知道她哭了；而她把鼻涕抹在炕沿上的描写，就让人物一下子生动了，活了。也许，我还没有写好，还不够生动、不够活。靠自己平时积累的东西，再加上在模特身上深化的过程，就是想象的过程。不是说我要写张三，我平时就必须老是瞧着他的样子，甚至他晚上一个人走路，我也得跟在他屁股后边看着（同学们笑），不是这个意思。也就是说，你要抓住他最突出的几个特点，这个人物究竟如何，你要调动自己平时的生活积累。我谈的这些问题，都是作者的语言文字基本掌握以后的事情了，如果作者的语言文字掌握得不好，这些问题也就谈不到了。

还有一个是"过电影"的时候，也就是你写作时候的总体构思。你一开始写作，这个作品的架子怎么搭，写什么样的人，写什么样的事，脑子里边已经有了。你下笔的时候，前面不是说过电影嘛——过电影，视觉形象和语言表达是两回事。比如我们去看一部电影，银幕上的画面是这样的：中间是一张桌子，桌子上有器皿；旁边有一个人，人背后有一幅画，还有其他各种东西；还有个书架，书架上有好多好多书——作为观者，我们用万分之一秒的时间，大概就全部看清了。视觉形象不受时间的限制，扫一眼就看清了。说万分之一秒是夸张了，我有时用一些夸张性的语言，这也是职业病（同学们笑）。也就是说，一秒钟把电影画面的内容全扫过来了，可是你要用语言文字表达出来，就要用好几百字，你这好几百字是不是会使读者感到疲乏，感到无味？这是作者必须警惕的。所以，写作的时候，脑子里"过电影"的时候，必须注意气氛的渲染，必须紧紧抓住小说是什么——故事情节加气氛，这就是围绕着它的不可或缺的东西。只用故事线叫大故事，只用气氛就成了幽灵了（同学们笑）。这个气氛必须在故事线当中进行，故事线必须在气氛当中进行；故事线有了，写气氛的时候就开始"过电影"——必须抓住最能渲染气氛的东西，有助于描写故事时紧紧扣住。我看有些青年作者的稿子，有的是叙述多于描写，有的是用大量的华丽的辞藻去渲染气氛，不必要！桃红柳绿呀，莺歌燕舞呀，红旗招展呀，等等。我说的渲染气氛，不是要用华丽的辞藻去点缀，服从故事线和点出环境，有时候，一两样东西就能点出它的环境。比如说，苏联的里亚特夫的《惩罚》，是封闭式的，小说一开始就说了儿子把老子打死了，这一下，读者非得往下看不可。他是怎样渲染气氛的？"夜，黑沉沉的夜空，高矗的路灯柱支撑着夜的黑幕；一个披头散发的女人，从楼上跑下来，她下来看儿子把老子打死了"——气氛马上渲染出来了，字不多，也就一页嘛！不必要多费事，你在脑子里"过电影"的时候要注意，不要把什么都搬进去，有几个特征性的东西就把气氛渲染出来了。有的地方不必要渲染，本身情节精彩的几句描写就能抓住读者。所有这些，同学们在写作的时候一定要注意。

还有在写的过程中要注意的，就是故事线索和整个气氛联系起来，构成了小说，它是怎样的——要有起伏。有起伏，才能抓住人啊，就是说要有内在的节奏感。什么地方应该略写，什么地方应该详写，写得细腻一点，这当然由作品的内容来决定了。在有些来稿当中，过程交代得太多了，有一些作者把读者估计得太幼稚了，不让读者有一点发挥想象的余地。怎么说呢？他把过程交代得一清二楚，太明白了。比如说，一个老师进了办公室，先和李老师握了手，然后坐下了，喝了茶，然后自己点了根烟。这成了一个通病了。我经常问一些青年业余作者：你这些叙述有助于你故事的发展吗？他觉得好像除了叙述这些，就无话可说了。这样一来，使小说的节奏感不强了，就像跳舞时的音乐，三步也好，四步也好，为什么会有"咚、咚、咚"，因为中间要有停顿，如果老是"咚——"，老是这样下去，这个舞还能跳下去吗（同学们笑）？那是不行的。

节奏就在于停顿，有了停顿，才有节奏。内在的节奏，就是这个意思。有的年轻作者，将作品写得没有节奏。就是不停顿，故事进行得没有节奏，几乎都是平铺直叙的，没有起伏。作品要能够吸引人，就要有内在的节奏感，小说必须是跳跃的，这种跳跃大的方面称为段，所以小说分成章，或者节，或者段，每一段有停顿，不能一口气贯穿下来，否则就没有内在的节奏感。不能只说谁谁走到门口握了手，然后骑上车子走了。大手笔的人，只是把主要的东西写出来，其中不必要的东西要甩掉。我现在也是初学写小说，不过我能掌握其中的节奏。比如《灵与肉》，三十年的跨度，不到两万字；我如果要没有选择性地这样写三十年的过程的话，恐怕一部长篇小说都完成了。我现在还不想写长篇小说，将不必要的情节砍掉，将不必要的过程不要，只是突出主人公一生当中关键性的东西，就行了；至于他怎样骑到马上了，又怎样策马回到家了，又是怎样下来了，类似这些东西统统不要了。今天就只拣大的方面说了。我看今天时间不早了，同学们要是有什么问题，递条子来，我解答具体问题。

[问答]

问：一个人的生活阅历和他的创作是怎样的关系？

答：这个问题太重要了。我们说人生的过程，不过就是学历、经历，还有阅历。学历，并不见得让一个人能够当作家，文学博士不一定能够写小说；经历也不能够决定，虽然他有很好的基础。重要的是阅历，也就是他在人生的经历中，包括他独特的观察，他独特的感受。我们知道，现在社会上的盲流，恐怕比我们经历的事情要很多（同学们笑），可他们却不一定写出小说来，即使他们有不错的文字基础。不过，一个人有曲折的经历也好，没有曲折的经历也罢，譬如从小学、中学、大学毕业到参加工作，像刘心武那样的，他虽然没有什么曲折的经历，可是他见的人和事多，自己的观察和感受比较深厚。这个观察和感受，却因为同样一件事情，也许别人没有感受到，无所谓，他却感受到了，而且要深刻一些。我常常说，当作家是个很艰苦的工作。所以我说同学们如果有别的素质，能干别的工作，就最好不要干写作这个事情。现在不是讲劳动保护嘛，我看作家是最需要给予职业性保护的。在一些人认为根本无所谓的事情，在作家的脑子里就不一样，是深受刺激的事情，因为他有艺术的敏感性，甚至很强烈。所以，作家往往有这样的艺术敏感性。

问：您在小说中运用语言时有什么体会？在运用语言时应该注意哪些？

答：第一，你的小说语言必须准确。怎么样才能准确呢？你必须掌握大量的词汇，不要以为能写封信就能写小说，哪个作家词汇库里没有几千上万的词汇供自己应用？掌握了大量的词汇，写作的时候要用的那个词，才能顺理成章地跳出来。要掌握语言文字最基本的东西。在这一方面，同学们都是有希望的。第二，你掌握的语言要能够服从于你对气氛环境的描写。苏联的里亚特夫写黑沉沉的夜空，几根高矗的路灯柱支撑着夜的黑幕，好像夜的黑幕没有这几根路灯柱就要塌下来似的，首先给人造成一种压抑感，下边的故事又是那么的惊人，所以是文学语言。什么叫文学语言？文学语言就是比较形象地表现出当时的气氛，这个方面也要靠作者平时的积累。当然，同学们是学过修辞的，拟人、比喻什么的有十二个条条。至于运用得怎样，那就是你的文学修养问题。第三，语言要简洁。语言不简洁就像留声机不走螺纹，老是一个调子，老是"哇、哇、哇——"，老是不跳格，你说听的人烦不烦？你的语言老是啰里啰唆的，让编辑看不下去，让读者也看不下去。所以说，小说语言能够做到准确、简洁，那就可以了。

（原载《朔方》2016 年第 8 期，有删改）

任务四　剧　本

任务设计

掌握剧本的写作方法及理论。

知识探究

一、剧本

剧本是戏剧艺术创作的文本基础，编导与演员根据剧本进行演出。与剧本类似的词汇还包括脚本、剧作等。

剧本是舞台表演或拍戏的必要工具之一，是剧中人物进行对话的参考语言，是一门为舞台表演服务的艺术样式，区别于戏剧和其他文学样式。

剧本主要由台词和舞台指示组成。对话、独白、旁白在剧本中都采用代言体，戏曲、歌剧中则常用唱词来表现。剧本中的舞台指示是以剧作者的口气来写的叙述性的文字说明，包括对剧情发生的时间、地点的交代，对剧中人物的形象特征、形体动作及内心活动的描述，对场景、气氛的说明，以及对布景、灯光、音响效果等方面的要求。

剧本主要分为文学剧本与摄影剧本。文学剧本是比较突出文学性的剧本，摄影感偏低，包括话剧剧本（或称戏剧剧本）、小说剧本（或称剧本小说）、小品剧本、相声剧本等；摄影剧本是比较突出拍摄感的剧本，文学艺术性可高可低（根据影片题材、市场、投资金额等综合情况决定），包括分景剧本、分镜剧本（分镜脚本或电影剧本）、台本等。

在戏剧发展史上，剧本的出现大致在戏剧正式形成并成熟之际。古希腊悲剧从原始的酒神祭礼发展为一种完整的表演艺术，就是以一批悲剧剧本的出现为根本标志的；中国的宋元戏文和杂剧剧本，是中国戏剧成熟的最确实的证据；印度和日本古典戏剧的成熟，也是以一批传世的剧本作为标志的。但是，也有一些比较成熟的戏剧形态是没有剧本的。例如，古代希腊、罗马的某些滑稽剧，意大利的初期即兴喜剧，日本歌舞伎中的一些口头剧目，中国唐代的歌舞小戏和滑稽短剧，以及现代的哑剧，等等。

剧本的写作，最重要的是能够被搬上舞台表演。戏剧文本不算是艺术的完成，只能说完成了一半，直到舞台表演时才能得到最终的呈现。历代文人中，也有人创作过不适合舞台演出，甚至根本不能演出的剧本，这类戏剧文本称为案头戏（也叫书斋剧），比较著名的有王尔德的《莎乐美》等。一部好的剧本，有着既能够适合阅读，也可能创造杰出舞台表演的双重价值。

一部可以在舞台上搬演的剧本原著，还需要在每一次不同舞台、不同表演者的需求下，做适度的修改，以符合实际的需要。因此，舞台工作者会修改出一份不同于原著，有着详细注记、标出在剧本中某个段落应该如何演出的工作用的剧本，这样的剧本叫作"提词簿""演出本"或"台本"，这种剧本是完整的演出脚本。有另外一种简单的舞台演出脚本只有简短的剧情大纲，实际的对白与演出，多靠演员在场上临场发挥，这种脚本称为"幕表"。剧本主要由人物对话（或唱词）和舞台提示组成。舞台提示一般是指出人物说话的语气、说话时的动作或人物上下场，指出场景或其他效果变换等。

二、剧本创作

（一）剧本的结构

一部较长的剧本，往往会由许多不同的段落组成，而在不同种类的戏剧中，会使用不同的单位区分段落。在西方的戏剧中，普遍使用"幕"作为大的单位，在"幕"之下再区分成许多小的"景"。中国的元杂剧以"折"为单位，南戏则是以"出"为单位，代表的是演员的出入场顺序，而在明代之后，"出"所代表的意义更为复杂。剧本的结构一般可分为开端、发展、转折、高潮、再高潮、结局。当然，根据编剧技巧的不同，结构还会变化。

1. 条式结构

众所周知，传统的戏剧是根据主题、人物性格来组织戏剧冲突和安排情节的，它是戏剧创作的重要一环，是按照戏剧规律来结构剧本的。由于生活本身是有节奏有规律地向前发展的，反映在戏剧冲突上，其结构必然形成一条由冲突动作所引起的开端、发展、高潮、结局，亦即起承转合的情节链，而且是按时间顺序安排的。这种结构的特点，表现于分场上，整个戏就是场场的戏组成的，若干场戏组成全剧，而且每一场有一个小高潮，若干个小高潮形成大高潮。传统的戏剧结构，既然是以戏剧冲突的发展为依据，就少不了冲突对立两个方面贯穿经络的对立人物和一个中心事件。因此，它是纵向发展的，不妨称之为条式结构。

2. 团块结构

团块结构，顾名思义，它的情节是横向发展的，是同纵向发展的条式结构大相径庭的。全剧几乎没有明显的大高潮，因为它不是以外部冲突为依据，而是依据人物意识活动进行结构的。还有一些剧作，全剧没有一个有头有尾的故事，也没有比较完整的情节，更看不到冲突对立的人物，有的只是几个生活片段或几组不规则的情节。这些剧作，在场景之间毫无因果的依存关系，在结构上显得很不规则，然而它"形散而神不散"，段落之间具有十分讲究的必然的内在联系。通常不分场和幕，所以可以称其为"无场次戏剧"。

3. 散文式结构

这种戏剧结构类似于散文，这类剧作没有完整的故事情节，没有高度集中的矛盾冲突，一切都是自然而然地展开，又自然而然地结束。它不仅强调生活的纪实性，而且强调情感的真实性，偏重于抒发人物的真实情感。它写事写人只选取几个看似零散的侧面，但却能做到"形散而神不散"。这类剧作的结构特点之一是场与场之间没有必然的依存关系；特点之二是没有强烈的高潮和结束；特点之三是没有完整的故事情节和一个中心事件；特点之四是按照生活本身的时序横向发展，很少用"闪回"，属于时序结构。

4. 心理结构

这类剧作是依据人物的意识活动来进行结构的。它在叙述方式上不同于条式结构，也不同于散文式结构，后两者一般均按时间顺序进行，心理结构则是根据人物的心理活动变化，把过去、当下和未来相互穿插起来进行，所以也叫"时间交错式结构"。心理结构的特点：其一，着力表现人物的内心世界和对人物内在感情的剖析，以达到刻画人物的目的。它没有一个完整的故事，甚至没有激动人心的矛盾冲突，更谈不上一浪高过一浪的戏剧高潮，甚至连时间顺序也不规则，更多的是人物的意识活动。其二，追求叙述上的主观性。把现实和过去交织起来，以此进行布局和剪裁。这种结构之所以不遵循时间顺序，把如今和过去互相穿插起来，并能让观众理解，是依据了这样一条原理：人物心理活动（如回忆、联想、梦幻等）是不受时间、空间约束的。

（二）剧本的格式

1. 分景剧本

分景剧本，常用于电视剧本的创作，电影也可以用，不过电影较短，用分镜剧本更能突出电影剧本的直观感。

主要的分景剧本是下面这样的格式：

①开头。

第几集（幕）

主要有以下两种开头。

A. 第几场（幕），地点，时间，人物

如：第一场，小湖边，清晨，张颖、王静

B. 场（幕）次号，外景/内景与室内/室外，地点，时间

如：23—1（有时把一场分为若干个小场，有时不分），外，武当山玄岳门，日

②景象。该场景景象与人物所在位置，可介绍，也可不介绍，视情况而定。如需介绍，简单地以画面形象说明即可。

③动作。在我国早期的剧本创作中，多在动作前加三角形进行动作说明，后来流传到了港台，港台许多剧本也用三角形。现在的剧本中动作说明有用中括号的，也有用大括号的，有时候也不添加符号，直接在相应的位置用文字说明。

动作说明的位置可以在人物对白之上，也可以在人物对白之下，取决于人物讲话的先后。

④对白。对白主要有间断性对白与连续性对白。人物的表情、视角等提示可在括号里表示。

间断性对白，如：

方可可（有点不乐意）：抱不动也要抱。

化雨：呵呵，好，可可说要抱多久就抱多久。

方可可（得意）：这还差不多。

婶婶：可可，这么大人了，怎么还像个孩子一样？你哥都抱不动了，还不下来！

连续性对白，如：

方可可（不乐意）：知道了。（小声嘀咕）啰唆。

化雨（对婶婶）：没事。（对方可可）刚才没发现，可可都和我差不多高了，估计以后就变成可可保护我了。

2. 分镜剧本

分镜剧本，也称分镜头脚本、分镜头剧本、分镜头、分镜等，电影用得较多，电视剧也可以用。

分镜剧本，通俗的含义就是在分景后再分镜的剧本，大多是为故事版（绘画分镜，用草稿表达出意思即可，复杂的情景也可请分镜绘画师。随着电脑软件技术的进步，这个流程渐渐不是太重要，可直接用表格分镜或动态预演）、动态预演（可视化3D动态分镜，用软件测试，主要运用在动作复杂、虚景多、特效多的仙侠、探险、科幻、飙车等电影题材上）、台本（摄制工作台本或者完成台本，又称为"表格分镜"）做基础与准备。

分镜剧本的主要流程为文字分镜、表格分镜、绘画分镜、动态分镜、后期特效分镜。

①文字分镜。适合初学者的起步，主要为编剧或者导演的事项，初学者或者作家等刚改行的编剧导演，没有制作过自己的作品，想稳中求胜，可将拿到的文学作品先改编成文字分镜，其后再改编成表格分镜。

②表格分镜。适合有经验者的起步，主要为导演或者编剧的事项，完成过多部作品，有一定功底的导演或编剧，可直接将文学作品或者剧本改编为表格分镜。

③绘画分镜。通常是原创动漫制作的起步（改编动漫的起步和影视类似），也是影视制作的步骤。其主要为分镜绘画师或者导演（导演不需要有绘画师功底，个别优良绘画分镜，基本是由美术专业出来的导演完成）的事项。在动漫、当代电影题材（动作简单，几乎是实景拍摄的题材）中不可或缺，而在幻想电影中，由于动态分镜的技术进步，所以渐渐变微势。

④动态分镜。动态分镜主要为动态分镜师、特效团队、后期公司的事项。动漫上基本是运用 Photoshop 和 Flash 等动态分镜软件，影视上基本是用 Previz（Previsualization 的缩写）等动态分镜软件。Previz 制作团队必须确保作品在拍摄中能够实现，知道镜头会怎样被实现出来，精通电影语言，能给实拍团队提供建议。但是，任何准备都无法代替那些现场的实拍需求。拍电影是一种自然的艺术形式，充满未知的挑战，而动态分镜是为了帮助解决潜在问题，领先摄影组一步所做的工作。

⑤后期特效分镜。后期特效分镜主要为特效团队、后期影视公司的事项。实拍结束，到了后期，原来的幻想题材很耗资，所有的都需替换绿幕合成。当前，只需要使用实时摄影机跟踪系统（如 Solid Track）就可以提前预览作品的拍摄效果，简化后期特效这个巨大工程。Solid Track 可以将 Previz 资产整合到实拍素材里，通过对真实画面的拍摄，把真实画面反推成三维画面，通过视频实拍，得到一个三维的场地，摄影机实时匹配到画面里，再把跟踪录取下来的真实摄影机姿态给到渲染平台去匹配三维角色、三维背景或者真实的人物，这是后期前置的一个流程。透视匹配之后，导入的虚拟角色看起来就像站在实拍演员旁边一样。虚拟场景的延伸和占位特效也可以在 Previz 阶段添加，这个阶段加的所有内容都可以进行快速操作和调整，为后面的制作流程节省大量的时间和精力。

以下是主要的文字分镜剧本样式：

动作或者景象前面加大括号"{}"：用来表示景别与镜头等的提示内容。

动作或者景象前面加方括号"[]"：用来表示空镜、画外音、商标、字幕、推出片名等其他信息，大多是强调不是拍摄画面本身有的，而是多个画面合成的。

右下方基本是分镜的转场方式。

（三）剧本创作的注意事项

1. 勿变成小说的创作

剧本写作和小说写作是不一样的，剧本的创作主要是用文字来表达一连串的画面，所以要让看剧本的人见到文字能够即时联想到一幅画面。小说不同，它除了写出画面感外，更包括抒情句子的使用、修辞手法的运用和角色心理的描写，这些在剧本里是没有的。

2. 勿缺乏动作的安排

若非剧情需要，剧本里不宜有过多的对话，否则整个故事会变得不连贯，缺乏应有的动作，在观众看起来就似在听有声读物一样，很闷。要知道，剧本写的是电影语言，不是文学语言。只适合读而不适合看的剧本不是好剧本。所以，一部优秀的电影剧本，对白越少，画面感就越强，冲击力就越大。

例如，写一个人打电话的情景，最好不要让他坐在电话旁不动，只顾说话。如果剧情需要，可以让他站起来，或拿着电话走几步，或者加一些打电话时人通常有的动作，尽量避免画面的呆板和单调。

3. 勿生成过多的枝节

剧情在主线外，不宜安排过多的副线，也不宜安排超过三条主线，当主线不止一条时，就要减少相对应的副线。例如，《天龙八部》采用了三条主线交替，在主线里依次添加次线的方式安排剧情，最后选择一条大主线来结束剧情。

一部剧本中若是写了太多枝节，在枝节中有很多的角色，穿插了很多的场景，使故事很复杂，观众可能会看不明白，不清楚作者想表达什么主题。若是在一幕电影中同时有许多个重要的角色，角色之间又有很多故事，会使观众在短时间里无法分清每一个角色的故事情节。

学以致用

1. 你是怎样理解戏剧的含义的？
2. 戏剧的创作方法有哪些？

◆ 名作欣赏 ◆

季羡林谈写作

当年，我还是学生时，从小学到大学，都有"国文"一门课，现在似乎是改称"语文"了。国文课中必然包括作文一项，由老师命题，学生写作。

然后老师圈点批改，再发还学生，学生细心揣摩老师批改处，总结经验，以图进步。大学或其他什么学一毕业，如果你当了作家，再写作，就不再叫作文，而改称写文章，高雅得多了。

作文或写文章有什么诀窍吗？据说是有的。旧社会许多出版社出版了一些《作文秘诀》之类的书，就是瞄准了学生的钱包，立章立节，东拼西凑，洋洋洒洒，神乎其神。实际上是一派胡言乱语，谁要想从里面找捷径，寻秘诀，谁就是天真到糊涂的程度，花了钱，上了当，"赔了夫人又折兵"。

据我浏览所及，古今中外就没有哪一位大作家真正靠什么秘诀成名成家的。记得鲁迅或其他别的作家曾说过，《作文秘诀》一类的书是绝对靠不住的。想要写好文章，只能从多读多念中来。清代的《古文观止》或《古文辞类纂》一类的书，大概就是为了这个目的而编选的。结果是流传数百年，成为家喻户晓的书，我们至今尚蒙其利。

我从小就背诵《古文观止》中的一些文章，至今背诵上口者尚有几十篇。从小学一直到高中前半，写作文用的都是文言。在小学时，作文不知道怎样开头，往往先来上一句"人生于世"，然后再苦思苦想，写下面的文章。写的时候，有意或无意，模仿的就是《古文观止》中的某一篇文章。

在读与写的过程中，我逐渐悟出了一些道理。现在有人主张，写散文可以随意之所之，愿写则写，不愿写则停，率性而行，有如天马行空，实在是潇洒之至。

这样的文章，确实有的。但是，读了后怎样呢？不但不如天马行空，而且像驽马负重，令人读了吃力，毫无情趣可言。

古代大家写文章，都不掉以轻心，而是简练揣摩、惨淡经营、句斟字酌、瞻前顾后，然后成篇，成为一件完美的艺术品。这一点道理，只要你不粗心大意，稍稍留心，就能够悟得。欧阳修的《醉翁亭记》，通篇用"也"字句，不是一个最明显的例子吗？

元刘埙的《隐居通议》卷十八讲道：古人作文，俱有间架，有枢纽，有脉络，有眼目。这实在是见道之言。这些间架、枢纽、脉络、眼目是从哪里来的呢？回答只有一个：从惨淡经营中来。

对古人写文章，我还悟得了一点道理：古代散文大家的文章中都有节奏，有韵律。节奏和韵律，本来都是诗歌的特点；但是，在优秀的散文中也都可以找到，似乎是不可缺少的。

节奏主要表现在间架上。好比谱乐谱，有一个主旋律，其他旋律则围绕着这个主旋律而展开，最后的结果是：浑然一体，天衣无缝。读好散文，真如听好音乐，它的节奏和韵律长久萦绕停留在你的脑海中。

最后，我还悟得一点道理：古人写散文最重韵味。提到"味"，或曰"口味"，或曰"味道"，是舌头尝出来的。中国古代钟嵘《诗品》中有"滋味"一词，与"韵味"有点近似，而不完全一样。

印度古代文论中有 rasa（梵文）一词，原意也是"口味"，在文论中变为"情感"（sentiment）。这都是从舌头品尝出来的"美"转移到文艺理论上，是很值得研究的现象。这里暂且不提。

我们现在常有人说："这篇文章很有味道。"也出于同一个原因。这"味道"或者"韵味"是从哪里来的呢？

细读中国古代优秀散文，甚至读英国的优秀散文，通篇灵气洋溢，清新俊逸，绝不干瘪，这就叫作"韵味"。

一篇中又往往有警句出现，这就是刘埙所谓的"眼目"。比如骆宾王《为徐敬业讨武曌檄》中的"一抔之土未干，六尺之孤何托！"两句话，连武则天本人读到后都大受震动，认为骆宾王是一个人才。

王勃《滕王阁序》中有两句："落霞与孤鹜齐飞，秋水共长天一色。"也使主人大为激赏。这就好像是诗词中的炼字炼句。王国维说：有此一字而境界全出。我现在把王国维关于词的"境界说"移用到散文上来，想大家不会认为唐突吧。

纵观中国几千年写文章的历史，在先秦时代，散文和赋都已产生。到了汉代，二者仍然同时存在而且同时发展。散文大家有司马迁等，赋的大家有司马相如等。

到了六朝时代，文章又有了新发展，产生骈四俪六的骈体文，讲求音韵，着重词彩，一篇文章，珠光宝气，璀璨辉煌。

这种文体发展到了极端，就走向形式主义。韩愈"文起八代之衰"，指的就是他用散文，明白易懂的散文，纠正了骈体文的形式主义。从那以后，韩愈等所谓"唐宋八大家"的文章，就俨然成为文章正宗。

但是，我们不要忘记，韩愈等八大家，以及其他一些家，也写赋，也写类似骈文的文章。韩愈的《进学解》，欧阳修的《秋声赋》，苏轼的《前后赤壁赋》等等，都是例证。

这些历史陈迹，回顾一下，也是有好处的。但是，我要解决的是现实问题。

我要解决什么样的现实问题呢？就是我认为现在写文章应当怎样写的问题。

就我管见所及，我认为，现在中国散文坛上，名家颇多，风格各异。

但是，统而观之，大体上只有两派：一派平易近人，不求雕饰；一派则是务求雕饰，有时流于做作。我自己是倾向第一派的。我追求的目标是：真情流露，淳朴自然。

我不妨引几个古人所说的话。元盛如璋《庶斋老学丛谈》卷中上说："晦庵（朱子）先生谓欧苏文好处只是平易说道理。又曰：作文字须是靠实说，不可架空细巧。大率七八实，二三分文。欧文好者，只是靠实而有条理。"

上引元刘埙的《隐居通议》十八说："经文所以不可及者，以其妙出自然，不由作为也。左氏已有作为处，太史公文字多自然。班氏多作为。韩有自然处，而作为之处亦多。柳则纯乎作为。欧、曾俱出自然。东坡亦出自然。老苏则皆作为也。荆公有自然处，颇似曾文。唯诗也亦然。故虽有作者，俱不免作为。渊明所以独步千古者，以其浑然天成，无斧凿痕也。韦、柳法陶，纯是作为。故评者曰：陶彭泽如庆云在霄，舒卷自如。"

这一段评文论诗的话，以"自然"和"作为"为标准，很值得玩味。所谓"作为"就是"做作"。

我在上面提到今天中国散文坛上作家大体上可以分为两派，与刘埙的两个标准完全相当。

今天中国的散文，只要你仔细品味一下，就不难发现，有的作家写文章非常辛苦，"作为"之态，皎然在目。选词炼句，煞费苦心。有一些词还难免有似通不通之处。

读这样的文章，由于"感情移入"之故吧，读者也陪着作者如负重载，费劲吃力。读书之乐，何从而得？

在另一方面，有一些文章则一片真情，纯任自然，读之如行云流水，毫无不畅之感。措辞遣句，作者毫无生铸硬造之态，毫无"作为"之处，也是由于"感情移入"之故吧，读者也同作者一样，或者说是受了作者的感染，只觉得心旷神怡，身轻如燕。读这样的文章，人们哪能不获得最丰富活泼的美的享受呢？

我在上面曾谈到，有人主张，写散文愿意怎样写就怎样写，愿写则写，愿停则停，毫不费心，潇洒之至。这种纯任"自然"的文章是不是就是这样产生的呢？不，不，绝不是这样。

我谈过惨淡经营的问题。我现在再引一句古人的话，《湛渊静语》引柳子厚答韦中立云："故吾每为文章，未尝敢以轻心掉之。"上面引刘埙的话说"柳则纯乎作为"，也许与此有关。

但古人为文绝不掉以轻心，惨淡经营多年之后，则又返璞归真，呈现出"自然"来。其中道理，我们学为文者必须参悟。

1997 年 10 月 30 日

（资料来源：季羡林《季羡林谈写作》2007 年 3 月）

项目七　新闻写作

本项目新闻写作，就是在校学生在专业课课程学习、实践、实习等过程中所使用的各种新闻写作理论，它的理论性强，具有很强的权威性。学习这一理论，学生能够切实了解和解决自己在学习过程中的实际问题。写作绪论当中的理论具有很强的理论性、指导性、权威性。

【学习目标】

1. 理解各种新闻文体的概念。
2. 掌握各种新闻文体的写作方法。
3. 会将所学理论应用到实际的新闻文体写作上。

任务一　消　息

任务设计

掌握消息的写作方法及理论。

知识探究

一、消息

消息就是指以记叙为主要表现手段，用简洁明快的语言或图片，对国内外新近发生或正在发生的具有传播价值的事实进行迅速及时报道的文体。广义的新闻，是消息、通讯、特写、新闻评论等诸种新闻文体的总称。狭义的新闻，则专指"消息"。

二、消息的基本特征

1. 消息必须交代清楚何人、何时、何地、何事、何因，这是新闻界认同的"新闻

五要素"。另外，还有人给新闻加了一个"要怎么样"，则又有"六要素"之说。消息应当具备"六要素"，才能把事件的始末讲清楚，使人们有一个完整的、清晰的了解。如国外新闻学教材广泛引用的一个典型例子的第一段是这样写的：

萨莫亚·阿庇亚3月30日电：南太平洋沿岸有史以来最猛烈、破坏性最大的风暴于3月16日、17日袭击了萨莫亚群岛。结果，有六条战舰和其他十条船只要么被掀到港口附近的珊瑚礁上摔得粉身碎骨，要么被掀到阿庇亚小城的海滩上搁浅。与此同时，美国和德国的142名海军官兵有的葬身瑚礁上，有的则在远离家乡万里之外的无名墓地上，为自己找到永远安息的场所。

这条消息写出何时（3月16日、17日）、何地（萨莫亚群岛）、何人（美国和德国战舰和船只上的官兵）、何事（六条战舰和十条船只被摔得粉身碎骨或搁浅，以及142名官兵死亡）、何因（遭南太平洋有史以来最猛烈、破坏性最大的风暴袭击）。但是，新闻发展到现代，有人主张，只要有时间、地点、事件三个不可少的要素就可以，其他要素可有可无，尤其在简明新闻中，无何人、何因这两个要素，也不影响消息的完整性。

2. 迅速及时，简短明快

消息，贵在新，必须快。"当日新闻是金子，隔日新闻是银子。"新闻的时效性极强，因为新闻是"易碎品"。对党的方针政策，对新形势、新动向和新问题，对新人新事新风尚，必须及时反映。如一些重要的外事活动、会见、声明，重要的庆祝活动，重要的会议的报道，均需当天见报或播出，否则就成了马后炮。迅速及时要做到事实是新的，报道是快的。

消息的"新"，包括内容新、时间新、角度新。内容新是指提出新问题、新成就、新经验、新风尚，国内外政治、经济、文化等方面的新动态。时间新是指时间要快，快是新闻的生命。

"时间新"还有另一层意思，除了"当日新闻""新"以外，"阶段性新闻"也叫"新"。如某人20年出满勤，某司机安全行车10万公里，某女纺织工80万米无疵布。这些材料需要一个阶段验证，全过程较长，为了讲求政策性、科学性，则需晚一些报道。角度新，指同一个内容的新闻可以从多个角度报道，有的可以从正面，从领导角度报道；有的可以从侧面，从群众角度报道；有的可以从群众来信角度报道；等等。简短明快，指新闻一般篇幅短小，文字简明扼要。有的消息仅几个字或几十个字，多数消息的篇幅在二三百字或四五百字。

3. 真实、准确

新闻的内容必须完全真实准确。它报道的人物应确有其人，所写的事件要确有其事；细节材料真实可信，援引的数字准确无误。总之，写的内容要做到有案可查，有证可对，不允许虚构。新闻的生命，只有真实才能取信于民。如果说文学以形象说话，那么消息就是用事实说话，任何一点虚假都与消息水火不容，同时也是违背新闻道德的。

4. 寓理于事，叙述为主

在消息中，作者通过事实的选择、组织和叙述，体现出思想倾向，亦即"寓理于事"。消息用的主要表达方式是叙述，消息的叙述，不要求详尽地展开事实的全过程，也不要求细致地表现人物行为变化，而只以简明扼要、精练概括的语言把重要事实叙述出来，除了必须交代的时间、地点、人物（单位、部门）、结果外，事件的环境、条件和过程只需写出轮廓。

新闻严禁抒情。叙述中尽量避免议论，但水到渠成、画龙点睛的议论也不能一概排斥。新闻述评就是边叙边议的。新闻中也允许描写，用以渲染气氛，增强感染力，但忌写得过细。

三、消息的类别

按新闻事实发生的地域和范围来分，可将消息分为国际新闻、国内新闻和地方新闻；按报道的内容来分，可将消息分为政治新闻、经济新闻、科技新闻、文教新闻、军事新闻、体育新闻等；按传播工具来分，可将消息分为报纸新闻、广播新闻和电视新闻；等等。我们从写作角度来划分，可将消息分为动态消息、经验消息、综合消息、述评消息四种类型。

（一）动态消息

动态消息，也称"纯新闻"，是最常见的消息类型，它迅速及时地报道国内外正在发生或新近发生的新闻事实，是反映新事物、新情况、新动向的主要的消息体裁，是一种重要的应用文体，也是应用写作学科研究的重要文体之一。在新闻中，动态消息就是准确、迅速地报道新近发生的或正在发生的国内外重大事件、新闻事实的一种消息形式。它是最能鲜明、直接体现新闻定义，及时传递信息、沟通情况的一种消息形式。

动态消息比较鲜明集中地体现了消息的特征与优势，其突出特点有：

短——它篇幅较小，文字简短，一般只有三五百字，讲求用事实说话，表述直接，语言简洁。

快——它能及时地报道新近或正在发生的事实，使读者迅速地获得对事物现状的了解。

新——它报道的都是新事物、新现象、新情况，提供给读者最新鲜的信息。

（二）经验消息

经验消息是对具有普遍意义的典型经验或新闻人物的报道，也称"典型消息"或"典型报道"。

经验消息一般有两种类型：

一是单一经验型。一篇消息只介绍一条经验，篇幅小，中心突出。报道公安派出所工作经验，通常是单一经验型消息。

二是多条经验型。一篇消息介绍几条经验或措施。

经验消息是报道某一部门或单位工作中的新的做法或典型经验，用以推动全局，指导实践的一种新闻形式。经验消息使人读后受到启发，它能提供某一方面的样板，对人们的实际工作有指导作用。写经验消息要注意以下几点。

一要选择典型经验，反映普遍意义。

二要有新闻特点，不是一般总结。要从某项工作经验中选择最有新闻价值的方面、问题或角度来写，甚至取其中某一精彩之处加以报道就行，不可面面俱到。

三要写具体事实，避免空洞的道理和抽象的概念。要把事实反映出来，让人读后，感到看得见，摸得着，容易理解，有说服力。

四要交代必要的背景和条件。有许多经验和做法，是在特定的条件下产生的，应该说明产生的客观条件，正确反映其指导思想。阐述问题时，不要形而上学，避免片面性。

五要力求写得生动活泼，有感染力。要做到这一点，就要用生动事实来反映经验。经验消息，多用逻辑顺序写作。例如，《光明日报》2007年2月26日刊载的《就业和谐人和谐》一文：长期以来，清华大学把做好毕业生就业工作作为学校"培养人"中心任务的一个重要环节常抓不懈。清华的教师们都有这样一个理念：就业工作是学校育人工作的重要内容，所有教师都应关心就业、支持就业、推动就业。与此同时，还要实现就业工作的全程化，要从学生入校的第一天开始，就对他们进行择业观、成才观、价值观的教育，使之贯穿学生学习成长的全过程。这是一篇很好的经验消息，介绍了清华大学从新生的职业生涯规划开始抓起，坚持就业工作是学校育人工作的重要内容，寻求人才培养与社会需求的契合点，实现和谐就业、构建和谐校园的办学经验（结合近期新闻具体讲解）。

（三）综合消息

综合消息是围绕一个中心，把不同地区、不同战线、不同部门的同类情况，综合起来加以报道的一种消息。综合消息的特点是报道面广，声势较大。

综合消息，即报道的不是发生于一时一地的具体事件，而是对较长时间和较大空间范围的某一重要问题、某一方面工作进行综合性报道。综合消息报道容量大，有声势，能对实际工作和读者产生较大影响。综合消息应当有材料，有观点，有分析，有综合，做到材料和观点统一，分析和综合相辅相成。材料要扎实，观点要鲜明，分析要透彻，综合要抓住本质。这样，才能有说服力。因此，采写综合消息既要综观全局，又要有典型事例，写出层次和深度，切忌概念加例子，成为一盘"大杂烩"。

1．分类

（1）横向综合消息

这类消息把一个地区、一个系统内发生的有共性的多个新闻事实综合起来，反映全局性的总体趋向。所综合的新闻事实之间是并列关系。结构的基本形式是总分式，即总摄性导语后，并列若干具体的新闻事实，有的还有总括性结尾。在写法上，可以按地区并列，也可按单位并列。

（2）纵向综合消息

这类消息不但反映事物在全局范围内发生发展的总体趋势，而且反映事物发展变化的阶段性。所综合的各个新闻事实既是构成新闻总体的几个侧面，又内含递进关系，每增加一重事实，就反映着事物发展的几个阶段，对于主题的揭示也就深一个层次。这类消息的结构犹如彩线穿珍珠，彩线就是新闻事实的内在逻辑和内在意义，珍珠就是一个个新闻事实。

（3）纵横结合综合消息

2. 特点

综合消息的特点是报道面广、声势大。但由于事实不是发生在一个地区、一个单位，时间也不尽同步。因此，在写作时，要站得高、看得远，纵横数千里，上下若干年，有关的事实尽收眼底，然后再紧紧围绕同一主题，精心选择和组织材料，将观点、概括性材料——面上的材料和具体事例——点上的材料很好地结合起来，点面结合、由点带面，做到既扎实又可信，既展现出事物的深度，又展现出事物的广度。

另外，在综合信息中，分析也是至关重要的，有了对素材的分析和提炼，才能写出事物的本质意义，才能提炼出作者的观点，整篇消息才不是空讲道理或者材料的堆砌，才具有了综合性、宏观性和指导性。

3. 综合消息和动态消息的区别

（1）综合消息报道的是一个时期里，发生在某一地区、某一系统的带有全局性的新情况、新动向、新成就、新问题，是多个单位里发生的具有共同性质的多个新闻事实的综合。

动态消息，一事一报，新闻涉及的范围多是一个局部、一个单位、一个点。

（2）综合消息也是用事实说话，但必须在叙述事实的基础上，从众多新闻事实中，概括提炼出一个共同的主题，或点化于标题、导语中，或见之于主体文字。它报道面宽，声势大，给人以总体性印象。

动态消息中记者的观点、报道的主题，常常隐藏在对事实的叙述中。

（3）综合性消息不仅反映新闻事实本身，它还具有拓展性，反映新闻事实的总体状况、发展趋势，以补充和丰富事实的传达，因此它取材广泛，报道面广，声势较大。

动态消息取材单一，事实集中、连贯。

（4）综合消息能对实际工作和读者产生较大影响，有材料，有观点，有分析，有综合，材料和观点统一，分析和综合相辅相成。采写综合消息时既要综观全局，又要有典型事例，层次和深度兼顾。

动态消息直接叙述，只是单一地传递事实发生的信息，通常对受众没有太大的影响性。

（四）述评消息

述评消息是一种边叙边评、夹叙夹议的消息类型，它介于新闻和评论之间，既报道新闻事实，又在报道的同时对新闻事实的性质、特点、发展前景等做出分析、解释、评价。

述评消息的内容，可以是政治、经济、军事、科技、文教等方面的形势和动态，可以是某一阶段工作的经验、情况或问题，可以是社会上出现的具有代表性、倾向性的思想、思潮，还可以是呈现错综复杂变化发展的重要事件。

1. 分类

（1）形势述评

这是对国际或国内的政治、经济、军事、外交等方面的形势进行述评的消息。它的特点是视界广阔、气魄宏大，既着眼于目前，又有一定的前瞻性和预测性。写作的目的是帮助读者对其普遍关心的重要领域的当前状态、发展前景有一个准确、全面的认识。

（2）工作述评

这是对某一行业某一部门的主要工作现状进行述评的消息。它针对工作中出现的新情况、新问题，进行深入的分析研究，提出新的意见和建议，以帮助有关单位发现问题、制定策略、采取措施，从而促进工作的开展。

（3）思想述评

这是对当前具有倾向性的思想状态进行述评的消息。在一个特定时期内，往往会有一种普遍性的思想倾向，它影响着人们的行为，显示着某种动向。或许，这种思想倾向是积极的，应该加以肯定的；或许，这种思想倾向背后隐藏着不易发现的消极因素，任其发展可能造成危害。这时，新闻工作者有义务以事实为依据，进行深入探讨，帮助读者明辨是非，提高认识。

（4）事件述评

一个新闻事件发生之后，如果觉得只客观性地报道事件的过程和前因后果，不能使读者清楚地认识这个事件的真正本质，作者就可以出面议论，一面报道事实，一面指出事件的性质、特点和意义。这样写出来的消息，就是事件述评。

2. 特点

（1）具有很强的评论性。动态消息、综合消息、经验消息等其他消息体裁，在写作过程中有时也会有一言半句的评论，但是整个中心在述不在评。述评消息则不同，虽然从文字数量看，仍是述多于评，但从展现的内容看，则是评重于述。所以，述评消息具有很强的评论色彩。

（2）具有很强的针对性。述评消息，总是针对新闻事实中一些不甚明了的内涵、意义，或是新闻人物的一些言行，或是受众中普遍存在的一些似是而非的问题、现象，通过典型事例的叙述，进行针对性很强的评论，以达到引导受众、指导舆论的目的。

3. 写作要求

（1）选题要大中取小，写作要小中见大

述评消息的题目切忌宽泛，口子开得很大就很难"聚焦"。题目越具体越好，越具体的题目，主题就越集中。述评消息的选材，要抓住那些能够反映具有普遍意义的重大问题的具体事件，以小见大地反映主题，烘托主题。写作时要从事实到论述，就事论理，揭示事件的本质。

（2）要依据典型事例有感而发

述评消息涉及的问题和事情比较多，要对材料进行概括和提炼，尽可能抓住具有一定代表性和普遍性，又是广大受众所关心的问题的典型事例，缘事而发，引出观点。事例典型，评论才有牢固的基础，立得起，站得住。

（3）评论要鲜明别致

一般消息，都只是客观地报道事实，而不发表作者的评论；而述评消息则不同，它并非以交代新闻事实为主要目的，而是记者直接站出来，就一些重大问题借事论理，引出一些值得深思的问题。所以，在评论时，提倡什么，反对什么，赞成什么，鞭挞什么，要旗帜鲜明，理直气壮。

例如,《奥运火炬承载博大、宽容、深厚的爱》(新华网希腊约阿尼纳 2008 年 3 月 25 日电)(节选)(记者马邦杰、李丽)4 年前雅典奥运火炬接力留下了一个永恒的瞬间:贝利手持火炬激动地回首掩面而泣。相信看过这个镜头的人们都会为"球王"的真情和奥林匹克圣火的圣洁而深受感染。坚强的贝利为何潸然泪下?他说,当他举起火炬的那一刻,他感觉自己好像突然得到神的启示,感受到火炬承载的博大、宽容、深厚的爱。贝利领悟到奥运火炬传递的真谛。这是一个神圣的仪式,在世界范围内传播高贵的奥林匹克运动的理想和精神,为全人类祈求公正、和平、理解和友谊的降临。

文章边报道雅典奥运会时球王贝利潸然泪下,边评论贝利流泪是因为他领悟到奥运火炬传递的真谛。奥运圣火代表的是整个人类无所畏惧的正义力量,进一步说明任何干扰破坏之企图必将惹起人神共愤,必将遭到可耻的失败。

四、消息的结构

(一)"倒金字塔结构"

这种结构把最重要的内容放在消息的最前面,把次重要的内容放在稍后,依据材料的重要性依次排列。它的好处是符合新闻的特点,把最重要的事实摆在第一段,可以避免一般事实掩盖了重要的事实。便于读者阅读,也便于编辑及时、有效地处理稿件,制作新闻标题。它的局限性是程序固定、单一,掌握不好,容易写得呆板、生硬,与标题、导语、主体重复,适宜写时效性强、事件单一的新闻。这种结构要具备"五个 w" (When 何时, Where 何地, Who 何人, What 何事, Why 何故),简称"五何"或"五个 W"。

【他山之石】

《卧龙圈养大熊猫将全部疏散》(《人民日报海外版》2008 年 7 月 6 日),将最重要的事实——"卧龙圈养大熊猫将全部疏散"直接放在导语中。

《醉酒后 6 次上高楼扔自行车 央视前导演获刑 8 个月》(人民网——《京华时报》2008 年 11 月 25 日),将整个消息最重要的事实内容"冯某的行为构成寻衅滋事罪,获刑 8 个月"直接放在了导语中。

《全球大学生今年就业难》(《环球时报》2008 年 11 月 11 日),文章开门见山,切入主题,受全球金融风暴冲击,欧美经济体的失业率大幅攀升,全球就业市场面临巨大压力,而对于那些刚刚走出校园的大学毕业生,就业前景更是艰难。

(二)"金字塔结构"

"金字塔结构"是相对"倒金字塔结构"而言的,它依据事件发展的顺序来写。事件的开头,便是消息的开头,事件的结尾,便是消息的结尾。直到最后,才把事情的结果、最重要的材料显示出来。

【他山之石】

《儿童节:中国孩子"含泪的笑"令世界动容》(新华社北京 2008 年 5 月 31 日电),叙述汶川地震中一个个典型的英雄少年的事迹,最后道出文章的主旨:灾区的孩子,展示了他们的坚强、无私与勇敢；这些日子里，更多的孩子，让世人看到的，是他们心心相通、源源不断的爱。

(三)"悬念结构"

"悬念结构"抓住读者急于了解事实结果的心理，抓住事件发展的关键性环节，把读者一步一步引向事件的高潮。"悬念结构"适合于那些故事性较强，以情节取胜的新闻，尤其是适合写现场目击记。它的局限是其精华部分往往在中间和后边，读者读完全文，才能了解事件的真相。

五、消息的一般写作方法

前边讲过的四类消息中，述评消息的方法比较特殊，其他三类：综合消息气势开阔，强调"综合"；经验消息介绍经验，重在"总结"，但写法上与动态消息较接近。为此，我们把它们并在一起，谈谈它们的写作。

消息的结构一般由标题、导语、主体、背景材料和结尾五个部分组成。

(一)标题制作

新闻标题就是新闻的眼睛，新闻的精神和提要。读者打开报纸首先浏览标题，然后再决定该选哪些新闻，可见精心制作标题是何等重要。好的标题能吸引读者的注意力，唤起读者的兴趣，能概括、集中地反映新闻内容，能显示消息的地位，点出主题，以帮助读者理解消息的内容，抓住要点。

1. 标题的特点与写作

消息的标题与任何一种文体的标题不一样。它的一个显著特点是内容具体、含义明确、鲜明引人、虚实相间、简洁明快。

在报纸上，一则消息往往不止一行标题，各行标题所用文字的字体和字号大小也不一样。消息的多行标题是指除了正题之外，还常有引题和副题。

标在中间，字号最大的一行叫"正题"，亦称"主题""主标""大标题"；标在正题之上的题目叫"引题"，亦称"眉题""肩题""上副题"；标在正题之下的题目叫"副题"，亦称"辅题""子题""下副题""副标""次题"等。

引题：起着"先行官"作用，或叙事或提问或颂扬。它的作用有：揭示新闻的指导思想和事件的意义；揭示消息的内容要点、新闻来源、行为主体；交代背景、形势；说明原因、烘托气氛，以引出正题，读新闻从此入手。文字上多用比喻、借代、引用、对照等修辞手法，以及抒情等表达方式。有时正题为"虚题"时，引题还要点明"主题"，为正题的引出做好必要的准备或说明。引题可以从事、理、情三个方面对正题进行补充。它的字号小于正题，可以大于副题；字数通常少于副题，最好不超过一行，可以使用对联式（即眉题）。

正题：揭示一则消息的最主要事实和主要意义，它是新闻的主要思想的说明或概括。没有正题，新闻标题就不能成立。多数情况下，正题使用一行标出，且多是独立的句子，也有两行的，叫双主题。在整个标题中所用字号最大，居于显要地位。正题只标出新闻中重要事实的核心部分，即发生了什么事；至于此事发生的原因、背景、意义及环境气氛等，可以写成引题。

副题：一般多是新闻主要事实或结果的提要。它也是对正题的说明、补充、解释，用的是次重要事实。如果正题只标出发生的事件，那么副题则是补充说明事件的结果；如果正题只标出主要事实，那么次要事实就由副题补充；如果正题表述的事实极为概括，或只阐明某种思想观点，那么具体事实则由副题标出，副题就起着印证和注释正题的作用。可见，副题一般只叙事，不抒情，不务虚，对正题进行具体细节上的补充和发展。其形式是单独成行，或数行并列，这要视内容而定。有的几个字，有的上百个字，但宜少不宜多。要说明的是，新闻不是每则都要"多行"标题不可，多数短消息只标正题，有些消息兼有引题、正题；有些则可以正题、副题并用。

2. 制作标题时应注意的事项

（1）虚实相间，相得益彰

虚实相间是新闻标题的另外一个特点，即双层标题（实题与虚题）。新闻标题中，揭示主要内容或结果，即回答"谁""怎么样"的标题叫"实题"；交代形势、点明背景、烘托气氛、表明作者立场倾向的部分叫"虚题"。实题主要准确地叙述事件并列数据做出判断；虚题要用多种修辞手法，讲求语言的文采和形象性。凡多行标题，应"虚实相间"，各部分互相配合，互相补充，使之达到相得益彰的效果。一般地说，引题多为虚题，副题多为实题，正题可虚可实，或虚实结合。例如，"我国考古工作取得新突破"为引题，也是虚题，"秦始皇安眠两千载，项羽不是盗墓人"为正题，也是实题。

（2）题文一致，一语中的的标题是从新闻的内容中提炼

标题是对新闻内容进行概括总结出来的，所以标题一定要忠于原义，进行评断时，一定要以内容为依据。

（3）简洁明快，生动新颖

生动新颖，指标题要形象、具体，给读者以感染力，出新意勿雷同。可以用拟人、比喻、借代等手法拟题。例如，"一道公文背着 39 颗印章旅行""为君报道春消息，今年花胜去年红""'金凤凰'飞进'光棍堂'"等消息的标题就很生动、简明。

（二）导语的写作

所谓导语，即紧接消息电头（指"×××社××地××日电"或"本报讯"的字样，一般以黑体标明）之后的第一句或第一段文字。它是开头部分，是一则消息里最有价值、最精华部分的概述，起到开门见山、画龙点睛的作用。导语概括的是消息中最主要的事实，读了导语，即可了解全篇。在导语中，一般要求写明"谁"（某人、某单位）、干什么（事件）、结果怎样等几项内容。

1. 导语的特点与写作要求

（1）开门见山，揭示主题

消息导语必须开门见山，以洗练、简括的语言标出新闻中最主要的内容，鲜明地点出新闻的主题，让读者对新闻有一个总的认识，引起阅读兴趣。

（2）提纲挈领，统率全篇

导语是"消息中的消息"（许多简讯就是截取导语而成的），是消息的"浓缩"。在导语中，应明确地交代出"五个 W"，至少也要写出人、事、因（果）来。

（3）简明新颖，善于概括

不要在导语中堆砌过多事实，或写进过多的背景和附加语。

2. 导语的几种写法

（1）叙述式导语

用概述的方法，简明扼要、开门见山地把最新鲜最重要的事实写在消息的开头。这种导语是新闻中最基本、最常用的方法。

（2）摘要式导语

用摘取的数据或有可比性的事例突出消息的内容要点。

（3）提问式导语

先提出问题，然后引出下文并予以回答。多为经验消息采用。

（4）评论式导语

如：开头先概述事实，然后对这一事实发表精辟的评论，做出判断。

（5）描写式导语

对新闻所处的环境，从现场、气氛写起，做简要的描写，以造成现场感。

（6）比兴式导语

"比"即"比喻"，"兴"即"联想"。这是借鉴我国古典诗歌中传统的方法，用诗句、谚语等作为开头。

（三）主体的写作

消息的主体是在导语之后，对消息的内容做进一步的叙述或说明的部分，也是发挥主题、表现主题的决定性部分。它承担两个任务：对导语里提到的主要事实加以阐述；补充导语里未提到的次要材料，使新闻内容更完整。一条新闻可以无导语或背景，也可以无结尾，但绝对不能没有主体。

主体可视新闻的大小，写成一段或数段。

1. 消息主体的结构方式

（1）时间顺序

即按事物的自然发展时间先后来安排结构。

（2）逻辑顺序

即按事物的内在联系、问题发展的逻辑来安排结构。其中有主次关系、因果关系、总分关系、并列关系、点面关系等。

（3）纵横关系

即按时间顺序和逻辑顺序相结合的方式安排结构。

2. 主体写作注意事项

（1）叙述事实时，通常把重要的、新鲜的材料放到前边写，然后写次要的、更次要的。

（2）以时间顺序为结构的写法，要注意精心选材，突出重点，忌平铺直叙；以逻辑顺序为结构的写法，要注意弄清事物内部关系，防止形式主义排列组合，散乱无主。

（3）力避与导语的文字相重复。在导语里说过的，主体里不要再说，只能顺理成章地回答导语中提出的问题。

（4）力求内容翔实，语言平实简练。可以运用多种写作手法，例如描写、议论等，使消息更生动些。

（四）背景材料的运用

消息的背景是新闻事件发生的历史原因和环境。它说明新闻事件发生的具体条件、性质和意义，为充实内容、烘托和发挥主题服务。在一则消息中，背景材料不是独立部分，它往往穿插在主体中或结尾与导语里。

1. 常见背景材料的种类

（1）说明性背景材料

介绍新闻事实的政治背景、地理环境、历史演变、思想状况、客观条件、生产面貌、发展变化等，以说明事件产生的原因、条件和环境。

（2）注释性背景材料

对人物出身、经历，产品性能、特点，以及专用术语、技术知识、历史典故、风俗人情等做解释或介绍，使人们明确它们的含义、由来。

（3）对比性背景材料

对事件进行前后左右正反、今昔、彼此等对比，以突出要报道的事件的意义，或明确主题思想。

2. 背景写作要求

（1）要有明确目的，紧扣主题，说明主体不言自明的事情略而不述，众所周知的不再重复。

（2）实事求是，有针对性地回答读者关心的问题。

（3）简要恰当，少而明，少而精，背景不宜写得太多。

（五）结尾的写作

消息的结尾是事件发展的自然结果，在全文中起着总收全文的作用。消息结尾要求不严，有的消息说完即止，似无结尾，简讯就无结尾。常见的结尾写法有以下三种。

（1）小结式：概括性地小结消息的内容，以加深读者印象。

（2）启发式：写出新闻事实的发展趋势，引起读者关注。

（3）号召式：在结尾处发出号召，唤起读者响应。

结尾写作的要求：

（1）尽量避免与导语雷同。

（2）写得生动、活泼，避免空话、套话、公式化。

✏️ **学以致用**

1. 你是怎样理解消息的含义的？

2. 消息的写作方法有哪些？

任务二　通　讯

任务设计

理解通讯的写作方法及理论。

知识探究

一、通讯的概念

通讯，是运用叙述、描写、抒情、议论等多种手法，具体、生动、形象地反映新闻事件或典型人物的一种新闻报道形式。它是记叙文的一种，是报纸、广播电台、通讯社常用的文体。它包括人物通讯和事件通讯两类。它和消息一样，要求及时、准确地报道生活中有意义的人和事，但报道的内容比消息更具体、更系统。

下面介绍一本优秀的通讯作品：范长江《中国的西北角》。

周恩来对范长江的评价是："我们惊异你对我们行动的研究和分析。"

胡愈之是这样评价《中国的西北角》的："《中国的西北角》是一部震撼全国的杰作。"

《中国的西北角》内容简介：

1935 年，在中国工农红军进行长征的过程中，年仅 26 岁的范长江，为了深入了解红军北上抗日对于整个中国政治动向的影响，以天津《大公报》特约通讯员的身份，只身赴大西北进行实地考察和采访。5 月 18 日，范长江从上海乘船溯江西上，到达成都。7 月 14 日离开成都，踏上了西行之旅。他一路采访，途经四川江油、平武、松潘，甘肃西固、岷县等地，两个月后到达兰州。又向西深入到敦煌、玉门、西宁，向北到临河、五原、包头等地进行采访。

范长江在采访活动中，不畏艰险，穿过罕无人迹的原始森林，翻越空气稀薄的雪山，历时 10 个月，行程 4000 公里，写下了大量的旅行通讯，其中最重要的是他记载了红军长征的真实情况。

这些通讯陆续发表于《大公报》后，在全国引起了强烈的反响，《大公报》的发行数量陡增。不久，当这些通讯汇编为《中国的西北角》一书后，出现了读者抢购潮，"未及一月，初版数千部已售罄，而续购者仍极踊跃"。

【简评】范长江的通讯集《中国的西北角》是旅途通讯的经典之作，在中国现代新闻史上具有里程碑般的意义。《中国的西北角》表现手法既丰富又独到，具有格局特别的评论性：气势恢宏的政论，援古证今的史论；摇曳多姿的笔法：散文笔法、杂文笔法、曲径通幽、对比反衬、烘云托月、抑扬自如；风土人情的生动描绘：自然景物的描

写采用中国画写意笔调，风情习俗的描摹铺张扬厉，极尽动感和力量，表现少数民族的勇敢和纯朴。

二、通讯和消息的异同

通讯与消息有以下不同之处：消息的标题有引题、正题和副题，通讯有时只有一个正题，有时在正题下设有副题，用破折号引起，说明所写的对象；消息只进行简短的客观的报道，一般不做详细的描述，而通讯的描述相对详细，作者可以站出来抒发情感；消息的开头有电头和导语，而通讯则没有电头和导语，作者可以根据自己的需要写作。

（一）通讯与消息的相同点

1. 要求真实

消息和通讯都要求绝对真实，不仅所报道的人物应该确有其人，所述的事件确有其事，细节的材料真实可信，数字的援引准确无误，人物的语言有证可对，就连心理的描写、环境的衬托等，也都要求是生活的"实录"，不允许任何哪怕是细枝末节上的虚构和想象。

2. 要求时效

通讯和消息都要求时效性，相比较而言，消息的时效性要求更强。

随着社会生活和新闻事业的发展，通信工具的不断改善和进步，消息在时间性上的要求愈来愈严格。如重大的外事活动、重要会见、重大节日庆祝活动，当天或次日一定要简报，十分钟至一小时内就应该播出去。

3. 要求新闻价值

作为新闻体裁，通讯和消息的共同点就在于它们都具有新闻性。所谓新闻性包括两个方面：一是时效性，即它们都要求迅速及时地反映社会生活，反映时代风貌、时代动向、时代信息等；二是真实性，这两种文体都要求真实地反映我们生活中的真人真事，不能添枝加叶，哗众取宠，也不能移花接木，张冠李戴，更不能虚构捏造，借口骗人。

三、通讯的特征

（一）报道详细深入

通讯报道新闻事实，一般要交代事情的来龙去脉、发展过程；对一些重要环节和情景，一般要做具体描写，不能"粗陈梗概"；对新闻事实的意义及其产生的原因，要深入开掘，不能浅尝辄止；对于主要事实以及与重要事实相关的一些内容，要做适当的延伸和扩展，从而使内容显得丰富、深入。

例如 2008 年 7 月 10 日《北京晚报》上的《人肉搜索辩证网络暴力》一文，即是一篇报道极为详细深入的通讯。

在"人肉搜索"出现之后，人们对互联网"因为虚拟所以安全"的印象完全颠覆。在"人肉搜索"面前，一切变得那么"赤裸裸"。从网络虐猫到"铜须门"，再到"辽宁女事件"……"人肉搜索"显示出来的人海侦察战术，其威力让人惊悸。遭到"肉搏"

的对象，一个个于现实中被"葬送"。于是"反对网络暴力第一案"诞生了。

这一为宣扬道德正义而发展壮大的事物，如今却要接受道德和法律的双重审判。

……

整篇报道从人肉引擎的溯源、发展、壮大、拐点四个方面详细梳理人肉引擎的发展过程，还配有正反方争论，显得翔实充分，深入细致。

（二）注重思想意义

通讯的主题要有时代性，要抓住生活中、工作中带方向性的问题，要及时回答现实生活中亟须解决的问题，要具有普遍意义，能对广大群众的思想产生影响。

（三）强调形象说话

通讯不仅要用事实讲话，还要有情节、有联想，用形象说话。要有生动形象的人物活动和环境描写，在叙述事件过程时，要讲究故事性、趣味性。为了用形象说话，通讯的语言要生动形象、明快流畅；通讯中需要突出一些生动典型的情节；记叙、描写、议论、抒情等多种表达方式以及比喻、象征、排比等修辞手法都可以选用。

（四）突出评论性

通讯写作，作者的思想、倾向、观点必须是鲜明的、一目了然的，对就是对，错就是错。因此，通讯一般采取夹叙夹议的手法和由事及理的表现方式，直接揭示事件的思想意义，并评说是非，议论色彩较浓，常常表现出作者强烈的政治倾向和爱憎感情。

四、通讯的类别

（一）事件通讯

事件通讯主要报道现实生活中有深远的社会意义和思想意义的事件。可以是正面的，如《都江堰：一位女副市长的抗震实录》，《中国妇女报》2008 年 6 月 12 日；也可以是反面的，如《录取通知书丢置学校一年学生不知晓》，《中国青年报》2008 年 6 月 20 日。事件通讯的写作需要掌握以下几点。

1. 把握事件的特点

有明确的行为主体；发生的时间、地点比较具体、集中；有开头，有过程，有结尾；常常有鲜明的矛盾和冲突；有具体的原因和结果。

2. 注意展示关键情景或画面

《雷州"7·11"海难追踪》

（1）人物 1：雷州市水产局副局长

①"你们救人可以，但一定要先收足钱才能开船！"

②"救人可以，但要有钱才能开船。"

③"关于救难的事，一定要收费才能开船，而且死尸不能放进船里。"

（2）人物 2：44 岁的普通渔民黄妃赤

记者问他在自身难保的情况下怎么还敢下海救人，有些腼腆的黄妃赤低声回答说："见死不救我做不到！"

3. 以小见大，主题深刻

贫困县刮起奢侈风
——河南濮阳干部建豪宅机关盖大楼

河南省濮阳县是省扶贫开发重点县。然而，近几年来，这个县刮起了一股奢侈风：县委县政府及一些县直机关竞相建起豪华办公楼，这些单位的"头头脑脑"们也纷纷搬进高档住宅。

濮阳县刮起的这股奢侈之风，引起了当地群众的不满。知情人士纷纷通过各种渠道向上级反映，有人干脆上网发帖揭露此事。

……

分析：这是一篇获得第十八届中国新闻奖一等奖的通讯，全文2800字，观点鲜明，主题深刻。

面对一个还有数十万人没有解决温饱的贫困县，政府部门却刮起奢侈风。记者在接到濮阳县各单位争相建设豪华办公楼的情况反映后，两下濮阳进行采访，发现在一排排豪华的别墅附近却是污水横流的落后村庄。这篇通讯从"干部们讲的是排场"这一表面现象上升到"失的是民心"这一深刻主题，以小见大，极具震撼力。

在写作时，作者采用对比写法，以事为据，以理服人，使文章具有了较强的说服力和可读性。

（二）人物通讯

人物通讯是比较详尽、生动地报道新闻人物事迹与形象的一种通讯。人物可以是个人，如新华网2008年5月31日发表的《北川县委常委、副县长瞿永安："是共产党员就会以民为先"》，又如《四川日报》2008年5月27日发表的《青川人民武装部部长袁世聪：男儿有大义》；也可以是群体，如新华网2008年6月6日发表的《骤然黑暗中不灭的光亮——汶川地震基层党员干部群像》，又如新华网2008年6月26日发表的《灾难中的四个中国女性》。

"譬如，报道一个劳动模范，他做了很多事情，特别是那些老劳模，事迹更多，我们总不能把他的事迹都写进去呀……我们应该研究这位劳模和别的劳模有什么不同。一定要找出这个'不同'来。有了这个'不同'，那些最能表现这个劳模本质的材料、事迹，就站到前列来了。"

——田流

风雪中，伫立着四位"厚道"的农民工

打工数月却没拿到一分钱工资，每人每顿饭只吃两个馍，但望着欠薪老板留下的物资，他们却说：这里的任何东西我们都不会损坏，也不会卖掉，这是做人的原则！

……

尽管身无分文，但这四位农民工却认真看管着厂区存放的物资。他们说："这里的任何东西我们都不会损坏，做人要厚道，这是原则！"

分析：这篇通讯获得第十七届中国新闻奖一等奖，通讯塑造了四个鲜明的形象：冰天雪地里，瑟瑟发抖的普普通通的农民工在被老板拖欠5000多元工资，生活无着的情

况下，却坚持看管老板仓皇出走后遗留在厂内价值数万元的物资。"这里的任何东西我们都不会损坏，也不会卖掉，这是做人的原则！"掷地有声的话语凸显了朴实的农民工高尚的操守，坚守原则的农民工与不见踪影的欠薪老板，形成了鲜明对照，启人深思，发人深省。

寻找时传祥

36年前，一个人与另一个人握了一次手。

26年前，另一个人连真名也不能说地去了；这一个人后来知道后，精神便有些失常，不久便也去了。

他们死于同一场名叫"文化"的"革命"。

这一个人是个北京淘粪工人，叫时传祥。

另一个人是共和国的主席，叫刘少奇。

……

分析：《寻找时传祥》最早发表于1995年5月17日，是《工人日报》1995年推出的"重访精神高原"系列报道中的一篇。该通讯曾获1995年第六届中国新闻奖一等奖。通讯发表后引起较大的反响，先后有十余种报刊或选集转载，并被一些新闻院系选为必读篇目。

通讯通过讲述已故劳动模范、淘粪工人时传祥的平凡事迹，赞颂了时传祥"宁愿一人脏，换来万家净"，毫不利己、专门利人的为人民服务的崇高精神，高瞻远瞩地提炼出能够反映时代特征的主题，并且从这个高度表现了时传祥的思想风貌，教育青年一代树立正确的人生观，为新时代的人们打开了一扇回望历史高度的窗。放眼望去，我们看到的只是一个普通的背影，但体会到的却是一颗高尚的灵魂，一个时代的缩影。

（三）工作通讯

工作通讯是以介绍工作成绩和经验为内容的通讯。它要求介绍的经验具有典型性，能够以点带面，借以指导面上的工作。它侧重于先进典型的工作经验或某些具有普遍意义的业务经验的介绍。如《一个镇干部的"孤镇"日记》，《人民日报》2008年5月27日报道的，这是时任四川省都江堰市龙池镇党委副书记胡涛的一本工作日记，这篇通讯从一个侧面反映出了汶川地震抗灾救灾的有关情况，角度十分新颖。

工作通讯的写作需要作者掌握以下几点：

1. 作者要有人本意识、监督意识和法制意识。

例如《习近平告诫领导干部——要算一算"三笔账"》（原载《浙江日报》2004年7月16日），这是一篇获得第15届"中国新闻奖"通讯二等奖的作品，充分体现了记者的以上意识。全文600余字，共分五个自然段。以习近平"语重心长地告诫"开头，然后写一算"经济账"，二算"法纪账"，三算"良心账"，再以"在重商、安商、亲商的同时，慎独、慎初、慎微，做到两袖清风，'君子之交淡如水'"结尾，读来顺畅自然，简洁明快，一目了然。

2. 有全局观。记者先要明确党和政府现阶段的工作重心以及所研究行业领域的中心话题和亟待解决的问题。同时要有活的事实，必须遵循新闻写作的规律，扩充过程的描写，使其能顺利地过渡出经验。

3. 写作角度是低的。一方面要用平易近人的语言，另一方面要找到与受众的利益结合点。

下面这篇通讯节选就充分体现了这一点，语言简洁，平易近人，让人容易理解和接受。

金牌不是名牌

……

究其背后的原因，辽宁的金银牌有五大缺憾：

一曰："杨贵妃"型——"养在深闺人不识。"……

二曰："模特"型——不能形成批量生产。

三曰："铁拐李"型——生产腿长，销售腿短，销售渠道少，网点更少。……

四曰："皇帝女儿"型——价高无人攀。……

五曰："老面孔"型。……

（四）概貌通讯

概貌通讯又称为"旅行通讯""风貌通讯"，是着重描绘社会变化、时代风尚及风土人情的报道。

我国概貌通讯的名篇有瞿秋白的《俄乡纪程》、邹韬奋的《萍踪寄语》和《萍踪忆语》、周恩来的《旅欧通信》、范长江的《中国的西北角》和《塞上行》、潘非的《海外掠影》等。

概貌通讯的写作主要写概貌，一般说来，概貌通讯追求"全景式"写作。同时，概貌通讯要抓住变化写。好的概貌通讯往往会以过去和现在做对比，增加一种历史的厚度。

例如，《走近平型关》中的一段描写就能读出一种历史的厚度：

"……离开白崖台又是落日时分。古老的平型关高高站在巍峨的五台山和恒山之上，在夕阳的余晖中讲述着战争的昨天，俯视着和平的今天……记住昨天是为了今天。"

又如《解放日报》记者李蓉、陈春艳撰写的《上海的辉煌　祖国的辉煌》一文（节选）：

10 月 20 日晚，当火树银花绽放在无垠的夜空，所有人都被深深地震撼了。

……

上海变漂亮了。

……

走下飞机，呈现在他们眼前的是现代化的浦东国际机场；漫步在黄浦江边，林立的高楼足以与任何一个国际大城市媲美；仰望天空，纯净的湛蓝让人心旷神怡。

……

分析：这是一篇获得第十二届中国新闻奖通讯一等奖的作品，作者是解放日报记者李蓉、陈春艳。

该通讯写在 21 世纪之初，上海成功地举办重大国际会议——APEC 会议之后。作者视野开阔，能站在全局的、历史的高度，并着眼于"辉煌"二字，把 APEC 会议的成功与中国改革开放的成功紧密结合起来，由会议的辉煌，写到上海的辉煌，再写到祖国的辉煌，三者交相辉映，烘托出一种大喜大庆、昂扬向上、激越高歌的浓浓氛围。通讯写出了上海的风貌："上海变漂亮了。……走下飞机，呈现在他们眼前的是现代化的浦东国际机场；漫步在黄浦江边，林立的高楼足以与任何一个国际大城市媲美；仰望天空，纯净的湛蓝让人心旷神怡。"

再如《探索行业媒体的"T"字型发展》(《中国记者》2008 年 6 月 17 日)，这则报道展现出了行业报新的"T"字型发展，即一种横向扩展与纵向深入相结合的发展方式。

五、通讯的写作要求

(一) 提炼反映时代精神的主题

通讯的主题除了遵循一般文章提炼主题的要求，如正确、深刻、新颖之外，还要求做到反映时代精神。怎样提炼反映时代精神的主题呢？一是要站在时代的高度，认清时代发展的趋势，分析人物、事件的时代意义；二是要回答人民群众关心的问题，反映人民群众的愿望。这样的主题才具有时代的特点，为人民群众所欢迎。

如《特殊的"六一"儿童节》(《瞭望》新闻周刊 2008 年 6 月 2 日)，报道的是汶川地震发生后的有着特殊意义的儿童节，文章主旨延伸到灾难教育对孩子身心发展的影响。灾害是让人痛彻心扉的，但也让孩子们收获了善良和责任，对孩子们来说地震是一本悲壮而生动的震撼心灵的活教材这一高度，具有极强的时代精神和思想内涵。

(二) 选取具有典型意义的材料

必须精选材料，这样才能深刻地揭示主题。精选材料要做到典型。获取典型材料的前提是深入、细致以及独到的采访。只有通过深入采访，掌握大量确凿可靠的材料，才能在比较中选择出典型事例。

如《灾区儿童：我要一对翅膀 向温爷爷做出承诺》(《京华时报》2008 年 6 月 1 日)，选取了时任总理的温家宝看望过的地震中受伤的学生王佳淇在震后的心灵感想以及灾区学生用日记记下的心声，折射出灾区人民的坚强、勇敢和感恩，具有很强的典型价值。

(三) 灵活运用多种表达方法

在汶川地震中，大量的通讯报道融入了灵活多样的表达方法，融合了诗歌、散文笔法，蒙太奇式的特写镜头、人物对话等让新闻报道更鲜活生动，如《孩子，快，抓紧妈妈的手》《生死不离》《最后一滴眼泪》等不少诗歌穿插在通讯当中。同时，细节的力量在汶川地震报道中显得尤为突出，被巨石压着的男孩，骑着摩托车背着妻子遗体的丈夫，握着钢笔的死者的手，废墟中找不到小主人的一排排书包，用身体护着学生的教师，总理悲切的眼神和揪心的话语，灾区人民的微笑和感恩……在细节的深处显出人性的大爱、极善和至美。

学以致用

1. 你是怎样理解通讯的含义的？
2. 通讯的创作方法有哪些？

任务三 深度报道

任务设计

理解深度报道的写作方法及理论。

知识探究

深度报道

一、深度报道的界定

深度报道（In-depth report）是一种系统地反映重大新闻事件和社会问题、深入挖掘和阐明事件的因果关系以揭示其实质和意义并追踪和探索其发展趋向的报道方式。

深度报道突破了"一人一地一事"的报道模式，一面剖析事实内部，一面展示事实宏观背景，把握其真实性。要着重揭示原因（Why）和怎么样（How）两个新闻要素。电视深度报道难度大致是相对而言。从写作本体角度，从深度和广度两方面对深度报道进行界定，凸显出深度报道的文本本质特征、报道方式，并对其功能和作用进行梳理，鲜明指出深度报道不满足于向受众提供简单的新闻事实，而是使新闻要素进一步深化，要求一方面剖析新闻事实的内部，另一方面展示新闻事实的宏观背景，从总体联系上把握其真实性。深度报道突破了"一人一地一事"的模式，要求对新闻事实进行跨时空的、由里到外的综合反映。

二、深度报道的源流

深度报道产生于 20 世纪 30 年代的美国，其代表人物是美国的李普曼，而媒体大王亨利·卢斯在其创办的《时代周刊》的运作中全面展现了深度报道的巨大魅力。1964年，美国学者高普里（Neale Gopple）出版了《深度报道》一书，"深度报道"的名称便固定下来。

在我国，深度报道早已有之。辛亥革命时期，为了适应当时纷繁复杂的形势，在新闻报道中就有了夹叙夹议的新闻分析和对同一类重大事件的综合报道。后来，随着新民主主义革命、社会主义革命及社会主义建设的推进，报纸上陆续出现了解释性新闻、事件性通讯、新闻分析、新闻综述、特稿等，这些都是深度报道的表现形式。自 1987 年我国第八届好新闻奖第一次设立了深度报道奖以来，随着新闻改革的兴起，深度报道不断产生新的突破和发展，它还被称为"全息摄影式的立体报道"，以区别非黑即白、非好即坏的平面式报道。

三、深度报道的类别

（一）按形式分类

1. 单篇型报道

（1）提出问题类，虽只提出问题，不对问题进行解答，但能引发人们深层次的思考。这些问题一般是具有典型和普遍意义，但又为大众所忽略的问题。

如《南方周末》在 2007 年 12 月 18 日发表的新闻报道《司法公正如何跳出权力干预》。

分析：文章通过报道第十届人大常委会三十次会议的一个焦点话题"司法公正"，从"两高"报告中发现当下一个具有普遍意义的问题：司法公正与权力干预之间的博弈，虽未对此问题进行解答，但问题的提出显然已经具有深层启发性。

（2）分析解释类，对某些较复杂的新闻事实，或新出现的、人们普遍关注而又迷惑不解的事实进行分析、解释，揭示其实质、意义，预测其发展趋向等。

如《南方周末》2007 年 12 月 20 日刊登的《物价为什么越来越高》。

分析：多角度、多视野地揭示出 2007 年物价上涨的多方面原因，并对 2008 年物价是否继续上涨进行了预测。

（3）综合概括类，对某一方面或某一主题之下的众多事实加以归纳综合。

如《21 世纪经济报道》2008 年 1 月 4 日刊登的《油价破百，顺理成章》。

分析：报道抓住国际市场油价每桶突破 100 美元这一现象，进行了综合深入分析，归纳了油价上涨的两大原因——供求关系趋于紧张的背景，美元疲软，从而总结出油价破百实在是一件顺理成章的事情。

（4）对比揭示类，通过两方面的性质不同的事实进行对比，揭示主题。

如《纽约时报》2008 年 8 月 2 日刊登的《世界工厂时代将逝　中国振翅飞向高科技》。

分析：文章通过比亚迪等一批中国高新科技企业的发展，说明中国企业已不再自满为三低（低技术、低成本、低利润）制造业者的大本营，它们正尝试攀登价值循环的上游，并期望最终能够挑战业界的全球霸主；中国企业再也不要当生产全球低价产品的血汗工厂了，正在进军软件、生物科技、汽车、医疗器材和超级计算机领域，或者收购这些领域的公司。文章通过这样鲜明的对比，揭示出中国振翅飞向高科技的事实，主题更突出。

又如《南方周末》2008 年 7 月 10 日刊登的《领导人后代媒体"亮相"渐多》。

分析：文章报道了与过去相比，领导人后代在公众媒体前露面增多，这既反映了中国政治的开放和变化，亦是公众对领导人透明和公开的一种需求。这一细微变化，反映了三十年来中国在发生着的实实在在的变迁。

（5）典型传播类，对工作中的典型经验或教训，进行详细叙述、深入分析。

如《南方周末》2008 年 7 月 10 日刊登的《"英雄"尹春龙：哪里最危险，哪里就有他》。

分析：文章报道了汶川地震后尹春龙在灾区当志愿者的经历，将尹春龙视为志愿者的典型。典型报道是中国特有的新闻品种，也是党的宣传报道的重要组成部分。中华人民共和国成立以来，涌现出了大量的典型人物，如任长霞、华益慰、丁晓兵、时传祥、雷锋，等等。

2. 集合型报道

（1）系列报道，多采取专题性的、围绕着某一事实或问题并通过一系列相关联的报道来延伸其主题，深化其含义，揭示其本质。

如第十七届中国新闻奖一等奖获奖作品《经济日报》2006 年 8 月 3 日刊登的《城市河流，让我们重新认识你》系列报道，第十八届中国新闻奖一等奖获奖作品《中国日报》2007 年 4 月 24 日刊登的《系列报道：达尔富尔问题》，都是通过一组相关联的文章对同一主题进行深入开掘、发现、延伸。又比如，在改革开放 30 周年之际，全国各大媒体掀起了纪念改革开放 30 周年的大量系列报道，从不同角度、不同方面、不同方位用不同方式展现了改革开放 30 年来的成就和辉煌这一历史主题。

（2）组合报道，将同一主题的不同侧面、不同内容、不同体裁、不同来源的新闻稿组合在一个版面或一个节目之中，将消息、通讯等作为深度报道中的现象事实来使用，将短评、评论作为记者议论来使用，让受众从众多新闻的整体联系和对比反差中，开阔眼界，了解某一问题的广阔内涵，从而把握问题的实质和意义。

如内蒙古电视台在汶川地震后播出的组合报道《草原儿女与灾区人民手拉手》就是一篇典型的电视深度报道，生动地传达出面对这场突如其来的天灾，远在千里之外的草原儿女，纷纷伸出援手，以鄂尔多斯、乌海和赤峰三地人民情系灾区为线索，串联起整篇新闻报道，传达深深的爱的力量。

又如 2007 年春节前夕，《盐城晚报》组织社区记者开展"访寒送暖"活动并推出组合报道《走近市区空巢老人》。记者们通过亲历式的采访，围绕"空巢老人"这一主题组合多篇报道，朴素而直率地表达出自己的敬意与爱意。像首篇《我帮胥奶奶洗洗脚》，记者为一位陌生奶奶洗脚，带着浓厚的自然情感因素和真实的生活图景，让读者感动。

再如，《三联生活周刊》于 2008 年 12 月 8 日报道的《四大名旦与盛世梨园想象》借电影《梅兰芳》公映之际组合了《梅兰芳的角色》《真实与虚幻之间的梅兰芳》《梅兰芳：意态由来画不成》《梅兰芳与他们》《京剧的今天：一种尴尬的国粹》等文章对梅兰芳及四大名旦的梨园之梦给予了高度的关注，既有名家名人的访谈，如严歌苓，又有对四大名旦生平经历的回溯；既有对梨园艺术的美好憧憬，也表达出对传统国粹的深刻担忧，整组报道显得饱满而深刻。

（3）连续报道，也叫调查式报道，其特点是进行式的、追踪事件发展过程的连续式报道，组织者事先并不知道其发展结果。

如，2006 年 8 月 31 日《中国妇女报》刊登的《女工猝死引发权益保护沉重话题》，报道关注粤闽两地女职工 5 至 8 月连续发生工作岗位上猝死事件，令人痛心，发人深省。女工猝死对工厂来说也许是偶发事件，却都有着令人痛心的共同原因，伴随着社会转型，农村进城务工女性权益保护的话题也在不断升温，成为全社会广泛关注的焦点。这组报道不仅对个案进行追究和评说，更重要的是以此概观和反思当前诸多同类事件背后的女职工权益保护的突出问题，引人深思。

又如，《南方周末》2008 年 11 月 20 日发表的《五宗"罪"——杭州地铁施工塌陷调查》层层剖析，将事件真相呈现在受众面前。再如，受到广泛好评的甚至被认为是直接推动事件进程的中央电视台《新闻调查·虎照疑云》，将"华南虎事件"用电视特有的声画并茂方式进行了深入详尽并且极为生动权威的调查分析，在此事件的舆论中产生了很大的影响。

（二）按题裁分类

1. 多因多果式报道。记者在报道复杂的社会生活时，摒弃了用二值逻辑、一因一果的方法认识、反映事物的思维方法，而用事物普遍联系的观点，进行多因多果式的报道。如《南方周末》2007 年 11 月 22 日报道的《劳资新政：华为的门，中国的坎》。

分析：2008 年 1 月 1 日起，新的劳动法开始实施。在新法中，对于劳资双方的关系进行了调整。记者多角度地进行了采访报道，试图在纷繁复杂的因果中，厘清头绪，给读者提供一个多元认知的平台。

2. 进行式报道。由于事物还在运动之中，很多问题尚未破解，尚无结论，记者把这些问题留给今后的实践，留给读者求索。如《南方周末》2007 年 12 月 13 日报道的《广州楼市：降价风能持续多久》。

分析：炒号、连夜排队，这些前两年司空见惯的房市场面在降价风劲吹的广州又重新出现了。这样的降价热潮能够维持多久？这一轮降价是理性回归还是短期调整？文章并未定下结论，而是通过提供相关资料，给读者留下了思考的空间。

3. 思辨性报道。记者在动态中考察事物时，力图把自己对社会问题的思考通过给读者提供分析问题的事质的方式，帮助读者从中获得一种新的思想。或者原原本本地向读者提供多侧面的情况，讲清这种社会现象的来龙去脉，让读者去分析，去思考。

如《纽约时报》2008 年 1 月 1 日刊登的《中国摩托改变老挝的生活》。

分析：报道中对中国摩托车对老挝生活的改变给予了肯定，但同时也指出，"村民对中国商品充满热情，但也常常抱怨有维护问题"。从客观角度而言，这则报道中提供了多个侧面的事实，有一定思辨性。

4. 探讨性报道。所反映的内容一般都属于尚无定论，有待研究，或者正在试行，还在争鸣中的问题。如《新周刊》2008 年 11 月 28 日刊登的《2008 年的第二个生活拐点：金融危机下的冬天怎么过？》。

这个冬天怎么过？

金融危机从美国蔓延全球，中国也感受到寒意。

"冬天"来了，不分南北半球；紧日子来了，不分中国与西方。

……

入冬之前，你的不相信名单上只写着房产中介、基金经理和国产奶粉；

入冬之后，还得加上所谓的中产身份、长期劳动合同和中国版美国梦。

西化的生活样板和生活"常识"界定了我们的价值观，

物欲生活方式下的中国灾民再次站在生活的拐点之上。

跟投机和纵欲相比，节俭和节制的美德一点都不时髦，

但后者可能正是我们度过严冬的救命稻草。

此外，我们还需要更多改变，来迎接中国改革开放的下一个 30 年。

在冬季，一个国家，有寒意，可能更清醒。

分析：文章带着反思的精神观照金融危机影响下的中国可能会发生的变化，包括经济、文化、社会生活甚至是价值观，并探讨这种变化成为拐点的可能性。其可贵之处在于文章鲜明指出这种金融危机的冲击可能会让整个中国变得更为清醒和理智，来面对今后将要面对的更多挑战。

5. 意向性报道。系统思维的综合性的方法，使记者能通过对社会某种现象的综合，透视出社会的某种倾向或趋势，因而产生一种不同于一般新闻的"意向性报道"——对某一事物的未来做出预测，披露正在发展过程中而又尚未结论的事物所潜在的结果，即新闻的"六个要素"中的 How（什么结果）这一要素，给信息时代的读者提供可供参考的未来信息，在社会生活中起到"参谋"的作用。如《21 世纪经济报道》2007 年 12 月 24 日发表的《新能源汽车政策转向，柴油轿车将不受鼓励》一文就是属于意向性报道，通过对新能源汽车政策的解读，对未来趋势做出预测，指出在这一政策背景下，柴油轿车将不受鼓励的必然性。

四、深度报道的特征

（一）选题的重大性

首先，报道对象多为重要的，与受众利益密切相关的事件或问题，或为社会各界关注的热点，多为社会热点透视、大众话题评说。其次是意义重大，富有强烈的现实针对性和时代感，要求满足实际工作和广大受众的需求。如英国《金融时报》中文网 2008 年 12 月 12 日刊登的《穿越一代人的中国政改》，将选题的视野放在了宏阔的中国 30 年改革历程两波较为明显的政治体制改革尝试上，通过姚遥——这位哥伦比亚大学访问学者致力于推动公民社会发展，引发一轮又一轮关于中国政改的思索，意义十分重大。

又如，《中国新闻周刊》2008 年 11 月刊登的《三十年里的西方身影》就是将目光对准了"开放"，报道了"第三次浪潮"涌进中国时的情景，详述了当时那个时代思想潮流的变化轨迹，从 30 年的历史视野里洞悉西方思潮对中国改革、开放与发展的影响。

（二）材料的翔实性

深度报道对新闻要素的揭示是较为广泛而深入的，它不仅揭示"谁"和"什么"，而且重在揭示"为什么"和"怎么样"。这就表现为深度报道详尽性的要求使其和消息区分开来，确立了"深度"的优势。如《瞭望》新闻周刊 2008 年 6 月 10 日刊登的《地震学家都做了些什么》。

分析：针对汶川地震中"我国西部也有许多地震监测的台站，这次大地震前就没有发现一点异常，就没有什么先兆吗？大地震前我们对大自然诸多预兆是否太大意？我国地震科研的整体水平究竟怎样？我们何时才能准确预报地震？"这些问题进行了深入分析，大量翔实的材料有力地佐证了观点。

再如，《环球时报》2008 年 12 月 1 日刊登的《金融危机催生大量巴黎乞丐》："和这个女乞丐类似，不同的乞丐选择不同的博取同情的方式。记者看到不少乞丐搂着一条狗，或者几条狗乞讨。原来热爱动物的法国人或许会看在狗的面子上多给点钱。面前摆个纸牌子也是个不错的道具。上面的字简单明了，颇能让人同情。记者看到一个坐在服装店外面的中年男子乞丐，面前的纸牌子上写着：'For eat, please（就是为了吃的，拜托了）。'另一个在地铁口的老妇人在纸牌子上写着'I am from Bosnia, food, God bless you（我来自波斯尼亚，食物，上帝保佑你）'。"

分析：调查了金融危机影响下巴黎各式各样的乞丐，以及他们"工作"的方式，这一生动的小切口折射出巨大的社会性危机对公众生活的影响，报道详尽而深入，调查细致透彻，非常具有启发性。

（三）内涵的深刻性

深度报道对记者的采访和写作的质和量都提出了很高的要求，要求深度报道内涵深刻，就必须对大量素材进行深度加工，有分析、有思辨、有预测。有分量、有影响的深度报道都不是泛泛材料的堆砌，而是内在逻辑严密、具有很强的思辨性。如《解放日报》2008 年 6 月 11 日刊登的《越南经济动荡：影响中国几何？》。

分析：报道通过翔实分析得出越南经济动荡不会影响东南亚，对中国的影响也是在可控制范围之内的结论，逻辑十分严谨，融入了作者的理性思考。

（四）时空的开放性

深度报道一般不拘泥于一时，而着眼于事前、事中和事后的综合透析；不拘泥于一地，而是着眼于上下左右的立体描绘。在大时间、大空间、宏观的、微观的、多侧面、多角度、全方位中，既回顾过去，又剖析现在，也预测未来，往往还提供大量的背景材料，涉及古今中外各类学科知识，以满足受众需求。如《解放军报》2008 年 6 月 11 日刊登的《从唐山到汶川："中国速度""中国力量"震惊世界》。

唐山、汶川，这两个相隔数千里的地方，因为都遭遇了毁灭性的特大地震灾害，而勾起人们沉痛的记忆，引发了深沉的思考。

这两次大地震间隔 32 年，相同之处是中国人民以"万众一心、众志成城、迎难而上、百折不挠"的英雄气概，与灾难展开顽强搏斗，最终重新站立起来。而不同之处则是，30 年的改革开放，显示了中国特色社会主义的伟大力量，中国社会发生了深刻而又积极的变化，中国抗击灾难的物质基础更加雄厚，政府的应急管理、灾难救助、信息传播等能力大增，中国的国际形象和中国人民的精神面貌也焕然一新。这些让我们在灾难面前，更有底气地喊出：任何困难都难不倒英雄的中国人民！……

分析：跨越时空，比较两次地震救灾情况，显示了中国特色社会主义的伟大力量，进而说明汶川地震抗震救灾中呈现出的新理念、新实践、新突破，正是对 30 年改革开放成就的一次特殊检阅，中华民族所表现出的精神和力量，喻示着她在前进的道路上坚不可摧。

此外，深度报道还具备背景的广阔性、论理的思辨性、开掘的纵深性等行文特点以及宏观思维、高屋建瓴，哲学思辨、理性启迪，俯视一切、纵横捭阖等美学特征。

五、深度报道的写作

（一）找准切入口，用重大题材反映时代主题

社会中的热点、工作中的重点、受众关注的焦点均是深度报道题材来源的最好切入点。如在第十七届中国新闻奖参评和获奖作品中，仅反映青藏铁路通车这一历史性事件的就有多篇，其中获奖的有两篇：一等奖《火车首次跨越"世界屋脊"》、三等奖《在"世界屋脊"开创测绘领域 5 个第一》；另有反映解放军裁员这一重大事件的作品《我军如期完成裁减员额 20 万任务》获得二等奖；以及记录三峡大坝如期竣工的参评作品《巍巍三峡大坝矗立中华》等。

（二）强化思辨力，用深入采访确立报道导向

记者的思辨能力来源于三种意识：一是新闻背景的说明意识；二是新闻影响的展示意识；三是新闻发展的预测意识。如"田坎记者"罗成友采访撰写的《蚕农卖茧好伤心》《打破垄断是出路》，在新农村建设的历史时期，深入调查研究，读懂其中奥妙，对新闻事件所发生的背景进行深层次解读，将这个解读展示出来的时候也是将此问题的发展趋势公之于众的时候，事件自会得到解决之法。思辨力同时还表现在选择意识和宏观意识两个层面上。

（三）突出个性化，透视前瞻成就报道意义

深度报道有与其他新闻、通讯体裁的相同之处，但又有其突出的个性：要求对新闻"六要素"中的"Why"和"How"进一步深化，重在"以今日的事态核对昨日的背景，从而说出明日的意义来"。还要具有超前的意识方能写出预测性强的报道，是成就深度的一个重要的因素。这种预测建立在深入调查研究的基础上，在把握大量新闻事实之后，进行科学分析、判断，最后得出结论。

如新华社"新华视点"2008 年 11 月 3 日报道的《素质教育突破口在哪里——教育部推广学生冬季长跑引出的话题》在大量调查的基础上，对近年来教育行政部门相继推出了校园集体舞、京剧进课堂、冬季长跑等素质教育"大手笔"进行分析，提出质疑：每项措施出台，却无一例外都引起社会巨大争议，并引起深思："望子成龙"的家长，却成了诸项素质教育措施的最大反对者。报道果断地指出：争议的背后，是素质教育推行几年后的尴尬——在高考制度与就业观念没有发生改变的背景下，"素质教育要寻找突破口，谈何容易？"这种具有前瞻思维的报道方式着实让报道的震撼力和冲击力更为明显。

（四）风格多元化，自由灵活尽显报道魅力

深度报道与一般新闻报道在表达方式上也有不同。它既有直接叙述，又有主观议论，通常夹叙夹议、边述边评，可用思辨性的语言揭示事物的本质，也可用抒情性的议论发表作者的见解。但也不宜过分地表现主观意识，更不能用议论代替事实。深度报道之所以崛起，从某种程度上说，是因为新闻之求新、快、短，有深度、厚度和有影响力的作品不多的缘故。

如《南方周末》记者南香红在她的"野马"系列深度报道中，在描述野马的文章中写道："尘土腾空而起，弥漫在马圈上空，蹄声震颤着空寂的戈壁。"而对一个大盗的描述是："在沙漠里盗墓的人，有着野狼一样出没荒野的本领和嗅觉。"记者通过对现场捕捉到的细节进行精心描绘，将典型场景真实再现，传达出震撼人心的力量。这种灵活多变、极具文学色彩的新闻稿给读者带来与众不同的审美感受，也从一定程度上折射出传播者的文学才华和母语水平，让新闻有了美感、韵味和色彩。

学以致用

1. 你是怎样理解深度报道的含义的？
2. 深度报道的创作方法有哪些？

名作欣赏

论写作

张爱玲

在中学读书的时候，先生向我们说："做文章，开头一定要好，起头起得好，方才能够抓住读者的注意力。结尾一定也要好，收得好，方才有回味。"我们大家点头领会。她继续说道："中间一定也要好——"还未说出所以然来，我们早已哄堂大笑。

然而今天，当我将一篇小说写完了，抄完了，看了又看，终于摇摇头撕毁了的时候，我想到那位教师的话，不由得悲从中来。

写作果然是一件苦事吗？写作不过是发表意见，说话也同样是发表意见，不见得写文章就比说话难。古时候，纸张笔墨未经发明，名贵的记录与训诲，用漆写在竹简上，手续极其累赘麻烦，人们难得有书面发表意见的机会，所以作风方面力求其简短含蓄，不许有一句废话。后来呢，有了纸，有了笔，可以一摇而就，废话就渐渐多了。到了现在，印刷事业发达，写文章更成了稀松平常的事，不必郑重出之。最近纸张缺乏，上海的情形又略有变化，执笔者不得不三思而后写了。

纸的问题不过是暂时的，基本问题还是：养成写作习惯的人，往往没有话找话说；而没有写作习惯的人，有话没处说。我并不是说有许多天才默默无闻地饿死在阁楼上。比较天才更为要紧的是普通人。一般地说来，活过半辈子的人，大都有一点真切的生活经验，一点独到的见解。他们从来没想到把它写下来，事过境迁，就此湮没了。也许是至理名言，也许仅仅是无足轻重的一句风趣的插诨，然而积少成多，究竟是我们文化遗

产的一项损失。举个例子，我认识一位太太，是很平常的一位典型太太，她对于老年人的脱发有极其精微的观察。她说：中国老太太从前往往秃头，现在不秃了。老太爷则反是，从前不秃，现在常有秃的。外国老太太不秃而老太爷秃。为什么呢？研究之下，得到如此的结论：旧时代的中国女人梳着太紧的发髻，将头发痛苦地往后拉着，所以易秃。男子以前没有戴帽的习惯，现在的中国男子与西方人一般地长年离不开帽子，戴帽于头发的健康有碍，所以秃头的渐渐多了。然则外国女人也戴帽子，何以不秃呢？因为外国女人的帽子忽大忽小，忽而压在眉心，忽而钉在脑后，时时改变位置，所以不至于影响到头皮的青春活力。诸如此类，有许多值得一记的话，若是职业文人所说，我就不敢公然剽窃了，可是像他们不靠这个吃饭的，说过就算了，我就像捡垃圾一般地捡了回来。

职业文人病在"自我表现"表现得过度，以至于无病呻吟，普通人则表现得不够，闷得慌。年纪轻的时候，倒是敢说话，可是没有人理睬他。到了中年，在社会上有了地位，说出话来相当有分量，谁都乐意听他的，可是正在努力地学做人，一味地唯唯否否，出言吐语，切忌生冷，总拣那烂熟的，人云亦云。等到年纪大了，退休之后，比较不负责任，可以言论自由了，不幸老年人总是唠叨的居多，听得人不耐烦，任是入情入理的话，也当作耳边风。这是人生一大悲剧。真是缺乏听众的人，可以去教书，在讲堂上海阔天空，由你发挥，谁打呵欠，扣谁的分数——再痛快也没有了。不得已而求其次，唯有请人吃饭，那人家就不能不委屈一点，听你大展鸿论，推断世界大战何时结束，或是追叙你当年可歌可泣的初恋。《笑林广记》里有一个人，专好替人写扇子。这一天，看见朋友手摇白折扇，立刻夺过来要替他写。那朋友双膝跪下。他搀扶不迭道："写一把扇子并不费事，何必行此大礼？"朋友道："我不是求你写，我是求你别写。"

听说从前有些文人为人所忌，给他们钱叫他们别写，像我这样缺乏社会意识的，恐怕是享不到这种福了。

李笠翁在《闲情偶寄》里说："场中作文，有倒骗主司入彀之法。开卷之初，当有奇句夺目，使之一见而惊，不敢弃去，此一法也。终篇之际，当以媚语摄魂，使之执卷流连，若难遽别，此一法也。"又要惊人，眩人，又要哄人，媚人，稳住了人，似乎是近于妾妇之道。由这一点出发，我们可以讨论讨论作者与读者的关系。

西方有这么一句成语："诗人向他自己说话，被世人偷听了去。"诗人之写诗，纯粹出于自然，脑子里决不能有旁人的存在。可是一方面我们的学校教育却极力地警告我们作文的时候最忌自说自话，时时刻刻都得顾及读者的反应。这样究竟较为安全，除非我们确实知道自己是例外的旷世奇才。要迎合读者的心理，办法不外这两条：（一）说人家所要说的；（二）说人家所要听的。

说人家所要说的，是代群众诉冤出气，弄得好，不难一唱百和。可是一般舆论对于左翼文学有一点常表不满，那就是"诊脉不开方"。逼急了，开个方子，不外乎阶级斗争的大屠杀。现在的知识分子之谈意识形态，正如某一时期的士大夫谈禅一般，不一定懂，可是人人会说，说得多而且精彩。女人很少有犯这毛病的，这可以说是"男人病"

的一种，我在这里不打算多说了。

退一步想，专门描写生活困难吧。固然，大家都抱怨着这日子不容易过，可是你一味地说怎么苦怎么苦，还有更苦的人说："这算得了什么？"比较富裕的人也自感到不快，因为你堵住了他的嘴，使他无从诉苦了。

那么，说人家所要听的吧。大家愿意听些什么呢？越软性越好——换言之，越秽亵越好吗？这是一个很普遍的错误观念。我们拿《红楼梦》与《金瓶梅》来打比方吧。抛开二者的文学价值不讲——大众的取舍并不是完全基于文学价值的——何以《红楼梦》比较通俗得多，只听见有熟读《红楼梦》的，而不大有熟读《金瓶梅》的？但看今日销路广的小说，家传户诵的也不是"香艳热情"的而是那温婉、感伤，小市民道德的爱情故事。所以秽亵不秽亵这一层倒是不成问题的。

低级趣味不得与色情趣味混作一谈，可是在广大的人群中，低级趣味的存在是不可否认的事实。文章是写给大家看的，单靠一两个知音，你看我的，我看你的，究竟不行。要争取众多的读者，就得注意到群众兴趣范围的限制。作者们感到曲高和寡的苦闷，有意地去迎合低级趣味。存心迎合低级趣味的人，多半是自处甚高，不把读者看在眼里，这就种下了失败的根。既不相信他们那一套，又要利用他们那一套为号召，结果是有他们的浅薄而没有他们的真挚。读者们不是傻子，很快地就觉得了。

要低级趣味，非得从里面打出来。我们不必把人我之间划上这么清楚的界限。我们自己也喜欢看张恨水的小说，也喜欢听明皇的秘史。将自己归入读者群中去，自然知道他们所要的是什么。要什么，就给他们什么，此外再多给他们一点别的——作者有什么可给的，就拿出来，用不着扭捏地说："恐怕这不是一般人所能接受的吧？"那不过是推诿。作者可以尽量给他所能给的，读者尽量拿他所能拿的。像《红楼梦》，大多数人于一生之中总看过好几遍。就我自己说，八岁的时候第一次读到，只看见一点热闹，以后每隔三四年读一次，逐渐得到人物故事的轮廓、风格、笔触，每次的印象各个不同。现在再看，只看见人与人之间感应的烦恼。——个人的欣赏能力有限，而《红楼梦》永远是"要一奉十"的。"要一奉十"不过是一种理想，一种标准。我们还是实际化一点，谈谈写小说的甘苦吧。小说，如果想引人哭，非得先把自己引哭了。若能够痛痛快快哭一场，倒又好了，无奈我所写的悲哀往往是属于"如匪浣衣"的一种。（拙作《倾城之恋》的背景即是取材于《柏舟》那首诗上的："……亦有兄弟，不可以据……忧心悄悄，愠于群小。觏闵既多，受侮不少。……日居月诸，胡迭而微？心之忧矣，如匪浣衣。静言思之，不能奋飞。""如匪浣衣"那一个譬喻，我尤其喜欢。堆在盆边的脏衣服的气味，恐怕不是男性读者们所能领略的吧？那种杂乱不洁的、壅塞的忧伤，江南的人有一句话可以形容："心里很雾数。""雾数"二字，国语里似乎没有相等的名词。）

是个故事，就得有点戏剧性。戏剧就是冲突，就是磨难，就是麻烦。就连 P. G. Wodehouse 那样的滑稽小说，也得把主人翁一步一步诱入烦恼丛中，愈陷愈深，然后再把他弄出来。快乐这东西是缺乏兴味的——尤其是他人的快乐，所以没有一出戏能够用快乐为题材。像《浮生六记》，《闺房记乐》与《闲情记趣》是根本不便搬上舞台的，无怪话剧里的拍台拍凳自怨自艾的沈三白有点失了真。

写小说，是为自己制造愁烦。我写小说，每一篇总是写到某一个地方便觉得不能写下去了。尤其使我痛苦的是最近做的《年轻的时候》，刚刚吃力地越过了阻碍，正可以顺流而下，放手写去，故事已经完了。这又是不由得我自己做主的……

写这篇东西的动机本是发牢骚，中间还是兢兢业业地说了些玩笑话。一班文人何以甘心情愿守在"文字狱"里面呢？我想归根究底还是因为文字的韵味。譬如说，我们家里有一只旧式的朱漆皮箱，在箱盖里面我发现这样的几行字，印成方块形：

高州钟同济铺在粤东省城城隍庙左便旧仓巷开张自造家用皮箱衣包帽盒发客贵客光顾请认招牌为记主固不误光绪十五年

我立在凳子上，手撑着箱子盖看了两遍，因为喜欢的缘故，把它抄了下来。还有麻油店的横额大匾"自造小磨麻油卫生麻酱白花生酱提尖锡糖批发"。虽然是近代的通俗文字，和我们也像是隔了一层，略有点神秘。

然而我最喜欢的还是申曲里的几句套语：五更三点望晓星，文武百官上朝廷。东华龙门文官走，西华龙门武将行。文官执笔安天下，武将上马定乾坤……照例这是当朝宰相或是兵部尚书所唱，接着他自思自想，提起"老夫"私生活里的种种问题。若是夫人所唱，便接着"老身"的自叙。不论是"老夫"是"老身"，是"孤王"是"哀家"，他们具有同一种的宇宙观——多么天真纯洁的、光整的社会秩序："文官执笔安天下，武将上马定乾坤！"思之令人泪落。

（资料来源：《中国作家》，有改动）

模块三
现代写作教学论

高职校园现代写作教学理论，主要是指高职学生等在专业课学习过程中经常使用的教学知识。安排这一理论的目的，就是给在校就读的各专次的学生提供一些可以了解他们在专业学习过程中的实际问题的现代写作教学知识。在这一模块中，我们针对大学生学习的实际情况，设计了两个项目：一是新媒体写作，包括新媒体写作概述、网络新闻写作、博客、微写作、微信公众平台；另一个是小学作文教育原理，包括小学作文教学的原则、小学作文教学的过程、小学作文教学中的思维训练、小学作文教学评价。学习这个模块，使学生了解、掌握并能够熟练运用写作教学理论，无论是在专业学习过程中，还是在实际求职过程中，都能撰写出表意确切、符合规范的文章。

近些年来，无论在小学还是大学，都提倡开展研究性学习，而高职写作的任务是研究性学习的重要工具之一。因此，我们在这个模块里对它做了简单的介绍。

学习现代写作对学生顺利进行学习，完成学业作业，进行自我规划、自我推荐等有着重要作用，大学生要认真学习、反复实践、熟练掌握现代写作理论。

项目八　新媒体写作

本项目新媒体写作，就是在校学生在专业课课程学习、实践、实习等过程中所使用的各种新媒体写作理论，它的理论性强，具有很强的权威性。通过对这一理论的学习，学生能够切实了解和解决自己在学习过程中的实际问题。写作绪论当中的理论具有很强的理论性、指导性、权威性等特点。

【学习目标】

1. 理解各种新媒体文体的概念。
2. 掌握各种新媒体文体的写作方法。
3. 会将理论实际运用到新媒体文体写作上。

任务一　新媒体写作的概述

任务设计

理解新媒体写作的基本特征以及写作方法。

知识探究

一、新媒体写作的基本特征

新媒体写作概述

较传统写作而言，新媒体写作在写作范式、内容形式、互动平台以及呈现方式上都有着自己独有的特性，为写作的体系"注入了新鲜的血液"。

（一）打破传统写作范式，内容不拘一格

新媒体写作借助于数字技术和移动终端，突破了传统写作物质和意识上的束缚，实现了"我手写我口，古岂能拘牵"的愿景。无论是电脑，还是手机，只要有网络的覆盖，都能让新媒体的写作与传播随时随地、自由自在地进行。

新媒体写作的载体是虚拟的网络空间，它能让创作者最大限度地拓展想象和情感空间。这样一来，新媒体的写作具有很大的随意性，打破了传统的想法模式，创作方法多种多样，不拘格。微博的随手拍、论坛中对热点事件热门话题的讨论等，都是新媒体写作的一部分。它们的内容或短小随性，或侃侃而谈，或结集成册，但大多是即兴创作、随意感强，淡化了传统写作的深思熟虑、字字斟酌，更不要传统写作范式的约束。自由的书写数字、字母、英文、旧词、俗语和现代网络符号等多种语言形式，成为新媒体写作的特征。

网络文学的兴起与发展，使新媒体写作打破传统的典型代表（第一次亲密接触）中对网络化语言的使用。

（二）多媒体元素的呈现，丰富感官世界描写，呈现出一个多元、多极、多层新媒体，不仅能够满足人们的阅读需要，而且能够使人们直接参与其中

新媒体写作打破了传统文学的直线叙述描写模式，将声音集合起来，生成图文一体化的多媒体技术，将文字数据、图像动画等进行组合。新媒体的写作虽然以文字为主体，但会添加上背景音乐、照片、图片、符号等做点缀，再加上艺术的排版和构思，大大增强了新媒体作品的艺术感染力。读者的感官被全面调动起来，阅读成为一场视听盛宴，一种感官享受，读者的思想在阅读中也可以如天马行空般自由驰骋。

新媒体写作的高级形态应当是一种超链接的、多维度的开放性结构。作者充分利用计算机多媒体技术将各种图片、声音、动画与网络上相关的作品文本链接在一起，共同构成一部"网络神话"，为读者提供广阔的欣赏视野，使他们在这部"神话"中找到属

于自己的世界。

随着移动终端的发展，无论是博客、播客，还是微博、微信的使用者，都可以用多媒体的方式，快捷地呈现出自己的所思、所想、所感、所悟。无论是官方"大V"，还是普通用户，在进行新闻报道、写作短文时，都可以广泛地使用文字，有的还配上音乐、美图。图文并茂、声画结合已成为新媒体写作的又一特色。

（三）双向交流及时互动，人人参与其中

互动性是新媒体写作的另一特色，它让人们对作品的创作过程产生兴趣，为人们作品的完美献计献策。在阅读传统作品时，读者阅读到的文本，已经是作者创作完成的作品。因此，读者无法参与到作品的创作之中，他们对作品的读后感，大多保留在自己心中或进行小范围交流；在与作者的沟通上，多以书信的方式进行，对作品的有效反馈信息也很少。而在信息时代则不同，阅读者不仅是新媒体写作的传播对象，还能与作者双向互动，这使阅读者不仅是新媒体写作的传播对象，更是创作中的参与者和共建者。

由于新媒体写作的特殊性，篇幅较长的文本往往是随写随帖，不断连载。这种在线写作的即时性和开放性，能拉近作者与读者之间的距离。对读者来说，不仅能够把握作者的创作思路和写作脉络，还能针对作品本身存在的瑕疵，通过随时"灌水"或"拍砖"等留言方式，直接提出自己的意见和建议。而对作者而言，这种及时的反馈，不仅让他们获得创作所需的动力，而且便于他们抓住读者的兴趣点和关注点，进一步提高作品的吸引力。

二、新媒体写作的应用前景

在信息时代，随着平板电脑、手机移动终端的开发、普及，新媒体写作也渐渐渗透到社会生活的方方面面，具有广泛的应用前景和实用价值。主要表现在以下几方面。

1. 学习生活好帮手。新媒体写作能够更好地帮助学生完成作业，拓展知识，并实现与老师及时沟通。在学习时，学生可以通过网络搜索相关的教学资料、参考文献等；网络课堂等资源，让学生能够跨越时间、空间的界限获取知识，了解学术动态。同时，学生也可以通过QQ、E-mail等方式及时有效地与老师联系，使人际交流零障碍。在信息时代，人与人的距离被拉近了，在现实生活中陌生的两个人，也许就是网络世界中的朋友。尤其是在微博、微信兴起后，有着相似之处的人，被联系在了一起，他们或是在同一座城市，或有着共同的爱好，他们互相关注，彼此了解。在新媒体环境下，我们的言行会在无形当中被广泛传播，影响力也跟着扩大。因此，新媒体写作学习，对于人际交往显得尤为重要。

2. 网络文学勤创作。在网络发展之初，一部《第一次亲密接触》拉开了网络文学的序幕。之后，越来越多的网络小说出现在人们眼前，吸引着大量读者，网络文学创作的势头也愈加迅猛。题材内容的多样化，呈现形式的多元化，都让网络文学备受关注。近年来，随着平板电脑、智能手机的普及，这种新媒体的文学写作形式更是遍地开花。与写作相关的应用软件的开发、各类阅读器的使用，更进一步推动着新媒体的创作，新媒体写作也将打开文学领域的一扇窗。

3. 新闻报道资讯全。无论是传统三大媒体，还是网络媒体，都有其微博公共账号和微信订阅账号。这些官方账号的使用让新闻传播的范围更加广泛，传播受众更具针对性，同时，与受众的积极互动也增强了媒体的亲切感。媒体新闻客户端的开发，更将其传统媒体网络媒体平台中的新闻资讯，全面地呈现在用户的"小小屏幕"之上。无论是微博、微信，还是新闻客户端，它们的新闻写作方式都已不同于传统媒体的新闻写作。因此，对于新媒体的新闻写作我们还需要进一步的学习实践，才能紧跟时代的步伐。

相信随着数字化信息技术的普及和移动终端的进一步研发应用，新媒体写作在社会生活中的应用会更加广泛。

学以致用

怎样掌握新媒体写作方法？

任务二　网络新闻写作

任务设计

掌握网络新闻写作的特征。

知识探究

一、网络新闻写作的特征

网络新闻写作

（一）全时化

网络能实现新闻的即时传播，其传播速度是传统媒体无法比拟的。它拓展了传统媒体对于时效性的定义，具有全时化的特点。如新浪、雅虎等各大网站，都有滚动播报的即时性特征。这些动态的、零散的、即时性的快讯能够连续对一个公众关注的新闻主题进行报道。

南京大学杜骏飞教授提出，全时化的新闻采写包括三个向度：全天候采写、全历史采写、全过程采写。全天候采写要求媒体在 24 小时内能够不间断地"产出"新闻产品。全历史采写要求新闻文本有完整的历史向度，应满足受众对于时间向度上的需求。全过程采写要求对特定新闻事件的后续进程保持恒久的兴趣。

如，在 2013 年的两会报道中，新浪网不仅于 3 月 17 日十二届全国人大一次会议闭幕会后及时发布了《国务院总理李克强答记者问实录》，并且开办了"2013 年全国两会财经报道"专题，下设"特别策划""历届回顾"等板块。而"特别策划"中又有"川行十年""面孔""谁的城镇化"等内容，"历届回顾"中包括 2012 年、2011 年、2010年、2009 年两会财经报道。

新浪网络新闻的全时化特点，使受众能够多层次、多方位、多角度地了解两会经济方面的相关政策法规。

（二）超链接

超链接既是一种技术手段，也是一种网络写作的思维方式。写作网络新闻时，必须改变传统的线性思维方式，建立分层表述意识，学会有效地利用超链接手段，按照受众的关注度和需求度，将材料进行多极化的分层排列。受众在阅读网络新闻时，就可以根据自己的需要和兴趣任意点击，或扫描式阅读，或逐层索取信息。

例如，凤凰网转载中国新闻社 2013 年 6 月 12 日的报道《神舟十号航天员太空发回祝福：端午节快乐》中，就神舟十号三位航天员太空中过端午的状况做了介绍，此篇报道下设置了"相关专题""相关阅读"的超链接。

（三）流行语

当前，各种网络符号语言与表达方式层出不穷。对于这种现象，我们应给予正视和理性的对待。在网络新闻写作中，选用适当的网络语言，有时可以获得意想不到的效果，如拉近与网民的距离，增强新闻的可读性与亲和力等。

例如，华商网的新闻《工钱拿不到 元芳你怎么看》（2013 年 1 月 16 日）："等了五十天，工钱始终没拿到。元芳，你怎么看？"昨日上午 10 时 30 分，在高陵县维也纳森林小区四号楼前，穿着狄仁杰、元芳戏装服饰的两名农民工一唱一和，旁边还有人拿着破旧的脸盆敲敲打打……

这篇报道中，出现了"元芳你怎么看"这样的网络流行语言，营造了轻松戏谑的网络新闻语言风格，极具个性，拉近了与受众的距离。

（四）交互性

在网络新闻写作中，写作者首先需要改变传统媒体写作的灌输式思维与居高临下的写作心态。从指导、指示受众，转变为引导、服务用户，从模式化新闻写作到根据用户需要撰写定制式新闻，建立与用户平等交流与对话的互动机制。其次，要掌握网络互动工具并娴熟运用。现在普遍使用的交互式写作的途径主要有：电子邮件、新闻组、电子公告牌（BBS）、聊天室、文章留言和网络调查等。

例如，2013 年 4 月 12 日至 23 日，人民网强国社区调查栏目《态度》联合北京美兰德信息公司，在全国范围内，针对"当代中国青年价值观"进行了民意调查。此次调查采用计算机辅助电话调查（CATI）和网民自填网络问卷的方式，线上线下调查同步进行。随后，人民网强国社区汇集整合了线上线下网民的意见和看法，形成的调查报告及时发布在人民网上，较为系统、全面地反映了民意，并将信息反馈给网民，网民以这种方式参与到人民网新闻报道的写作中，形成了良好的互动和对话。

二、网络新闻的写作方法

首先，为新闻制作清晰明确的标题。新闻标题往往最先被搜索引擎捕捉，也是使用者识别与查找信息的最初标志，新闻标题的质量直接关系到新闻在搜索引擎上呈现的面貌。

除了前面说过的网络新闻标题的制作要求外，考虑到便于使用者通过搜索引擎进行检索，制作网络新闻标题时还应该注意以下两个方面。

首先，从目前互联网接收终端所限定的版面布局结构上看，一则新闻需要有一个单独一行的、一般不超过 25 个字的言简意赅的文字标题，要确保这个标题的前 20 个字能够描述这一新闻的本质性内容。标题的第一个词对于描述一则新闻或者是一页新闻的内容往往是非常重要的，新闻标题越是具有独特性，就越是容易在搜索引擎的列表中被使用者注意到，不要用套话和笼统的描述作为新闻标题。标题应该是完全了解文章的前后关系后制作的，每一个独立的网页都必须用醒目的标题作为标志。

其次，为新闻制作精彩的导语或概要。在搜索引擎上，一则新闻最前端的数十个字往往作为这一新闻的全部内容的简明提示，使用者往往就是通过在搜索引擎上呈现的这数十个字的描述去判断这则新闻信息与自己需求之间的关系。为实现这一目的，以下几方面的技巧需要引起注意：使用能够引起人们注意的词汇和简洁的句式制作导语；如果是长篇的报道，则要使用能够引起人们注意的词汇和简洁的句式制作一个概要，将其置于这一页面的最前端；导语和概要描述必须准确反映全文的内在联系及本质含义；不要用夸张和浮华的语言描述导语和概要，要把精力集中于事实之上；概要描述应该控制在150 字以内。

学以致用

怎样掌握新媒体写作方法？

任务三 博 客

任务设计

掌握博客的写作特征以及理论知识。

知识探究

一、博客写作的特征

（一）真实性

真实自由开放，是各大博客网站所提倡的宗旨，文学博客和新闻博客尤其如此。作者把现实生活与思想情感真实地在博客上书写出来，能引起读者心灵的共鸣；而网络环境的开放自由，减弱了写作者的功利性，使大部分的作者能够从内心需要和社会责任出发，写出真实可信、令人印象深刻的作品。

博客写作

如柴静 2013 年 3 月 23 日的博文《一场虚构的仇恨——哈医大杀害医生案采访笔记》写道:

一年前的今天，3 月 23 日，哈医大发生患者杀害医生案件，一名 28 岁的实习医生死亡，其他三名重伤。这几天翻到了当时的采访笔记，综合场记，摘选部分贴出，算是对此事的一点纪念。笔记中写过:"这个新闻给我一个很深的启发，我们做这个工作时间长了，每发生了一件事——城管和小贩冲突了，医生和患者冲突了，教师与学生冲突了……都容易有一个判断的模式，谁强谁弱，谁错谁对，什么落点，希望有一个治百病的原因和药方。但每一个真相都与另一个不同，不能断言，也不能以模式套用，每一件事，都需要细究它独有的事实和因果，解决之道只能蕴含其中。"

(二) 大众性

书写和发表博客具有"零编辑、零技术、零成本、零形式"的"四零"便利，使得写作不再是掌握在部分编辑、作者手上的"特权"。博客写作让懂得使用电脑的人都能在网络上拥有自己的写作权和发表权，发表自己的评论和见解，发布自己的原创作品，也可以转贴别人的文章，进行二次创作。原本高高在上的文学写作和新闻写作，由于网络的便捷性，不得不"俯下身子"，与普通百姓的生活日益亲近，显现出平民化的特征。

(三) 个性化

由于博客作者职业品格、人生经历的不同，个性鲜明成为博客写作的一个重要特点。博客作者风格各异，有的观点尖锐，个性张扬；有的沉稳，成熟理智；有的感性率真，天真活泼；有的老辣精练，快意恩仇……他们在网络自由平等的虚拟环境里，或为引人注目，或抛开杂念自由书写，都情不自禁地张扬着自己的个性，证明着自己的与众不同。

(四) 包容性

博客写作是在一个自由的空间里进行书写，在不违背相关法律法规的前提下，人们可以自由地发表自己的作品。博客写作不像报纸、广播、电视等传统媒体那样有诸多限制，或许你的作品还存在诸多瑕疵，或许你作品所揭示的真相会让某些人出丑，但是类似的这些作品你都可以轻易地发布到网络上，这就使博客具有了包容性。特别是当Web2.0 时代到来时，这种包容性更是被空前地放大了，这为众多的"草根"作者施展才华提供了广阔的空间，也给他们争取到了属于自己的话语权。

二、博客写作的要领

(一) 持之以恒，不断更新

博客就像日记一样，要养成天天写的习惯。经常更新，不断积累，是博客文章有别于其他文章的关键。博客持续更新的特性，使之能够及时记录个人的行为和思想。

（二）发挥特长，专注写作

博客内容的质量至关重要，相对高端的内容往往容易获得博友的青睐。博主应该发挥个人专长，突出自己的本职专业或自己非常感兴趣的领域，这样才能不断发表高质量的文章，并使自己在某个专业领域不断向纵深发展。以专注的心态使博客朝某个方向发展，而不涉及过多的领域，能避免博客写作的盲目性。

（三）勤于访问，互动交流

经常访问别人的博客，多留言，多评论，及时回复博友的留言评论，与博友保持良好的关系，是留住老博友、不断增加新博友，建立稳定的博客圈的关键。

（四）设计标题，吸引读者

博客文章的标题对于提升文章的关注度具有非常重要的作用。因为有很大一部分读者，尤其是新读者，是先看文章的标题，然后才决定是否看内容的。标题要新颖，要能够吸引读者的眼球，但不要哗众取宠。一个好标题的功能在于，用最准确的词语精确地表达内容。如果博客的标题给予读者想要的东西，但文章里面却没有涉及，那么读者就会失望地离开，到别的博客去寻找他们想要的东西。

学以致用

博客写作有哪些特征？

任务四　微写作

任务设计

掌握微写作的写作特征以及理论知识。

知识探究

微写作

一、微写作的特征

微写作是利用微博写作的微型文学作品。微写作发端于"微博"，旨在"一滴水里看世界，半瓣花上说人情"，"微"中见精神，"微"中见个性，"微"中抒性情。从形式上说，微写作包括微小说、微诗歌、微评论以及书信、便笺、倡议、启事等，可以是应用文也可以是说明性、议论性的文段，字数一般在二三百字。

微写作正在成为受人关注的独特文化现象。一方面，一些文学名家正在介入这一领域；另一方面，大批"草根写手"涌起，逐渐形成一股新兴的写作势力；更有出版界推波助澜，索性将热门微博结集成书，使"微写作"开始进军传统出版领域。"闭关"15

年的武侠小说家温瑞安重出江湖，通过网易微博发表其最新作品《侠道相逢》，成为微写作历史上的一个轰动性事件。

人们对微写作的评价不一。有人预言，微文学正在成长为一种全民文学样式；也有人认为，这些不同文体的微博作品，其形式趋于一致，篇幅短小，内容零碎，结构散乱，尤其是那些自称微小说的博文，顶多也就是一则小故事。

二、微写作的创作要领

（一）审题辨题，有的放矢

审清答题要求和答题内容是"微写作"的头等大事。审题，即要做到对题目要求的审理，做到内容上的符合要求；辨题，即分辨题目考查的是哪种微写作形式，做到在形式上符合要求。

如题目要求就帕斯卡尔在《人是一根能思想的苇草》里提到的"思想形成人的伟大"这一观点进行阐述，那么，该题在形式上就属于思想型微书评。微书评中，"读"是基础，"感""议"是"读"的结果，重点应放在"感"与"议"上。一般要引述原作中的有关内容或观点，针对所引的材料发表议论，表明自己的态度或观点，然后再联系古今中外的相关人事、当前现实生活中的人事及自身经历谈感想，最后总结全篇。

人真的如同一根纤弱的苇草，在大自然面前脆弱得不堪一击。但是人与植物、动物的根本区别是：人可以思考，有思想。思想是伟大的，正因为有了思想，人才高于自然万物，超越了一切貌似强悍的对手，成为万物之灵。虽然宇宙是浩大的，足可以毁灭渺小、脆弱的人，但是人凭借思想，轻而易举地就"囊括了"宇宙。人的生命有限，但是思想放飞的空间无限，这是人在宇宙中的全部尊严。纵观历史，无论是西方中世纪的漫漫长夜，还是中国数千年的闷无生气，都是思想被压抑、被忽视的体现。（《思想于人》）

作者由"人是一根能思想的苇草"出发，将人和植物、动物进行对比，突出思想的重要性，符合微书评的基本行文。

（二）巧妙切入，以小见大

微写作取材要小，找穴要准，要善于借助"抓典型"和"给象征"的手法，借助生活经验，以眼前小事物、小细节、小话题反映重大内容、人生道理、社会主题，达到以小见大的目的。

具体来说，操作如下：①针对题目进行生活性联想，如针对秩序类话题，就可以想到生活中有形的排队（具体的排队行为）和无形的排队（成绩排名、城市排名等）；②列举现象之后要加以分析，分析现象背后的本质，如"排队"的核心理念是体现"公平有序"，"插队"则是对秩序原则的挑战，反映了一种"特权思想"；③分析现象出现的根源，分析其广度上的普遍性、深度上的影响性。

对微评论来说，需要在契合主题、展现主旨的前提下，选用小的切入点，如选取"断砖"作为评论对象，评价《阿Q正传》中的细节描写，就可以这样写：

断砖散落在静修庵的门墙边,是庵院破败的写照,是社会凋敝的象征。小说用"断砖"这一细节,艺术地再现了当时的社会环境。断砖又是阿Q用来抵御"狗们"的惯用"武器",这一细节又成了阿Q低下社会地位和困窘经济状况的写照。昔日断砖是阿Q的防御武器,而今在静修庵,断砖成了阿Q的进攻武器。这真是"攻守之势异也"!当静修庵的门板上遍布断砖敲击的"麻点"时,阿Q的心里是何等快意呀!断砖因握在阿Q手中而有了生命,有了寄托;阿Q因手执断砖而跃然纸上,呼之欲出。本是家常器物的断砖,在鲁迅先生点石成金的笔下,成为衬托阿Q的绝佳道具。(《阿Q手中的断砖》)

作者选取"断砖"作为对象,一是"断砖"能够反映当时的社会环境,二是"断砖"可以衬托出阿Q地位低下、怕事胆小的人物特征。

(三)生动展现,关注细节

一般来说,写作上要有独特的视角,要根据所描写事物的特点,巧妙适度地进行;形式上要条分缕析,抓住细节层层展开,准确形象地表达体验和感受。记叙类微写作要抓住该事物之所以为该事物的本质属性进行联想,正面描写要抓住细节,侧面描写要抓住最恰当的时间、地点、人物,利用巧合、误会、反差、歧义、景同情异等手法进行议论、抒情。记叙描写如画龙,抒情、议论就是点睛。

"现在是八点五十五分,离开考还有五分钟。"监考老师边说边拆试卷。看着那即将发下的试卷,我好不容易才平静下来的心跳又加快了节奏。看看周围的同学,有的神情自若,有的双目紧闭,有的还在口中默念着什么。我深吸了口气,"别紧张",我再次告诫自己,"只有保持良好的心理状态,才能正常发挥"。我又深吐了口气,"我行的",我不断为自己做心理暗示,"我的语文一向挺稳定的,这次同样如此"。当监考老师把试卷发到每个人手中后,我浏览着试卷,原本快速的心跳反倒渐渐平缓了下来……(《开考时刻》)

作者采用正面描写与侧面描写相结合的方式,通过对内心活动的描写及前后的心理反差,形象地再现了开考前的紧张状态。

学以致用

微写作的创作要领有哪些?

任务五　微信公众平台

任务设计

掌握微信公众平台的写作方法及写作理论。

知识探究

微信公众平台

一、微信公众平台的特征

（一）便捷操作无门槛

微信公众平台是免费使用、无门槛的，无论是企业还是个人，只要使用没有注册微信的 QQ 号就可以简便地注册微信公众号，还可以和私有微信账号进行绑定。在 PC 机上登录公众账号后，就可以进入界面的后台编辑内容。后台比较简洁，主要有实时交流、信息发送和素材管理三个方面，管理者可以上传头像，设置微信号，并且会生成一个二维码。用户可以用手机扫描该二维码，或搜索该微信号关注这个公众平台。

（二）信息推送高时效

微信公众平台的一大特点就是能像彩信一样主动推送消息，并且采用一种类似网页化的形式呈现各种信息，其推送和接收都是免费的。消息一旦发送就会在手机终端的微信平台通知用户，具有同步性，因此用户实际上是被强制阅读推送的信息，信息的抵达率几乎是百分之百，有较好的准确性和时效性。

（三）推送精准好管理

微信公众平台管理员通过后台对订阅的用户设置不同性别、不同地域的分组来推送特定的消息，可以达到信息的精准推送。

（四）内容丰富个性化

快速方便无障碍地互动是微信的一大特色，人们可以通过微信直接用文字、语音、图片等多种形式与好友交流，分享信息。微信公众平台也承袭了这一特点，传播内容丰富多样且富有个性化，在"素材管理"栏目界面，可以上传和群发文字、图片、语音、视频等信息。

微信公众平台先天遗传了移动互联网的基因，其与空间教学、学习论坛、校园网站等互联网媒体的不同特质，使教育微信公众平台在职业教育传播知识、培养人才、技术研究和服务社会的四大职能上成为高效、实时、交互、移动的新方式。

二、微信公众平台的使用

1. 推送微课，传播知识，提供随时随地的移动学习支持。"微课"其实就是以视频为主的碎片化学习资源，学习资源碎片化就是为了适应碎片化学习，即使学习者在碎片化的时间获取碎片化的知识，而这最好的实现方式莫过于在智能手机终端上随时随地进行移动式学习。微信公众平台的多媒体信息推送功能恰好为微课提供了一个传播平台，传播者在这里能按照一定的教学设计，通过群发推送微课程，还可以引导学生课前预习、课后复习。二者的结合将是职业教育乃至整个教育领域信息化改革的创新。

2. 因材施教，向学习者提供个性化课程。微信公众平台的用户管理功能能灵活地对用户进行分组。最直接的方式是按性别或所在区域划分学习者，但通常在教学中会按特定组织关系如班级、年级、专业等进行分组，这样便于有针对性地推送学习内容。一段时间后可以根据测试或答疑反映的问题分析学习者的学习现状，再按照个人不同学习水平来分组，有针对性地推送对学习者有帮助的特定学习内容。这样相当于为学习者定制了个性化的课程，并且不会公开其学习水平，从而达到因材施教的人才培养目标。

3. 即时互动便于技术交流，自助查询调动学习者学习的主动性。通过平台实时消息功能，管理员可以查看学习者的留言并有针对性地答疑。这样的一对一问答模式保证了学习者与管理员对话的私密性，避免了传统课堂学生羞于问简单问题时的尴尬。微信公众平台的关键字回复功能，能让学习者通过回复关键字的方式来精准查找自己需要的知识。这种自动回复的方式增加了学习的趣味性，能调动学习者的积极性，鼓励他们去主动学习知识。

4. 分享服务，便于形成学习共同体，扩大社会服务范围。学习者在查看消息的同时，可以选择将内容分享到自己的网络社交圈里（如微信好友、朋友圈或腾讯微博），学习者的转发分享，能迅速扩大微信公众平台的服务范围。学习者之间还可以通过微信群聊功能来发起话题，讨论技术问题，分享各自的学习经验和体会。这样对于学习者而言，既构筑了一个健康的网络社交圈，又形成了良好的学习共同体。

学以致用

怎样掌握微信公众平台的写作特征？

◆ **名作欣赏** ◆

给我的孩子们

丰子恺

我的孩子们！我憧憬于你们的生活，每天不止一次！我想委曲地说出来，使你们自己晓得。可惜到你们懂得我的话的意思的时候，你们将不复是可以使我憧憬的人了。这是何等可悲哀的事啊！

瞻瞻！你尤其可佩服。你是身心全部公开的真人。你什么事体都像拼命地用全副精力去对付。小小的失意，像花生米翻落地了，自己嚼了舌头了，小猫不肯吃糕了，你都要哭得嘴唇翻白，昏去一两分钟。外婆普陀去烧香买回来给你的泥人，你何等鞠躬尽瘁地抱他，喂他；有一天你自己失手把他打破了，你的号哭的悲哀，比大人们的破产，失恋，broken heart，丧考妣，全军覆没的悲哀都要真切。两把芭蕉扇做的脚踏车，麻雀牌堆成的火车，汽车，你何等认真地看待，挺直了嗓子叫"汪——"，"咕咕咕……"来代替汽笛。宝姐姐讲故事给你听，说到"月亮姐姐挂下一只篮来，宝姐姐坐在篮里吊了上去，瞻瞻在下面看"的时候，你何等激昂地同她争，说"瞻瞻要上去，宝姐姐在下面看"！甚至哭到漫姑面前去求审判。我每次剃了头，你真心地疑我变了和尚，好几时不要我抱。最是今年夏天，你坐在我膝上发现了我腋下的长毛，当做黄鼠狼的时候，你何等伤心，你立刻从我身上爬下去，起初眼睁睁地对我端相，继而大失所望地号哭，看看，哭哭，如同对被判定了死罪的亲友一样。你要我抱你到车站里去，多多益善地要买香蕉，满满地擒了两手回来，回到门口时你已经熟睡在我的肩上，手里的香蕉不知落在哪里去了。这是何等可佩服的真率，自然，与热情！大人间的所谓"沉默""含蓄""深刻"的美德，比起你来，全是不自然的，病的，伪的！

你们每天做火车，做汽车，办酒，请菩萨，堆六面画，唱歌，全是自动的，创造创作的生活。大人们的呼号"归自然！""生活的艺术化！""劳动的艺术化！"在你们面前真是出丑得很了！依样画几笔画，写几篇文的人称为艺术家，创作家，对你们更要愧死！

你们的创作力，比大人真是强盛得多哩：瞻瞻！你的身体不及椅子的一半，却常常要搬动它，与它一同翻倒在地上；你又要把一杯茶横转来藏在抽斗里，要皮球停在壁上，要拉住火车的尾巴，要月亮出来，要天停止下雨。在这等小小的事件中，明明表示着你们的弱小的体力与智力不足以应付强盛的创作欲、表现欲的驱使，因而遭逢失败。然而你们是不受大自然的支配，不受人类社会的束缚的创造者，所以你的遭逢失败，例如火车尾巴拉不住，月亮呼不出来的时候，你们决不承认是事实的不可能，总以为是爹爹妈妈不肯帮你们办到，同不许你们弄自鸣钟同例，所以愤愤地哭了，你们的世界何等广大！

你们一定想：终天无聊地伏在案上弄笔的爸爸，终天闷闷地坐在窗下弄引线的妈妈，是何等无气性的奇怪的动物！你们所视为奇怪动物的我与你们的母亲，有时确实难为了你们，摧残了你们，回想起来，真是不安心得很！

阿宝！有一晚你拿软软的新鞋子，和自己脚上脱下来的鞋子，给凳子的脚穿了，划袜立在地上，得意地叫"阿宝两只脚，凳子四只脚"的时候，你母亲喊着"龌龊了袜子！"立刻擒你到藤榻上，动手毁坏你的创作。当你蹲在榻上注视你母亲动手毁坏的时候，你的小心里一定感到"母亲这种人，何等杀风景而野蛮"吧！

瞻瞻！有一天开明书店送了几册新出版的毛边的《音乐入门》来。我用小刀把书页一张一张地裁开来，你侧着头，站在桌边默默地看。后来我从学校回来，你已经在我的书架上拿了一本连史纸印的中国装的《楚辞》，把它裁破了十几页，得意地对我说："爸爸！瞻瞻也会裁了！"瞻瞻！这在你原是何等成功的欢喜，何等得意的作品！却被我一个惊骇的"哼"字喊得你哭了。那时候你也一定抱怨"爸爸何等不明"吧！

软软！你常常要弄我的长锋羊毫，我看见了总是无情地夺脱你。现在你一定轻视我，想道："你终于要我画你的画集的封面！"

最不安心的，是有时我还要拉一个你们所怕的陆露沙医生来，教他用他的大手来摸你们的肚子，甚至用刀来在你们臂上割几下，还要教妈妈和漫姑擒住了你们的手脚，捏住了你们的鼻子，把很苦的水灌到你们的嘴里去。这在你们一定认为是太无人道的野蛮举动吧！

孩子们！你们果真抱怨我，我倒欢喜；到你们的抱怨变为感激的时候，我的悲哀来了！

我在世间，永没有逢到像你们这样出肺肝相示的人。世间的人群结合，永没有像你们样的彻底的真实而纯洁。最是我到上海去干了无聊的所谓"事"回来，或者去同不相干的人们做了叫做"上课"的一种把戏回来，你们在门口或车站旁等我的时候，我心中何等惭愧又欢喜！惭愧我为什么去做这等无聊的事，欢喜我又得暂时放怀一切地加入你们的真生活的团体。

但是，你们的黄金时代有限，现实终于要暴露的。这是我经验过来的情形，也是大人们谁也经验过的情形。我眼看见儿时的伴侣中的英雄、好汉，一个个退缩、顺从、妥协、屈服起来，到像绵羊的地步。我自己也是如此。"后之视今，亦犹今之视昔"，你们不久也要走这条路呢！

我的孩子们！憧憬于你们的生活的我，痴心要为你们永远挽留这黄金时代在这册子里。然这真不过像"蜘蛛网落花"，略微保留一点春的痕迹而已。且到你们懂得我这片心情的时候，你们早已不是这样的人，我的画在世间已无可印证了！这是何等可悲哀的事啊！

（选文有改动）

我的写作与水的关系
沈从文

在我一本自传里，我曾经提到过水给我的种种印象。檐溜，小小的河流，汪洋万顷的大海，莫不对于我有过极大的帮助，我学会用小小脑子去思索一切，全亏得是水，我对于宇宙认识得深一点，也亏得是水。

"孤独一点，在你缺少一切的时节，你就会发现原来还有个你自己。"这是一句真话。我有我自己的生活与思想，可以说是皆从孤独得来的。我的教育，也是从孤独中得来的。然而这点孤独，与水不能分开。

年纪六岁七岁时节，私塾在我看来实在是个最无意思的地方。我不能忍受那个逼窄的天地，无论如何总得想出方法到学校以外的日光下去生活。大六月里与一些同街比邻的坏小子，把书篮用草标各做下了一个记号，搁在本街土地堂的木偶身背后，就撒着手与他们到城外去，钻入高可及身的禾林里，捕捉禾穗上的蚱蜢，虽肩背为烈日所烤炙，也毫不在意。耳朵中只听到各处蚱蜢振翅的声音，全个心思只顾去追逐那种绿色黄色跳跃灵便的小生物。到后看看所得来的东西已尽够一顿午餐了，方到河滩边去洗濯，拾些干草枯枝，用野火来烧烤蚱蜢，把这些东西当饭吃。直到这些小生物完全吃尽后，大家于是脱光了身子，用大石压着衣裤，各自从悬崖高处向河水中跃去。就这样泡在河水里，一直到晚方回家去，挨一顿不可避免的痛打。有时正在绿油油禾田中活动，有时正泡在水里。六月里照例的行雨来了，大的雨点夹着吓人的霹雳同时来到，各人匆匆忙忙逃到路坎旁废碾坊下或大树下去躲避。雨落得久一点，一时不能停止，我必一面望着河面的水泡，或树枝上反光的叶片，想起许多事情。所捉的鱼逃了，所有的衣湿了，河面溜走的水蛇，叮固在大腿上的蚂蟥，碾坊里的母黄狗，挂在转动不已大水车上的起花人肠子，因为雨，制止了我身体的活动，心中便把一切看见的经过的皆记忆温习起来了。

也是同样的逃学，有时阴雨天气，不能向河边走去，我便上山或到庙里去，在庙前庙后树林或竹林里，爬上了这一株，到上面玩玩后，又溜下来爬另外一株，若所爬的是竹子，必在上面摇荡一会儿，爬的是树木，便看看上面有无鸟巢或啄木鸟瓣卵的孔穴。

雨落大了，再不能做这种游戏时，就坐在楠木树下或庙门前石阶上看雨。既还不是回家的时候，一面看雨一面自然就需要温习那些过去的经验，这个日子方能发遣开去。雨落得越长，人也就越寂寞。在这时节想到一切好处也必想到一切坏处。那么大的雨，回家去说不定还得全身弄湿，不由得有点害怕起来，不敢再想了。我于是走到庙廊下去为做丝线的人牵丝，为制棕绳的人摇绳车。这些地方每天照例有这种工人做工，而且这种工人照例又还是我很熟悉的人。

也就因为这种雨，无从掩饰我的劣行，回到家中时，我便更容易被罚跪在仓屋中。在那间空洞寂寞的仓屋里，听着外面檐溜滴沥声，我的想象力却更有了一种很好训练的机会。我得用回想与幻想补充我所缺少的饮食，安慰我所得到的痛苦。我因恐怖得去想一些不使我再恐怖的生活，我因孤寂又得去想一些热闹情方不至于过分孤寂。

到十五岁以后，我的生活同一条辰河无从离开，我在那条河流边住下的日子约五年。这一大堆日子中我差不多无日不与河水发生关系。走长路皆得住宿到桥边与渡头，值得回忆的哀乐人事常是湿的。至少我还有十分之一的时间，是在那条河水正流与支流各样船只上消磨的。

从汤汤流水上，我明白了多少人事，学会了多少知识，见过了多少世界！我的想象是在这条河水上扩大的。我把过去生活加以温习，或对未来生活有何安排时，必依赖这一条河水。这条河水有多少次差一点儿把我攫去，又幸亏它的流动，帮助我做着那种横海扬帆的远梦，方使我能够依然好好地在人世中过着日子！

再过五年，我手中的一支笔，居然已能够尽我自由运用了。我虽离开了那条河流，我所写的故事，却多数是水边的故事。故事中我所最满意的文章，常用船上水上作为背景，我故事中人物的性格，全为我在水边船上所见到的人物性格。我文字中一点忧郁气氛，便因为被过去十五年前南方的阴雨天气影响而来，我文字风格，假若还有些值得注意处，那只因为我记得水上人的言语太多了。

再过五年后，我的住处已由干燥的北京移到一个明朗华丽的海边。海既那么宽泛无涯无际，我对人生远景凝眸的机会便较多了些。海边既那么寂寞，它培养了我的孤独心情。海放大了我的感情与希望，且放大了我的人格。

（选自沈从文《古人的胡子》，新星出版社，有改动）

项目九　小学作文教学原理

本项目小学作文教学原理，就是在校学生在专业课课程学习、实践、实习等过程中所使用的各小学作文教学理论，它的理论性强，具有很强的权威性。通过这一理论的学习，学生能够切实了解和解决自己在学习过程中的实际问题。写作绪论当中的理论具有很强的理论性、指导性、权威性等特点。

【学习目标】

1. 理解小学作文教育教学的概念。

2. 掌握各种小学作文教育教学过程。

3. 根据理论会小学作文教学评价。

任务一　小学作文教学的原则

任务设计

本任务通过对小学作文理论的学习，学生能够切实了解和解决自己在学习过程中的实际问题。

知识探究

小学作文教学是一种个性鲜明的教学活动，它除了要遵循一般的教学原则外，还要遵循能体现其自身特色的教学原则。

小学作文教学的原则

一、注重基础，适应发展

小学作文教学是基础教育的一部分，其教学目标是使学生在小学阶段能够打好扎实的基本功，适应素质教育的需要。

小学生写作能力的培养的具体要求是：

1. 写作要有真情实感，力求表达自己对自然、社会、人生的感受、体验和思考。

2. 多角度观察生活，发现生活的丰富多彩，能抓住事物的特征，有自己的感受和认识，表达力求有创意。

3. 注重写作过程中搜集素材、构思立意、列纲起草、修改加工等环节，提高独立写作的能力。

4. 写作时考虑不同的目的和对象。根据表达的需要，围绕表达中心，选择恰当的表达方式。合理安排内容的先后和详略，条理清楚地表达自己的意思。运用联想和想象，丰富表达的内容。正确使用常用的标点符号。

5. 写记叙性文章，表达意图明确，内容具体充实；写简单的说明性文章，做到明白清楚；写简单的议论性文章，做到观点明确，有理有据；根据生活需要，写常见应用文。

6. 能从文章中提取主要信息，进行缩写；能根据文章的基本内容和自己的合理想象，进行扩写；能变换文章的文体或表达方式等，进行改写。

7. 根据表达的需要，借助语感和语文常识，修改自己的作文，做到文从字顺；能与他人交流写作心得，互相评改作文，以分享感受，沟通见解。

8. 作文每学年一般不少于 14 次，其他练笔不少于 1 万字，45 分钟能完成不少于

500 字的习作。

学生写作能力的培养的具体要求是：

1. 学会多角度地观察生活，丰富生活经历和情感体验，对自然、社会和人生有自己的感受和思考。

2. 能考虑不同的目的要求，以负责的态度陈述自己的看法，表达真情实感，培育科学理性精神。

3. 书面表达要观点明确，内容充实，感情真实健康；思路清晰连贯，能围绕中心选取材料，合理安排结构。在表达实践中发展形象思维和逻辑思维，发展创造性思维。

4. 力求有个性、有创意地表达，根据个人特长和兴趣自主写作。在生活和学习中多方面地积累素材，多想多写，做到有感而发。

5. 进一步提高记叙、说明、描写、议论、抒情等基本表达能力，并努力学习运用多种表达方式，能调动自己的语言积累，推敲、锤炼语言，表达力求准确、鲜明、生动。

6. 能独立修改自己的文章，结合所学语文知识，多写多改，养成切磋交流的习惯。乐于相互展示和评价写作成果，45 分钟能写 600 字左右的文章，课外练笔不少于 2 万字。

相对于以往的"语文教学大纲"，"语文课程标准"更强调作为现代公民基本素养的表达交流技能、方法及态度的培养，其教学要求更具体，训练内容更贴近生活。

二、循序渐进，扶而后放

小学阶段，学生正处于作文"入门"的关键阶段，这是一个打好作文基础最重要的时期。同时，小学阶段又是学生作文能力发展最快、可塑性最强的阶段，只要教学得法，就可以使学生顺利地迈入作文的"门槛"。为此，小学作文教学应该遵循学生作文能力发展的阶段性规律，做到循序渐进，扶而后放。

就训练的手段而言，先"入法"后"化用"，先敢想敢写后写快写好。小学作文教学的基本内容是教师教学生作文。广义的作文，是写文章；狭义的作文专指学生练习写文章，训练写作的基本功，就是所谓的学"作"文章。作文"入门"阶段的显著特征是学作文的"规矩"，"于无法之中求得法"。小学作文训练采用"范文做鉴、知识引路、仿写练习"的读写结合的方式，从某种意义上说，教师实际上是为学生作文创造模仿的条件。

我国传统的作文训练中，由模仿入手乃是一条"入法"的重要经验。宋代朱熹在《朱子语类》指出："古人作文作诗，多是模仿前人而作之。盖学之既久，自然纯熟……前辈作者，古人有名文字，皆模拟作一篇。故后有所作时，左右逢源。"这是经验之谈，揭示了作文的一条规律。

模仿也有一个渐进的过程和层次高低的区别。在小学作文教学中，先有形模仿（"依样画葫芦"），后无形模仿（离开特定的范本）；先单一模仿（单项能力、某一技法训练），后综合模仿（综合能力、多种技法结合的训练）；先机械式模仿（套用前人现成的东西），后"化用"式模仿（将别人的东西吸收消化为自己的东西）。教师的作文指导应先扶而后放。"扶"是搀扶，即给学生以必要的指点和启发；"放"是放手，即让学生自主作文，有更多自由驰骋的空间。小学作文教学是一种双边活动，教师是"主导"，学生是"主体"。有的时候，为了能给学生更好的搀扶，教师还得亲自"下水"。教师写"下水作文"，"这无非希望老师深知作文的甘苦，无论取材布局，遣词造句，知其然又知其所以然，而且非常熟练，具有敏感，几乎不假思索，而自然就能左右逢源。这样的时候，随时给学生引导一下，指点几句，全是最有益的启发，最切用的经验。学生只要用心领会，努力实践，作一回文就有一回进步"。

"扶"和"放"是辩证关系。教师在作文教学中要善于处理两者的关系。扶，不是越俎代庖，包揽一切；放，也不是放任自流，袖手不管。教师要根据不同的教学对象，因材施教，把握好扶放的尺度。

着意培养写作态度与习惯，适当降低写作的门槛，是新课程理念下小学作文教学的重要变化之一。作文是学生自己写会的，从敢写到乐写到会写，其中既包含学生心理发展的规律，也包含了写作行为的基本特性。

三、读写并举，悟文析法

读写并举，就是既要重视阅读，又要重视写作，读写结合，以读促写，以写带读，提高写作的水平。阅读和写作，有着密切的联系。阅读是一种吸收，写作则是一种表现。阅读是写作的基础，要表现得好，必须先有所吸收。阅读作为一种"吸收"，它是间接获得写作营养及感悟的重要途径，是小学生作文的必不可少的先决条件。张志公认为："生活实践、劳动实践、革命斗争的实践是重要的，然而不能单靠那个，特别是中小学学生，年龄、生活范围都只有那么大，直接的实践经验总是有限的。提高思想，开阔眼界，丰富知识，不能不靠多读和仔细地读。"不仅如此，阅读又为写作提供了有用的经验。大凡优秀的作品，无不说明着文章"应该怎么写"，它们是小学生作文训练借鉴的范本。古人所说的"熟读唐诗三百首，不会作诗也会吟""文选烂，秀才半"，其理正在于此。

读写并举的关键是"悟文析法"。所谓"悟文析法"，就是理解、领会文章，分析、掌握其写作的技法，也就是要识得文章的"好处"。阅读，只有识得文章的"好处"（好在何处，为什么好），才能真正吸收转化为对写作有用的东西。宋代陈辅之在《陈辅之诗话》中说："世人常言老杜读尽天下书，过矣。老杜能用所读之书耳！彼徒见其语有'读书破万卷，下笔如有神'，万卷人谁不读？下笔未必有神。"叶圣陶先生也说过："'开卷有益'也只是句鼓励人家的话。实际上，把篇章读得烂熟，结果毫无所得，甚至把自个头脑读糊涂了。这样的人古今都有。"他们从正反两方面强调了阅读必须能"用"所读之书的道理。在中学语文教学中，教师必须有效地引导学生悟文析法、读为写用，以提高学生的阅读能力和写作能力。

四、综合培养，全面发展

在培养学生的综合素养方面，小学作文教学有着更多的优势。首先，作文是人的综合素养的集中体现。小学作文教学的重要内容是教师指导学生写作文；而作文与其他写作实践一样，属于一种综合性的脑力劳动，是思想内容和书面表达形式的统一。一篇作文，不仅仅是某种能力、技巧的体现，它常常涉及写作者的知识、技能、智力和思想修养。正如东晋的葛洪在《抱朴子·外篇》中提到的"虽并属文，参差万品"，"参差"的原因就在于综合素养的差异性。因此，要提高学生的作文水平，教师应该注意把"德"（包括思想、品格、意志、情操、习惯等非智力因素）、"智"（包括记忆、观察、想象、思考、判断等智力因素）、"技"（包括掌握和运用各种技巧方法的能力因素）结合起来，促进学生的全面发展。其次，作文教学具有培养学生的综合素养的有利条件。在小学作文教学中，知识的传授和接受、技能的指导和掌握、智力的开发和提高、道德情操的熏陶和养成，乃至良好习惯的培养，无不融合于教学活动的整个过程。比如，在作文命题、审题指导、作文批改和讲评等一系列的作文训练环节里，都存在着培养学生综合素养、促进学生全面发展的因素和条件。写作应当成为学生认识自我、表达情感意愿、养成主体人格的重要途径。

学以致用

小学作文教学原则有哪些？

任务二　小学作文教学的过程

任务设计

掌握作文命题的原则与方式。

知识探究

小学作文教学的过程

一、作文命题

作文命题是作文教学和训练中的一个重要环节，是制订作文教学计划时和实施作文训练前教师必做的一项工作。作文命题不同于写作时给文章拟个标题，也并非意味着作文训练仅仅出个题目而已。作为一门科学，它是为实现某一作文训练目的而拟制的，有其自身特有的一些规律和要求。

（一）作文命题的原则

1. 适宜性

适宜性，指的是作文命题应该符合学生的实际，设身处地地了解学生的实际情况。叶圣陶在《叶圣陶教育论集》中指出："凡是贤明的国文教师，他出的题目应当不超出学生的经验范围，他应当站在学生的立脚点上替学生设想，什么材料是学生经验范围内

的，是学生所能写的、所要写的，经过选择才能写下题目来。"他还说过："出作文题一定要为学生着想，钻进学生的心里去思考，务必使他们有话可说。"叶老的话，强调的就是命题的"适宜性"。"适宜性"大致包括：贴近学生的生活经验；符合学生的心理特征；唤起学生的倾诉热情。

作文命题还要适应学生的实际写作能力。作文题目的难度常有不一，尽管学生同作一题文，可以"各自擅其妙"，那只是就大家都能写的题目而言的。作文命题难度要适当。教师要把握学生的实际写作能力，每次作文命题，既要考虑不同年级学生的能力层次，也要顾及同一班级不同能力层次的学生。

2. 典型性

一个具有典型意义的题目，学生通过练习，往往能取得以一当十的效果。有些题目，属于同一类型同一训练层次，比如《我的爸爸》《我与爸爸》《一位个性鲜明的爸爸》等，它们都是以写人为主的记叙文题目，而且都是写关于爸爸的，难易程度相仿。细加比较，《一位个性鲜明的爸爸》典型性较强。在如何写人方面，它更利于锻炼学生的写作能力。该题中的关键词是"个性"二字，要写得切题，学生要学会比较，从与别的爸爸的比较中抓住人物的个性；要突出"个性"，必然离不开对人物外貌、心理、细节、语言等方面的描写，而不是单一地去写一两件事；要突出"个性"，就要用心构思，有些基本手法如抑扬、对比等要适当运用，使笔下的爸爸既个性鲜明又不失可爱可敬之处。面对这样的题目，学生需要精心构思。具有典型性的题目可成为作文训练中的"保留节目"，每个教师手头应该掌握多个这样的题目。或一题多练（同一题目反复训练几次），或一材多用（同一材料训练不同的文体），以提高学生的作文能力。

3. 系统性

系统性是从宏观的角度对作文题目所提出的一个原则。作文命题是一门学问，需要每个语文教师在教学实践中不断总结经验教训，认真研究分析，逐步建立起符合作文教学规律的、符合学生实际的、有助于提高学生作文能力的命题系统。

作文命题要做到长打算短安排，初中阶段或高中阶段，一学年或一学期，一单元或一课时，均应有计划，避免随意性。命题计划是作文教学计划的一部分，每次命题不能只是孤立地拟个作文题目，而要瞻前顾后，服从总体的教学计划。

作文命题要达到训练目标，有时还要在题目以外，配以"要求"和"提示语"。"要求"一般用来规定文体、拟题、字数等常规要求，"提示语"则侧重于从写作范围和内容上给学生以启发引导。好的"提示语"能激发学生的写作兴趣，导引学生的写作思路。

（二）作文命题的方式

小学作文的命题方式多种多样，主要的有以下三种。

1. 直接命题式

这是教师直接拟定题目，让学生审清题意后按要求进行作文练习（也适用于考试）的一种命题方式。根据题面的完整性程度，它又分成全命题式和半命题式两种。

全命题式作文题是一个完整的题目，如《温馨》《离别》《不寻常的一天》《由"春天"所想到的》《教师的自述》，等等。

半命题式作文题往只提供部分成分，空出部分成分，由学生自己选择补充，使之成为一个完整的命题，其所空之处用"＿＿＿＿＿＿""××"等符号表示。半命题式作文题，有的空在前面，如《××给了我深刻的印象》；有的空在后面，如《我一直会＿＿＿》《这场球赛真＿＿＿》；有的空在中间，如《我尝到了＿＿＿的甜头》；有的则同时空在前面和空在后面，如《××真＿＿＿》中，"××"指任何一个人，横线上可填任何一种性格或行为。半命题式作文题经补充后一般都是句子或短语。这类题目与全命题式题目比较，减少了一些限制条件，提供了较多的自由选材的空间。留空越多，自由度则越大，这类命题方式在小学作文训练（或考试）中用得较广泛。

2. 供料命题式

这是由教师提供有关材料，学生按一定要求进行作文的一种命题方式。这类命题，既有限制性，又有灵活性，能训练考查学生多方面的能力（包括阅读能力和写作能力），加上所供材料的不可测性，因而在考试中应用得较普遍。

供料命题式所供的材料大致分为文学材料（事例、寓言、典故、诗歌、小说、新闻报道等）、图画材料（漫画或其他画面）、实物材料（人、动物、器具等，适用于平日训练说明、描写等能力，考试不宜）三类。其所供材料或一则或一组，一组材料的性质可相同也可相反。

按供料命题的训练目的，又可以将供料命题式作文细分为供料议论文、供料记叙文、供料说明文、供料应用文等。

3. 自由命题式

自由命题通常是由学生自己命题进行练笔。虽然教师不直接提供题目或材料，但也是教师制订计划和命题工作的内容之一，也要提出相应的要求和范围，并给以适当的指导。

二、审题指导

（一）审题指导的意义

所谓审题指导，指的是在给定作文题目以后，指导学生按一定的方法、思路、规律，去审慎地揣摩、辨析题目，把握题意和命题者意图，写出合乎题目要求的作文。

审题指导的意义，概括起来，主要表现为以下两方面。

一是培养学生准确、迅速的审题能力。一方面，教师恰当地给予学生审题指导，有助于学生准确迅速地把握题意，写出切题、合乎命题要求的作文。另一方面，在审题指导过程中，学生情致被调动起来，思维活跃起来，从而突破命题作文所带来的限制性和束缚感，把"客观命题"转化为主观能够接受的命题，达到"自我命题"的境界，进而又快又好地完成作文练习的任务。

二是促进学生智力的发展。审题不是一种单一的脑力劳动，而是一种复杂的智力活动，它涉及感知、想象、思维、情感等心理活动过程。学生接触题目，就开始了感知过程。接着，在题目的词语启示之下，积极思考，进行分析比较，引发丰富的联想和感情体验，等等。因此，教师的审题指导，就不是简单的对题目做解释，更是对学生智力的一种开发。

（二）审题指导的方法

审题指导，可以根据不同题型，选择不同的审题方法。下面就命题作文和供料作文的审题方法择要做些介绍。

命题作文，首先就要审题。写命题作文时假如审题不清，就会下笔千言，离题万里。离题目，无论作文写得怎样好，也是失败的。那么，命题作文怎样审题呢？一般地说，就是要弄清题目所提示的题材范围，弄清题目所提示的体裁问题，弄清题目所提示的中心思想。

1. 弄清题目所提示的题材范围

好的作文命题，每个字都有特定的意义和作用。命题作文审题分析时，必须字斟句酌，不能漏掉一字一词。如《我战胜了一次困难》，这个题目要求写的就是困难，我们在学习、劳动、生活中遇到的各种各样的困难，都可以写。写多少呢？题目只要求写一次，不能写两次、三次甚至更多。谁战胜了一次困难呢？题目要求是写"我"，不能写他人，或者写一个组、一个班。像这样一字一词地分析，就算把题目所提示的题材范围弄清楚了。

2. 弄清题目所提示的体裁问题

文章用什么体裁写，也就是用什么形式来表达，这也是命题作文审题必须弄清楚的问题。恰当的形式，才能充分地表达出丰富的思想内容。它不同于开沟，直沟流水，弯沟也一样流水。它好比凿井，不同的地理条件，就要采用不同的形式和方法，否则水是引不出来的。

比如《我最熟悉的一个人》《记一件有意义的事》，一眼看出，这两个题目要求用记叙文的体裁写。凡写一个人，或者写一件事的文章，一般都是记叙文。当然，记人的，也要写事，记事的，也要写人，只是以什么为主罢了。

3. 弄清题目所提示的中心思想

中心思想是文章的一个纲，它像一条红线贯串文章的始终。中心思想确定得好不好，直接关系到文章的"神脉"端不端正。因此，在审题时一定要弄清题目所提示的中心思想。

有的题目，就直接提示了中心思想，如《知识就是力量》《记一个勤奋学习的人》，前者要求阐明学习知识的重要，阐明知识是一种精神财富，它可以产生物质力量。后者要求通过对具体事件的记叙，表现一个人勤奋学习的精神。有的题目，并没有直接提示出中心思想。比如《我最尊敬的一个人》《记一次有意义的劳动》，则要通过选材，在写作过程中，逐步确立和完成文章的中心思想。

所以，不同的作文题目，都需要我们在面对命题作文审题时认真地思考，不可草率。

（三）供料作文的审题指导

供料作文是通过供料设置了作文的方向和目的，有的甚至给出了明确的思维指向或者主旨范围。一般人认为它比话题作文要收得紧，比命题作文又要放得松些。当然，这种松紧取决于出题者对作文难易的要求。供料作文不同于话题作文只给考生一个路标，也不同于命题作文给考生一个很清晰的问题，它兼有两者的特点，因此对材料的把握是写好这类作文的关键。如何准确把握、恰当厘清供料的要求，又是下一步行文最重要的一个环节。而供料作文的审题就至关重要，现试着对这类作文的审题做了一些探究，在此略陈一二。

对于供料作文的审题，应该从三个层次去把握，分别是审材料、审提示语和审要求。

首先是审材料。写好供料作文，首先要审清材料的内涵，这是基础，也是思维的出发点。不同的材料要求是不一样的，或者说材料关注的核心是不相同的，因此审材料首先要关注材料的类型。一般来说我们根据供料的内容可以将材料分为几种类型，分别是故事类、现象类、热点类、哲理类、寓意类；根据材料的形式将材料分为单则材料和多则材料。

对于故事类的材料：审题时要抓住故事的核心，这种类型我们在把握时可以把它看成一则故事或一篇短的记叙文。我们知道记叙文的核心是故事中的人和事件中的主要情节，因此可以抓住故事中的动作行为的词。如果是中心事件就要从事件的结果去找原因，如果是中心人物就要想这个人做了什么，为什么要那样做，做得对还是错。把握了这些，就等于在审题中抓住了核心。

对于现象类的材料：在审题时主要是能够从现象背后揭示出本质特征，再把这种本质特征上升到理性高度，就是这则材料的核心。

对于热点类的材料：热点往往是社会中最近发生的引起很多人关注的事件或现象或者人物，因为是众人关注的，因而社会上会有一些看法。对于这类材料的审题，我们不能把它等同于一般的对象，应该要更注重社会的思维趋向，提出自己的看法，不能简单地肯定也不能简单地否定，而是应该从更深层次的角度去辩证分析，一般需要综合起来看问题，最后得出结论。

对于哲理类的材料：审题时注意一个方面就可以，因为哲理本身往往就是一个核心观念，只不过是借哲人之口或者借特殊的方式表达出来罢了，我们要做的就是把哲理还原成简单的道理或者跟日常生活相关联的常识就好，或者说把自己对它的理解用现实加以论证。

对于寓意类的材料：这类材料相对而言是较复杂的一种，寓意往往是把一种特定的意蕴寄寓在一定的故事中。一般有两种形式：一种是带有批判性质的，如漫画、寓言等；一种是把一种道理寓于一种形象的描述中，前者一般是批判、讽刺社会上的某种现象或不好的风气。不管是哪种类型，寓意类的材料的落脚点都要体现到人身上，不能就事论事。

至于供料作文中那种有多则材料的审题，主要是要注意把握两个关键。第一个关键是把每一则材料看成是独立的，分析时看其属于上面所列举的哪一种，找出主要意思。第二个关键是找出几则材料之间的关系，要么"同中求异"，要么"异中求同"，也就是要么分析个性特征，要么总结共性规律。要注意的是这类材料作文要有敢于舍弃的勇气，否则舍弃不好，"求同"或"求异"都会失去准星，行文的时候就会出现断章取义，甚至是离题万里的现象。

审材料只是把握材料的核心的第一步，要完成审题还要注意第二个层次，就是要审材料的提示语。因为一则材料的主旨往往有多向性，不同的角度有不同的结论，高考作文不可能让考生在作文时"各执一端"，这样评分不好用统一的标准，因此在高考的供料作文中一般都会出现提示语。所谓提示语，就是在材料后面补充说明的文字，如概括出这种材料的可能方向，这样考生实际上有了一个范围，如某年辽宁卷中的"写自己的经历，讲述身边的故事，也可以发表评论"。有的是给考生提供两种甚至多种不同的看法，有的甚至是提出一个问题，要求考生给出答案，有的是进行解释说明，让考生明白思维的方向和价值取向。如果审题时不注意这些内容，行文时就可能会泛泛而谈，而缺乏主心骨，有时没有独立的方向，面面俱到，使文章缺乏中心。

可以说在审题中把握住了上面两个关键层次，一则供料作文的"大体"已定，但还不能忽略第三个层次，就是审要求。这个"要求"一般是对这篇文章的具体的限定，因此是直接的、实在的。如"字数要求、文体要求、规范要求、题目要求"等，这些也是考生要在行文中考虑到的。

当然，审题是作文的基础，对于供料作文的审题我们不可能给出所谓的灵丹妙药，但是只要我们找到行之有效的办法，在行文时就能做到如鱼得水了。

三、作文批改

作文批改是教师就学生的作文进行评价和修改。包括对作文的内容和形式加以批改。内容是指思想是否正确、情感是否健康、材料是否真实具体；形式是指审题立意、布局谋篇、遣词造句、标点符号及书写格式是否恰当。批有总批和眉批（或旁批）。总批是就整篇作文的优缺点做总结性评价；眉批是就作文的某一部分的优缺点进行分析、说明。改有文字修改与符号修改。文字修改一般指教师对学生作文中多余的删掉，不足的补充，次序错乱的调整，不妥的改换。

（一）作文批改的原则

1. 系统性

作文批改应配合训练目标系统，服从总体作文教学计划。在写作训练的各个阶段，以及具体到某次作文，批改的重点是什么，事先心中要有谱。这样，既有每次批改的侧重和导向，又使每次批改前后衔接，形成一个与大小训练目标相配合的批改系统，以增强训练的效果。

2. 针对性

由于学生作文能力层次不一，以及同一学生写作不同题型、不同文体所表现出的水平的波动，要求批改做到因人而异，因文而异，不可千篇一律，这就是针对性原则。在批改重点相同的情况下，教师应特别指出各个学生本次作文的优缺点，这是作文批改与作文讲评的一个显著的区别。在对待优生和差生的作文批改时，尤其要注意针对性。针对性还体现在批改要考虑学生的接受水平，要实事求是。不能超出新课标的要求和中学生实际应达到的水平去衡量、评判学生的作文，在作文批语和成绩评定上力求恰如其分，以提高学生写作的兴趣。

3. 启发性

作文批改要具有启发性，使学生从有限的批改文字中，举一反三，领悟作文之道。具有启发性的批改，应该做到：一要多"就"少"删"，尽量尊重原文，该删处须点明理由；二是多"批"少"改"，批语务求画龙点睛，改动务必恰到好处；三要多"褒"少"贬"，所用批语应以鼓励为主，少用贬义词，切忌讽刺挖苦。

（二）作文批改的方式

作文批改要注重实效，既减轻教师负担，又提高教学质量，根据不同情况，采用不同的批改方式。常见的批改方式有以下几种。

1. 全面批改

全面批改是对全班学生的作文都进行批改。这种批改方式有助于教师掌握每一个学生的作文情况。在一学期中，至少有一两次作文（往往在学期的开始和结束）要全面批改，以便了解一学期的训练效果。

2. 选择批改

这种方式，也实行全收、全看、全记分，但只选择约三分之一的作文进行重点批改，其余的浏览记分。这样依次轮流，使学生作文每三次能重点批改一次。

3. 当面批改

对部分学生的作文，文字批改不便或已经做了文字批改又需要跟学生当面交谈解释的时候，可采用这种方式。当面批改有利于教师找准病因，对症下药。

4. 互换批改

由教师先拟定标准和批改要求，然后让学生互相交换进行批改。最后教师再浏览一遍，给予订正。这种方式宜用于学期中间时段，它既可以使学生的作文得到交流，也可以使学生修改文章的能力得到锻炼。

5. 示范批改

翻阅全班作文后，精心选择一至数篇，做精批细改，然后将这些优秀作文或具有典型意义的作文（包括教师的批语）印发或张贴，公之于众，让学生展开讨论，谈心得，说感受。这样做，能达到举一反三、触类旁通的效果。

6. 自我批改

将学生作文做"冷处理"，教师不急于收上来批改，而是按要求让学生认真修改自己的作文，到时再把原文和改文进行比较。这种方式的好处是有利于学生发现自己的问题，提高修改和写作能力，培养良好的写作习惯。

（三）作文批语的写法

批语，也叫评语，是对学生作文的批点和评价。批语的范围涉及作文的内容和形式，乃至写作态度。一般来说，下列一些情形宜写批语：一是有着明显的长处、特色或关键性的不足之处；二是给予提示后，学生能意识到问题的症结和产生的原因并能自己改正的；三是教师不便代改而确有修改的必要的。

作文批语分为眉批和总批两种。

1. 眉批

眉批也叫旁批、边批，是在稿纸的边白处（也有的在段后）对作文的局部（或段落、或词句）所写的一种评价性语言。眉批往往就内容、结构、技巧、语言等随时做有针对性的点拨，具有极强的启发性。眉批的写法包括评析式（指出优缺点、分析原因）、说明式（对改动之处说明理由）、指点式（只提修改建议，点拨诱导自我修改）、质疑式（只提出问题，让学生探究原因）、告诫式（对某些不应该出现的或屡犯的毛病提出警告，以引起学生警惕），等等。

2. 总批

总批亦称尾批，在文后用扼要的文字对全文的优缺点做总括性的评价和指出今后的努力方向。总批的写法主要有：综合式（综合作文的主要优缺点，进行总的评价）、侧重式（只抓住作文中突出的优缺点加以评价）、比较式（联系同一学生前后作文进行比较分析，指出作文水平变化情况），等等。

无论是眉批还是总批，都要做到：

（1）宜实忌空。批语要尽量写得确切得当，具体实在，不能空话套话连篇或褒贬失度，言过其实。教师须对学生作文有高度的负责精神和较强的鉴评能力。

（2）宜亲忌疏。要与学生平等相待，以情动人，而不能板起面孔说教，尤其对差生作文不能用歧视性语言。

（3）宜精忌烂。作文批语要富有启发性，以启发诱导为主，用语应要言不烦。切忌批语过多过碎，语言过于啰唆或华而不实。

（4）宜活忌呆。批语的方式要多样化，不能每次一个样，每篇一个样；批语的语言要生动活泼，有趣味性和可读性，避免呆板艰涩和不知所云。

四、作文讲评

（一）作文讲评的原则

1. 理论性原则

作文讲评与作文批改不同。作文批改往往重于就文评文，针对某一篇作文的优缺点加以指点和评价；而作文讲评则是就文论理，揭示规律，要围绕训练来帮助学生在理论上得到提高，使学生能自觉地运用写作理论、写作规律、写作方法指导自己的写作实践。所以，作文讲评不是光举实例进行表扬或批评，或者光对实例做表层的直观描述，重要的是在普遍现象中找出规律，站在理论高度上举实例来说明应该怎样写和不应该怎样写。

2. 普遍性原则

讲评要具有普遍性和典型性，这是作文讲评与作文批改的又一个不同之处。作文批改涉及的是一个个学生的作文，带有个别性和偶然性。作文讲评是对全班作文的一种综合讲评，它要从众多的作文中发现带有普遍性的问题，进行概括提炼。所以，讲评应以全班学生为对象，抓住共同倾向，所选材料尽可能涉及多数学生的作文实例，或者能代表多数学生作文情况的实例。否则，作文讲评会使多数学生失去兴趣，难以收到大面积提高作文能力的效果。

3. 综合性原则

作文是学生综合素质的反映，作文讲评的范围、内容不应仅仅局限于作文本身，应有宏观意识，从培养学生综合素质出发，全面地评述学生的作文。防止在讲评中只重"文"、只重技法的片面倾向。这样做，并不意味着每一次讲评都面面俱到，而是要求教师具有一种现代教育的宏观意识、人才意识和广阔开放的讲评视野。通过讲评来教书育人，让作文训练变成学生的"道德长跑"，教人"作文"，也教人"做人"。

4. 激励性原则

讲评的目的既是让学生懂得作文之道，又是为了激励学生的写作积极性。成功的讲评除了在写作理论、写作方法上给学生以引导启发之外，还应对学生起到鼓舞激励的作用。要做到这点，一是要以表扬为主，以正面引导为主，切不可伤害学生（特别是作文写得差的学生）的自尊心；二是要注意讲评方式的灵活性、多样性，不能由教师唱"独角戏"。

（二）作文讲评的方法

1. 综合讲评法

这是指教师对全班学生的作文做全面的总结、评价，列出几个方面的主要问题进行讲评，肯定优点，指出不足，并以实例说明。它有利于反映全貌。综合讲评须点面结合，避免面面俱到。

2. 专题讲评法

即根据某次作文的基本要求和训练目标，就某一专门问题（如立意、选材、结构等）做重点讲评。这种方法由于目标集中、针对性强，易于把一个问题讲深讲透，所以通常能收到明显的效果。专题讲评应纳入学年、学期教学计划，注意专题之间的联系，形成序列。

3. 典型讲评法

即以一两篇有代表性的能说明问题的典型作文，对其进行重点剖析、重点讲评。所选习作可以是优秀作文，也可以是中等水平的作文，最好是优缺点较明显、典型性较强的作文。

4. 对比讲评法

即选取优劣有明显差异的，在某些问题上可比性较强的作文，进行比较分析，使学生明白高下优劣的个中道理的讲评。所比的文章可以是同次作文不同学生的作文，可以是一个学生前后次的不同作文。所比的内容可以涉及作文的多方面或某一方面。其中，选取质量较差的作文须慎重，事前须有所说明。

作文讲评的方法不限于上述几种，教师可根据实际情况和教学经验灵活掌握，不断创新。在讲评方式上，也不能只满足于教师讲，还可辅以学生交流经验体会、座谈讨论，或借助现代化教学手段，使作文讲评成为一种丰富多彩的教学活动。

学以致用

小学作文批改方式有哪些？

任务三 小学作文教学中的思维训练

任务设计

掌握小学作文教学的思维训练以及理论知识。

知识探究

小学作文教学
的思维训练

一、思维能力是作文能力的核心

思维，与语言相互依存，密切联系。"语言是思维的直接现实"，它一旦脱离思维，就变成了毫无意义的声音和符号。思维既潜藏在内部语言中，又表现于口头语言和书面语言之中。写作的实质便是用书面语言的形式表达思维的成果。思维发散能力、求异思维能力、想象能力对于学生创新写作的能力尤为重要。

口语和文章都是信息的载体。"听""读"是信息的输入，"说""写"是信息的输出。信息的输入与输出，都必须经过智力的加工和处理。

写作思维由形象思维、抽象思维和灵感思维共同构成，并以创造能力的形式在文章中得到体现。在写作教学中加强思维能力训练，才算抓住了作文训练的本质内容。

二、作文教学中的思维训练

创造思维由收敛思维和发散思维两种类型组成。收敛思维，它要求在弄清各个事物特点的情况前提下，朝着某一个方向去探索其内在的同一性。发散思维，它根据已有的知识和经验，朝着不同的方向去寻求事物的多样性。由已知到未知，由知其一到知其二。而作文恰恰是作者根据一定的生活经验综合运用各种知识进行的一种创造思维活动过程。

那么，怎样培养创造思维能力呢？应该着眼以下几个方面。

1. 培养学生多做审美观察

生活，是写作的源泉。因此，写作训练中，首先要求学生多做审美性观察，这是培养学生创造性思维的基础，也是激发学生写作欲望，获得写作材料的需要。如写人的眉：展眉表示欢欣，蹙眉表示愁苦，扬眉表示得意。写人的声音、手势、体态都可以表示不同的情绪和心情。欧洲人用耸肩表示遗憾和惊奇，中国人以拍肩表示关心，老年人以靠肩表示亲近……这些信息，如果不通过审美观察是很难捕捉到的。总之，世间万物都负载着大量信息，都需要仔细观察。

审美观察中培养学生创造性思维能力，还应强调两点：一是教学生带着情感；二是在观察中要展开联想和想象。像学习《春》中的一句"野花遍地是：杂样儿，有名字的，没名字的，散在草丛里，像眼睛，像星星，还眨呀眨的"，正是作者在观察时既富有情感，又富有联想，才把散在草丛的野花写得那么形象而富有美感。观察中，不联想，不想象，就不会有形象思维的创造；不带有情感，也不会有形象思维的审美特征。

2. 培养学生创造想象

创造想象是相对阅读中的再造想象而言的。它是写作中形象思维各因素中最足以体现创造功能的一个核心因素。无论是塑造形象、虚构情节，还是创设意境，都离不开运用想象来创造。如小说中的人物形象，都是对原型进行改造加工，从而创造出一个全新的文学形象。鲁迅在介绍自己的写作经验时说过："人物的模特儿也一样，没有专用过一个人，往往嘴在浙江，脸在北京，衣服在山西，是一个拼凑起来的角色。"也就是"杂取种种人合成一个"的方法。鲁迅笔下的孔乙己就是通过创造想象而塑造的一个被封建科举制度从思想到身体都毒害得残废不堪，却还相信和爱惜着封建统治阶级的一套鬼话，一直到凄苦惨绝以死的时候都没有觉醒和反抗的迂腐十足的读书人形象。小说中的情节，也是根据人物性格发展，从而合乎逻辑推理而形成的，这个推理，也必须凭借创造想象思维来实现。

3. 培养学生发散思维能力

发散思维是辩证地分析认识问题，依据某一材料，多角度展开联想再加以提炼概括。作文中的发散思维就是依据材料，经过思索而确立多个文章观点，这样就可以避免作文出现千人一面、观点雷同的通病，又可培养创造思维能力。

二、逻辑思维能力的训练

所谓逻辑，简单来说，是研究思维形式及其规律的科学。它可以使思维趋于精密和有条理，提高运用语言的能力，加强语言的科学性和准确性。教师在评改作文时，常发现"语无伦次""前言不搭后语""层次不清""词的概念混淆"等毛病，这些问题表面看是语言问题，实际却是逻辑问题。初中写作要求中强调语言简明、连贯，便是针对逻辑思维教学而言的。因此，我们教每篇课文时，除根据课文的特点，力求在句子顺序、层次关系、过渡照应等方面对学生在逻辑思维上有所启示外，还要加强课后的思维单项训练。如修改逻辑病句，连词写话，把几个顺序打乱的词连成几句话或一段短文，做到句与句之间、词与词之间有内在联系，合乎语法与逻辑。

三、简化思维的训练

作文，是对大量的信息进行处理，行诸文字的过程。这个信息（也就是材料）既是好事，也是坏事。说是好事是可供选择的范围大；说是坏事是过量的信息，往往会使简单的事情变复杂，以致作文"欲速则不达""详略不明"。

思维的简化训练就是用已有的信息，朝着一定方向去获得正确答案的思维过程。在思维过程中，避繁就简，"投机取巧"，能走捷径的尽量走。如：

有一辆载重汽车要过一条隧道，货物正好比隧道高一厘米，在不允许卸货的情况下，用什么办法使汽车通过隧道？

这个问题看似复杂，但只要用简化的思维方式很快就能解决问题，简化的方法就是把车胎中的气放一些。在训练时，同时要善于排除次要的非本质的因素。排除了这些次要的因素，使重点突出，一目了然。总之，只要我们注意在思维过程中化杂沓为明晰，变复杂为简单，就会发现在扑朔迷离的万事万物背后，总隐藏着最简明的规律。

作文的过程，实质是一种思维过程，因此，思维训练必须贯穿作文的全过程，按照思维规律进行训练，久而久之，就会使学生在写作时想清楚，写清楚，思想明澈、深邃，语言清晰、流利，轻松、愉快地完成作文。

任务四　小学作文教学评价

知识探究

小学作文教学的评价

小学作文评价形式

作文评价与作文训练是紧密相连的。进行作文评价时，依然是以"作文训练"的方式检查日常训练成果。常见的作文评价方式可以依据不同的标准分为考试作文与平时作文，口头作文与书面作文，全命题作文、半命题作文与开放作文，专项作文能力评价与综合作文能力评价等几类。

（一）考试作文与平时作文

这是依据作文评价的时空要求分类。考试作文指学生在短时间内、在特定的地点按一定的要求完成作文，并由教师以分数的形式做判断性评价。它对于学生思维的敏捷程度、材料积累的丰富程度以及文体常识和文体意识等方面的考查，具有相当的信度。

平时作文由于客观存在外在因素限制较少，有利于激发写作热情，调动生活积累，充分酝酿，把作者的情思表达得更深入、更丰富。

（二）口头作文与书面作文

这是依据评价时语言的表现形式分类。口头作文亦可称为即兴发言，口头语言的不可再现性及作文构思的迅捷性要求，反映着学生的作文能力。这种评价方式也可以增强学生表现的欲望，培养学生表述的习惯和技巧。而且，它还可以有效地训练学生思维，提高学生的书面表达能力。

书面作文有着其独有的表达功能，它以便于周密思考和反复修改为特色，是作文评价的最普遍的形式。

（三）全命题作文、半命题作文与开放作文

这是依据命题者对写作的限定因素的多少进行分类。全命题作文有着明确的评价目标，并把目标分解为几个具体的小目标，学生必须依据命题者的各项要求作文。这种作文的优点是评价目标明确，要求细致；缺点是对写作者限制过多过死，不利于学生创造和想象。

开放作文虽有较明确的评价目标，但具体写作限制较少，它鼓励学生写真人真事，抒发真情实感，它鼓励学生自由创造，充分张扬个性，这种评价对于写作基础好的学生特别有利。

半命题作文介于上述二者之间，它力图使评价目标既比较具体，又不过分限制学生的思维，使学生既能做到"有法可依"，又有一片较为自由开阔的创造空间。

（四）专项作文能力评价与综合作文能力评价

这是依作文评价的目的分类。在中学作文教学评价中，这两种方式都是不可或缺的。专项作文能力评价，指把中学作文能力要求进行分解，按由易到难、由简到繁的序列进行训练，并以此为基础，进行专项评价。例如，写记叙文可以专项检测描写能力、合理安排顺序的能力、围绕中心选择材料的能力，等等。这种作文能力评价强调中学生写作的基础性特征，正如达·芬奇画画从画鸡蛋开始。

综合作文能力评价，指在一次作文评价中，检测学生多种作文能力，诸如文体常识，观察、思维和想象能力，语言能力，写作习惯，等等。

这两种作文评价方式不同，但目标一致，即都是为了使学生能在中学阶段具有基本的写作常识、写作能力和写作习惯。

可以肯定地说，中学作文评价的方式是多种多样的，在中学作文评价过程中，我们一定要坚持全面的观点、发展的观点、有利于激发创造的观点，认真研究中学作文评价的内容、形式和评价标准的科学化、现代化问题，使作文教学真正成为 21 世纪语文素质教育的重要组成部分。

学以致用

怎样进行小学作文教学的思维训练？

◆ 名作欣赏 ◆

我与地坛

史铁生

一

我在好几篇小说中都提到过一座废弃的古园，实际就是地坛。许多年前旅游业还没有开展，园子荒芜冷落得如同一片野地，很少被人记起。

地坛离我家很近。或者说我家离地坛很近。总之，只好认为这是缘分。地坛在我出生前四百多年就坐落在那儿了，而自从我的祖母年轻时带着我父亲来到北京，就一直住

在离它不远的地方——五十多年间搬过几次家，可搬来搬去总是在它周围，而且是越搬离它越近了。我常觉得这中间有着宿命的味道：仿佛这古园就是为了等我，而历尽沧桑在那儿等待了四百多年。

它等待我出生，然后又等待我活到最狂妄的年龄上忽地残废了双腿。四百多年里，它一面剥蚀了古殿檐头浮夸的琉璃，淡褪了门壁上炫耀的朱红，坍圮了一段段高墙，又散落了玉砌雕栏，祭坛四周的老柏树愈见苍幽，到处的野草荒藤也都茂盛得自在坦荡。这时候想必我是该来了。十五年前的一个下午，我摇着轮椅进入园中，它为一个失魂落魄的人把一切都准备好了。那时，太阳循着亘古不变的路途正越来越大，也越红。在满园弥漫的沉静光芒中，一个人更容易看到时间，并看见自己的身影。

自从那个下午我无意中进了这园子，就再没长久地离开过它。我一下子就理解了它的意图。正如我在一篇小说中所说的："在人口密聚的城市里，有这样一个宁静的去处，像是上天的苦心安排。"

两条腿残废后的最初几年，我找不到工作，找不到去路，忽然间几乎什么都找不到了，我就摇了轮椅总是到它那儿去，仅为着那儿是可以逃避一个世界的另一个世界。我在那篇小说中写道："没处可去我便一天到晚耗在这园子里。跟上班下班一样，别人去上班我就摇了轮椅到这儿来。""园子无人看管，上下班时间有些抄近路的人们从园中穿过，园子里活跃一阵，过后便沉寂下来。""园墙在金晃晃的空气中斜切下一溜阴凉，我把轮椅开进去，把椅背放倒，坐着或是躺着，看书或者想事，撅一枝树枝左右拍打，驱赶那些和我一样不明白为什么要来这世上的小昆虫。""蜂儿如一朵小雾稳稳地停在半空；蚂蚁摇头晃脑捋着触须，猛然间想透了什么，转身疾行而去；瓢虫爬得不耐烦了，累了，祈祷一回便支开翅膀，忽悠一下升空了；树干上留着一只蝉蜕，寂寞如一间空屋；露水在草叶上滚动，聚集，压弯了草叶，轰然坠地，摔开万道金光。""满园子都是草木竞相生长弄出的响动，窸窸窣窣窸窸窣窣片刻不息。"这都是真实的记录，园子荒芜但并不衰败。

除去几座殿堂我无法进去，除去那座祭坛我不能上去而只能从各个角度张望它，地坛的每一棵树下我都去过，差不多它的每一平方米草地上都有过我的车轮印。无论是什么季节，什么天气，什么时间，我都在这园子里待过。有时候待一会儿就回家，有时候就待到满地上都亮起月光。记不清都是在它的哪些角落里了，我一连几小时专心致志地想关于死的事，也以同样的耐心和方式想过我为什么要出生。这样想了好几年，最后事情终于弄明白了：一个人，出生了，这就不再是一个可以辩论的问题，而只是上天交给他的一个事实；上天在交给我们这个事实的时候，已经顺便保证了它的结果，所以死是一件不必急于求成的事，死是一个必然会降临的节日。这样想过之后我安心多了，眼前的一切不再那么可怕。比如你起早熬夜准备考试的时候，忽然想起有一个长长的假期在前面等待你，你会不会觉得轻松一点？并且庆幸并且感激这样的安排？

剩下的就是怎样活的问题了。这却不是在某一个瞬间就能完全想透的，不是能够一次性解决的事，怕是活多久就要想它多久了，就像是伴你终生的魔鬼或恋人。所以，十五年了，我还是总得到那古园里去，去它的老树下或荒草边或颓墙旁，去默坐，去呆想，去推开耳边的嘈杂理一理纷乱的思绪，去窥看自己的心魂。十五年中，这古园的形体被不能理解它的人肆意雕琢，幸好有些东西是任谁也不能改变它的。譬如祭坛石门中的落日，寂静的光辉平铺的一刻，地上的每一个坎坷都被映照得灿烂；譬如在园中最为落寞的时间，一群雨燕便出来高歌，把天地都喊叫得苍凉；譬如冬天雪地上孩子的脚印，总让人猜想他们是谁，曾在哪儿做过些什么，然后又都到哪儿去了；譬如那些苍黑的古柏，你忧郁的时候它们镇静地站在那儿，你欣喜的时候它们依然镇静地站在那儿，它们没日没夜地站在那儿，从你没有出生一直站到这个世界上又没了你的时候；譬如暴雨骤临园中，激起一阵阵灼烈而清纯的草木和泥土的气味，让人想起无数个夏天的事件；譬如秋风忽至，再有一场早霜，落叶或飘摇歌舞或坦然安卧，满园中播散着熨帖而微苦的味道。味道是最说不清楚的，味道不能写只能闻，要你身临其境去闻才能明了。味道甚至是难于记忆的，只有你又闻到它你才能记起它的全部情感和意蕴。所以我常常要到那园子里去。

<h2 style="text-align:center">二</h2>

现在我才想到，当年我总是独自跑到地坛去，曾经给母亲出了一个怎样的难题。

她不是那种光会疼爱儿子而不懂得理解儿子的母亲。她知道我心里的苦闷，知道不该阻止我出去走走，知道我要是老待在家里结果会更糟，但她又担心我一个人在那荒僻的园子里整天都想些什么。我那时脾气坏到极点，经常是发了疯一样地离开家，从那园子里回来又中了魔似的什么话都不说。母亲知道有些事不宜问，便犹犹豫豫地想问而终于不敢问，因为她自己心里也没有答案。她料想我不会愿意她跟我一同去，所以她从未这样要求过，她知道得给我一点儿独处的时间，得有这样一段过程。她只是不知道这过程得要多久，和这过程的尽头究竟是什么。每次我要动身时，她便无言地帮我准备，帮助我上了轮椅车，看着我摇车拐出小院；这以后她会怎样，当年我不曾想过。

有一回我摇车出了小院，想起一件什么事又返身回来，看见母亲仍站在原地，还是送我走时的姿势，望着我拐出小院去的那处墙角，对我的回来竟一时没有反应。待她再次送我出门的时候，她说："出去活动活动，去地坛看看书，我说这挺好。"许多年以后我才渐渐听出，母亲这话实际上是自我安慰，是暗自的祷告，是给我的提示，是恳求与嘱咐。只是在她猝然去世之后，我才有余暇设想，当我不在家里的那些漫长的时间，她是怎样心神不定坐卧难宁，兼着痛苦、惊恐与一个母亲最低限度的祈求。现在我可以断定，以她的聪慧和坚忍，在那些空落的白天后的黑夜，在那不眠的黑夜后的白天，她思来想去最后准是对自己说："反正我不能不让他出去，未来的日子是他自己的，如果他真的要在那园子里出了什么事，这苦难也只好我来承担。"在那段日子里——那是好几年长的一段日子，我想我一定使母亲做过最坏的准备了，但她从来没有对我说过"你为我想想"。事实上我也真的没为她想过。那时她的儿子还太年轻，还来不及为母亲想，他被命运击昏了头，一心以为自己是世上最不幸的一个，不知道儿子的不幸在母亲那儿总是要加倍的。她有一个长到二十岁上忽然截瘫了的儿子，这是她唯一的儿子；她情愿截瘫的是自己而不是儿子，可这事无法代替；她想，只要儿子能活下去，哪怕自己去死呢也行，可她又确信一个人不能仅仅是活着，儿子得有一条路走向自己的幸福；而这条路呢，没有谁能保证她的儿子终于能找到。——这样一个母亲，注定是活得最苦的母亲。

有一次与一个作家朋友聊天，我问他学写作的最初动机是什么。他想了一会儿说："为我母亲。为了让她骄傲。"我心里一惊，良久无言。回想自己最初写小说的动机，虽不似这位朋友的那般单纯，但如他一样的愿望我也有，且一经细想，发现这愿望也在全部动机中占了很大比重。这位朋友说："我的动机太低俗了吧？"我光是摇头，心想低俗并不见得低俗，只怕是这愿望过于天真了。他又说："我那时真就是想出名，出了名让别人羡慕我母亲。"我想，他比我坦率。我想，他又比我幸福，因为他的母亲还活着。而且我想，他的母亲也比我的母亲运气好，他的母亲没有一个双腿残废的儿子，否则事情就不这么简单。

在我的头一篇小说发表的时候，在我的小说第一次获奖的那些日子里，我真是多么希望我的母亲还活着。我便又不能在家里待了，又整天整天独自跑到地坛去，心里是没头没尾的沉郁和哀怨，走遍整个园子却怎么也想不通：母亲为什么就不能再多活两年？为什么在她儿子就快要碰撞开一条路的时候，她却忽然熬不住了？莫非她来此世上只是为了替儿子担忧，却不该分享我的一点点快乐？她匆匆离我去时才只有四十九呀！有那么一会儿，我甚至对世界对上天充满了仇恨和厌恶。后来我在一篇题为《合欢树》的文章中写道："我坐在小公园安静的树林里，闭上眼睛，想，上天为什么早早地召母亲回去呢？很久很久，迷迷糊糊的我听见了回答：'她心里太苦了，上天看她受不住了，就召她回去。'我似乎得了一点安慰，睁开眼睛，看见风正从树林里穿过。"小公园，指的也是地坛。

只是到了这时候，纷纭的往事才在我眼前幻现得清晰，母亲的苦难与伟大才在我心中渗透得深彻。上天的考虑，也许是对的。

摇着轮椅在园中慢慢走，又是雾罩的清晨，又是骄阳高悬的白昼，我只想着一件事：母亲已经不在了。在老柏树旁停下，在草地上在颓墙边停下，又是处处虫鸣的午后，又是鸟儿归巢的傍晚，我心里只默念着一句话：可是母亲已经不在了。把椅背放倒，躺下，似睡非睡挨到日没，坐起来，心神恍惚，呆呆地直坐到古祭坛上落满黑暗然后再渐渐浮起月光，心里才有点明白，母亲不能再来这园中找我了。

曾有过好多回，我在这园子里待得太久了，母亲就来找我。她来找我又不想让我发觉，只要见我还好好地在这园子里，她就悄悄转身回去，我看见过几次她的背影。我也看见过几回她四处张望的情景，她视力不好，端着眼镜像在寻找海上的一条船，她没看见我时我已经看见她了，待我看见她也看见我了我就不去看她，过一会儿我再抬头看她就又看见她缓缓离去的背影。我更是无法知道有多少回她没有找到我。有一回我坐在矮树丛中，树丛很密，我看见她没有找到我；她一个人在园子里走，走过我的身旁，走过我经常待的一些地方，步履茫然又急迫。我不知道她已经找了多久还要找多久，我不知道为什么我决意不喊她——但这绝不是小时候的捉迷藏，这也许是出于长大了的男孩子的倔强或羞涩？但这倔强只留给我痛悔，丝毫也没有骄傲。我真想告诫所有长大了的男孩子，千万不要跟母亲来这套倔强，羞涩就更不必，我已经懂了，可我已经来不及了。

儿子想使母亲骄傲，这心情毕竟是太真实了，以致使"想出名"这一声名狼藉的念头也多少改变了一点形象。这是个复杂的问题，且不去管它了吧。随着小说获奖的激动逐日暗淡，我开始相信，至少有一点我是想错了：我用纸笔在报刊上碰撞开的一条路，并不就是母亲盼望我找到的那条路。年年月月我都到这园子里来，年年月月我都要想，母亲盼望我找到的那条路到底是什么。母亲生前没给我留下过什么隽永的哲言，或要我恪守的教诲，只是在她去世之后，她艰难的命运，坚忍的意志和毫不张扬的爱，随光阴流转，在我的印象中愈加鲜明深刻。

有一年，十月的风又翻动起安详的落叶，我在园中读书，听见两个散步的老人说："没想到这园子有这么大。"我放下书，想，这么大一座园子，要在其中找到她的儿子，母亲走过了多少焦灼的路。多年来我头一次意识到，这园中不单是处处都有过我的车辙，有过我的车辙的地方也都有过母亲的脚印。

三

如果以一天中的时间来对应四季，当然春天是早晨，夏天是中午，秋天是黄昏，冬天是夜晚。如果以乐器来对应四季，我想春天应该是小号，夏天是定音鼓，秋天是大提琴，冬天是圆号和长笛。要是以这园子里的声响来对应四季呢？那么，春天是祭坛上空飘浮着的鸽子的哨音，夏天是冗长的蝉歌和杨树叶子哗啦啦地对蝉歌的取笑，秋天是古殿檐头的风铃响，冬天是啄木鸟随意而空旷的啄木声。以园中的景物对应四季，春天是一径时而苍白时而黑润的小路，时而明朗时而阴晦的天上摇荡着的串串杨花；夏天是一条条耀眼而灼人的石凳，或阴凉而爬满了青苔的石阶，阶下有果皮，阶上有半张被坐皱的报纸；秋天是一座青铜的大钟，在园子的西北角上曾丢弃着一座很大的铜钟，铜钟与这园子一般年纪，浑身挂满绿锈，文字已不清晰；冬天，是林中空地上几只羽毛蓬松的老麻雀。以心绪对应四季呢？春天是卧病的季节，否则人们不易发觉春天的残忍与渴望；夏天，情人们应该在这个季节里失恋，不然就似乎对不起爱情；秋天是从外面买一棵盆花回家的时候，把花搁在阔别了的家中，并且打开窗户把阳光也放进屋里，慢慢回忆慢慢整理一些发过霉的东西；冬天伴着火炉和书，一遍遍坚定不死的决心，写一些并不发出的信。还可以用艺术形式对应四季，这样春天就是一幅画，夏天是一部长篇小说，秋天是一首短歌或诗，冬天是一群雕塑。以梦呢？以梦对应四季呢？春天是树尖上的呼喊，夏天是呼喊中的细雨，秋天是细雨中的土地，冬天是干净的土地上的一只孤零的烟斗。

因为这园子，我常感恩于自己的命运。

我甚至现在就能清楚地看见，一旦有一天我不得不长久地离开它，我会怎样想念它，我会怎样想念它并且梦见它，我会怎样因为不敢想念它而梦也梦不到它。

四

现在让我想想，十五年中坚持到这园子来的人都是谁呢？好像只剩了我和一对老人。

十五年前，这对老人还只能算是中年夫妇，我则货真价实还是个青年。他们总是在薄暮时分来园中散步，我不大弄得清他们是从哪边的园门进来，一般来说他们是逆时针绕这园子走。男人个子很高，肩宽腿长，走起路来目不斜视，胯以上直至脖颈挺直不动。他的妻子挽了他一条胳膊走，也不能使他的上身稍有松懈。女人个子却矮，也不算漂亮，我无端地相信她必出身于家道中衰的名门富族。她攀在丈夫胳膊上像个娇弱的孩子，她向四周观望似总含着恐惧，她轻声与丈夫谈话，见有人走近就立刻怯怯地收住话头。我有时因为他们而想起冉阿让与柯赛特，但这想法并不巩固，他们一望即知是老夫老妻。两个人的穿着都算得上考究，但由于时代的演进，他们的服饰又可以称为古朴了。他们和我一样，到这园子里来几乎是风雨无阻，不过他们比我守时。我什么时间都可能来，他们则一定是在暮色初临的时候。刮风时他们穿了米色风衣，下雨时他们打了黑色的雨伞，夏天他们的衬衫是白色的，裤子是黑色的或米色的，冬天他们的呢子大衣又都是黑色的，想必他们只喜欢这三种颜色。他们逆时针绕这园子一周，然后离去。他们走过我身旁时只有男人的脚步响，女人像是贴在高大的丈夫身上跟着漂移。我相信他们一定对我有印象，但是我们没有说过话，我们互相都没有想要接近的表示。十五年中，他们或许注意到一个小伙子进入了中年，我则看着一对令人羡慕的中年情侣不觉中成了两个老人。

曾有过一个热爱唱歌的小伙子，他也是每天都到这园中来，来唱歌，唱了好多年，后来不见了。他的年纪与我相仿，他多半是早晨来，唱半小时或整整唱一个上午，估计在另外的时间里他还得上班。我们经常在祭坛东侧的小路上相遇，我知道他是到东南角的高墙下去唱歌，他一定猜想我去东北角的树林里做什么。我找到我的地方，抽几口烟，便听见他谨慎地整理歌喉了。他反反复复唱那么几首歌。"文化大革命"没过去的时候，他唱"蓝蓝的天上白云飘，白云下面马儿跑……"我老也记不住这歌的名字。"文革"后，他唱《货郎与小姐》中那首最为流传的咏叹调。"卖布——卖布嘞，卖布——卖布嘞！"我记得这开头的一句他唱得很有声势，在早晨清澈的空气中，货郎跑遍园中的每一个角落去恭维小姐。"我交了好运气，我交了好运气，我为幸福唱歌曲……"然后他就一遍一遍地唱，不让货郎的激情稍减。依我听来，他的技术不算精到，在关键的地方常出差错，但他的嗓子是相当不坏的，而且唱一个上午也听不出一点疲惫。太阳也不疲惫，把大树的影子缩小成一团，把疏忽大意的蚯蚓晒干在小路上，将近中午，我们又在祭坛东侧相遇，他看一看我，我看一看他，他往北去，我往南去。日子久了，我感到我们都有结识的愿望，但似乎都不知如何开口，于是互相注视一下终又都移开目光擦身而过；这样的次数一多，便更不知如何开口了。终于有一天——一个丝毫没有特点的日子，我们互相点了一下头。他说："你好。"我说："你好。"他说："回去啦?"我说："是，你呢?"他说："我也该回去了。"我们都放慢脚步（其实我是放慢车速），想再多说几句，但仍然是不知从何说起，这样我们就都走过了对方，又都扭转身子面向对方。他说："那就再见吧。"我说："好，再见。"便互相笑笑各走各的路了。但是我们没有再见，那以后，园中再没了他的歌声，我才想到，那天他或许是有意与我道别的，也许他考上了哪家专业文工团或歌舞团了吧? 真希望他如他歌里所唱的那样，交了好运气。

还有一些人，我还能想起一些常到这园子里来的人。有一个老头，算得一个真正的饮者；他在腰间挂一个扁瓷瓶，瓶里当然装满了酒，常来这园中消磨午后的时光。他在园中四处游逛，如果你不注意你会以为园中有好几个这样的老头，等你看过了他卓尔不群的饮酒情状，你就会相信这是个独一无二的老头。他的衣着过分随便，走路的姿态也不慎重，走上五六十米路便选定一处地方，一只脚踏在石凳上或土埂上或树墩上，解下腰间的酒瓶，解酒瓶的当儿眯起眼睛把一百八十度视角内的景物细细看一遭，然后以迅雷不及掩耳之势倒一大口酒入肚，把酒瓶摇一摇再挂向腰间，平心静气地想一会儿什么，便走下一个五六十米去。还有一个捕鸟的汉子，那岁月园中人少，鸟却多，他在西北角的树丛中拉一张网，鸟撞在上面，羽毛饯在网眼里便不能自拔。他单等一种过去很多而现非常罕见的鸟，其他的鸟撞在网上他就把它们摘下来放掉，他说已经有好多年没等到那种罕见的鸟，他说他再等一年看看到底还有没有那种鸟，结果他又等了好多年。早晨和傍晚，在这园子里可以看见一个中年女工程师。早晨她从北向南穿过这园子去上班，傍晚她从南向北穿过这园子回家。事实上我并不了解她的职业或者学历，但我以为她必是学理工的知识分子，别样的人很难有她那般的素朴并优雅。当她在园子穿行的时刻，四周的树林也仿佛更加幽静，清淡的日光中竟似有悠远的琴声，比如说是那曲《献给艾丽丝》才好。我没有见过她的丈夫，没有见过那个幸运的男人是什么样子，我想象过却想象不出，后来忽然懂了想象不出才好，那个男人最好不要出现。她走出北门回家去。我竟有点担心，担心她会落入厨房，不过，也许她在厨房里劳作的情景更有另外的美吧，当然不能再是《献给艾丽丝》，是个什么曲子呢？还有一个人，是我的朋友，他是个最有天赋的长跑家，但他被埋没了。他因为在"文革"中出言不慎而坐了几年牢，出来后好不容易找了个拉板车的工作，样样待遇都不能与别人平等，苦闷极了便练习长跑。那时他总来这园子里跑，我用手表为他计时。他每跑一圈向我招下手，我就记下一个时间。每次他要环绕这园子跑二十圈，大约两万米。他盼望以他的长跑成绩来获得政治上真正的解放，他以为记者的镜头和文字可以帮他做到这一点。第一年他在春节环城赛上跑了第十五名，他看见前十名的照片都挂在了长安街的新闻橱窗里，于是有了信心。第二年他跑了第四名，可是新闻橱窗里只挂了前三名的照片，他没灰心。第三年他跑了第七名，橱窗里挂前六名的照片，他有点怨自己。第四年他跑了第三名，橱窗里却只挂了第一名的照片。第五年他跑了第一名——他几乎绝望了，橱窗里只有一幅环城赛群众场面的照片。那些年我们俩常一起在这园子里待到天黑，开怀痛骂，骂完沉默着回家，分手时再互相叮嘱：先别去死，再试着活一活看。他已经不跑了，年岁太大了，跑不了那么快了。最后一次参加环城赛，他以三十八岁之龄又得了第一名并破了纪录，有一位专业队的教练对他说："我要是十年前发现你就好了。"他苦笑一下什么也没说，只在傍晚又来这园中找到我，把这事平静地向我叙说一遍。不见他已有好几年了，他和妻子和儿子住在很远的地方。

这些人都不到园子里来了，园子里差不多完全换了一批新人。十五年前的旧人，就剩我和那对老夫老妻了。有那么一段时间，这老夫老妻中的一个也忽然不来，薄暮时分唯男人独自来散步，步态也明显迟缓了许多，我悬心了很久，怕是那女人出了什么事。幸好过了一个冬天那女人又来了，两个人仍是逆时针绕着园子走，一长一短两个身影恰似钟表的两支指针；女人的头发白了许多，但依旧攀着丈夫的胳膊走得像个孩子。"攀"这个字用得不恰当了，或许可以用"搀"吧，不知有没有兼具这两个意思的字。

五

我也没有忘记一个孩子——一个漂亮而不幸的小姑娘。十五年前的那个下午，我第一次到这园子里来就看见了她，那时她大约三岁，蹲在斋宫西边的小路上捡树上掉落的"小灯笼"。那儿有几棵大梨树，春天开一簇簇细小而稠密的黄花，花落了便结出无数如同三片叶子合抱的小灯笼，小灯笼先是绿色，继而转白，再变黄，成熟了掉落得满地都是。小灯笼精巧得令人爱惜，成年人也不免捡了一个还要捡一个。小姑娘咿咿呀呀地跟自己说着话，一边捡小灯笼；她的嗓音很好，不是她那个年龄所常有的那般尖细，而是很圆润甚或是厚重，也许是因为那个下午园子里太安静了。我奇怪这么小的孩子怎么一个人跑来这园子里。我问她住在哪儿，她随便指一下，就喊她的哥哥，沿墙根一带的茂草之中便站起一个七八岁的男孩，朝我望望，看我不像坏人便对他的妹妹说："我在这儿呢。"又伏下身去，他在捉什么虫子。他捉到螳螂、蚂蚱、知了和蜻蜓，来取悦他的妹妹。有那么两三年，我经常在那几棵大梨树下见到他们，兄妹俩总是在一起玩儿，玩儿得和睦融洽，都渐渐长大了些。之后有很多年没见到他们。我想他们都在学校里吧，小姑娘也到了上学的年龄，必是告别了孩提时光，没有很多机会来这儿玩儿了。这事很正常，没理由太搁在心上，若不是有一年我又在园中见到他们，肯定就会慢慢把他们忘记。

那是个礼拜日的上午，那是个晴朗而令人心碎的上午。时隔多年，我竟发现那个漂亮的小姑娘原来是个弱智的孩子。我摇着车到那几棵大梨树下去，恰又是遍地落满了小灯笼的季节。当时我正为一篇小说的结尾所苦，既不知为什么要给它那样一个结尾，又不知何以忽然不想让它有那样一个结尾，于是从家里跑出来，想依靠着园中的镇静，看看是否应该把那篇小说放弃。我刚刚把车停下，就见前面不远处有几个人在戏耍一个少女，做出怪样子来吓她，又喊又笑地追逐她拦截她，少女在几棵大树间惊惶地东跑西躲，却不松手揪卷在怀里的裙裾，两条腿袒露着也似毫无察觉。我看出少女的智力是有些缺陷，却还没看出她是谁。我正要驱车上前为少女解围，就见远处飞快地骑车来了个小伙子，于是那几个戏耍少女的家伙望风而逃。小伙子把自行车支在少女近旁，怒目望着那几个四散逃窜的家伙，一声不吭喘着粗气。脸色如暴雨前的天空一样一会儿比一会儿苍白。这时我认出了他们，小伙子和少女就是当年那对小兄妹。我几乎是在心里惊叫了一声，或者是哀号。世上的事常常使上天的居心变得可疑。小伙子向他的妹妹走去。少女松开了手，裙裾随之垂落了下来，很多很多她捡的小灯笼便撒落了一地，铺散在她脚下。她仍然算得漂亮，但双眸迟滞没有光彩。她呆呆地望那群跑散的家伙，望着极目之处的空寂，凭她的智力绝不可能把这个世界想明白吧？大树下，破碎的阳光星星点点，风把遍地的小灯笼吹得滚动，仿佛暗哑地响着无数小铃铛。哥哥把妹妹扶上自行车后座，带着她无言地回家去了。

无言是对的。要是上天把漂亮和弱智这两样东西都给了这个小姑娘，就只有无言和回家去是对的。

谁又能把这世界想个明白呢？世上的很多事是不堪说的。你可以抱怨上天何以要降诸多苦难给这人间，你也可以为消灭种种苦难而奋斗，并为此享有崇高与骄傲，但只要你再多想一步你就会坠入深深的迷茫了：假如世界上没有了苦难，世界还能够存在吗？要是没有愚钝，机智还有什么光荣呢？要是没了丑陋，漂亮又怎么维系自己的幸运？要是没有了恶劣和卑下，善良与高尚又将如何界定自己，又如何成为美德呢？要是没有了残疾，健全会否因其司空见惯而变得腻烦和乏味呢？我常梦想着在人间彻底消灭残疾，但可以相信，那时将由患病者代替残疾人去承担同样的苦难。如果能够把疾病也全数消灭，那么这份苦难又将由（比如说）相貌丑陋的人去承担了。就算我们连丑陋，连愚昧和卑鄙和一切我们所不喜欢的事物和行为，也都可以统统消灭掉，所有的人都一味健康、漂亮、聪慧、高尚，结果会怎样呢？怕是人间的剧目就全要收场了，一个失去差别的世界将是一潭死水，是一块没有感觉没有肥力的沙漠。

看来差别永远是要有的。看来就只好接受苦难——人类的全部剧目需要它，存在的本身需要它。看来上天又一次对了。

于是就有一个最令人绝望的结论等在这里：由谁去充任那些苦难的角色？又由谁去体现这世间的幸福、骄傲和快乐？只好听凭偶然，是没有道理好讲的。

就命运而言，休论公道。

那么，一切不幸命运的救赎之路在哪里呢？设若智慧的悟性可以引领我们去找到救赎之路，难道所有的人都能够获得这样的智慧和悟性吗？

我常以为是丑女造就了美人。我常以为是愚氓举出了智者。我常以为是懦夫衬照了英雄。我常以为是众生度化了佛祖。

六

设若有一位园神，他一定早已注意到了，这么多年我在这园里坐着，有时候是轻松快乐的，有时候是沉郁苦闷的，有时候优哉游哉，有时候恓惶落寞，有时候平静而且自信，有时候又软弱，又迷茫。其实总共只有三个问题交替着来骚扰我，来陪伴我。第一个是要不要去死？第二个是为什么活？第三个，我干吗要写作？

让我看看，它们迄今都是怎样编织在一起的吧。

你说，你看穿了死是一件无须乎着急去做的事，是一件无论怎样耽搁也不会错过的事，便决定活下去试试？是的，至少这是很关键的因素。为什么要活下去试试呢？好像仅仅是因为不甘心，机会难得，不试白不试，腿反正是完了，一切仿佛都要完了，但死神很守信用，试一试不会额外再有什么损失。说不定倒有额外的好处呢是不是？我说过，这一来我轻松多了，自由多了。为什么要写作呢？作家是两个被人看重的字，这谁都知道。为了让那个躲在园子深处坐轮椅的人，有朝一日在别人眼里也稍微有点光彩，在众人眼里也能有个位置，哪怕那时再去死呢也就多少说得过去了，开始的时候就是这样想，这不用保密，这些已经不用保密了。

我带着本子和笔，到园中找一个最不为人打扰的角落，偷偷地写。那个爱唱歌的小伙子在不远的地方一直唱。要是有人走过来，我就把本子合上把笔叼在嘴里。我怕写不成反落得尴尬。我很要面子。可是你写成了，而且发表了。人家说我写得还不坏，他们甚至说：真没想到你写得这么好。我心说你们没想到的事还多着呢。我确实有整整一宿高兴得没合眼。我很想让那个唱歌的小伙子知道，因为他的歌也毕竟是唱得不错。我告诉我的长跑家朋友的时候，那个中年女工程师正优雅地在园中穿行。长跑家很激动，他说好吧，我玩命跑，你玩命写。这一来你中了魔了，整天都在想哪一件事可以写，哪一个人可以让你写成小说。是中了魔了，我走到哪儿想到哪儿，在人山人海里只寻找小说，要是有一种小说试剂就好了，见人就滴两滴看他是不是一篇小说，要是有一种小说显影液就好了，把它泼满全世界看看都哪儿有小说，中了魔了，那时我完全是为了写作活着。结果你又发表了几篇，并且出了一点小名，可这时你越来越感到恐慌。我忽然觉得自己活得像个人质，刚刚有点像个人了却又过了头，像个人质，被一个什么阴谋抓了来当人质，不定哪天被处决，不定哪天就完蛋。你担心要不了多久你就会文思枯竭，那样你就又完了。凭什么我总能写出小说来呢？凭什么那些适合做小说的生活素材就总能送到一个截瘫者跟前来呢？人家满世界跑都有枯竭的危险，而我坐在这园子里凭什么可以一篇接一篇地写呢？你又想到死了。我想见好就收吧。当一名人质实在是太累了太紧张了，太朝不保夕了。我为写作而活下来，要是写作到底不是我应该干的事，我想我再活下去是不是太冒傻气了？你这么想着你却还在绞尽脑汁地想写。我好歹又拧出点水来，从一条快要晒干的毛巾上。恐慌日甚一日，随时可能完蛋的感觉比完蛋本身可怕多了，所谓不怕贼偷就怕贼惦记，我想人不如死了好，不如不出生的好，不如压根儿没有这个世界的好。可你并没有去死。我又想到那是一件不必着急的事。可是不必着急的事并不证明是一件必要拖延的事呀。你总是决定活下来，这说明什么？是的，我还是想活。人为什么活着？因为人想活着，说到底是这么回事，人真正的名字叫作：欲望。可我不怕死，有时候我真的不怕死。有时候，——说对了。不怕死和想去死是两回事，有时候不怕死的人是有的，一生下来就不怕死的人是没有的。我有时候倒是怕活。可是怕活不等于不想活呀。可我为什么还想活呢？因为你还想得到点什么，你觉得你还是可以得到点什么的，比如说爱情，比如说价值之类，人真正的名字叫欲望。这不对吗？我不该得到点什么吗？没说不该。可我为什么活得恐慌，就像个人质？后来你明白了，你明白你错了，活着不是为了写作，而写作是为了活着。你明白了这一点是在一个挺滑稽的时刻。那天你又说你不如死了好，你的一个朋友劝你：你不能死，你还得写呢，还有好多好作品等着你去写呢。这时候你忽然明白了，你说：只是因为我活着，我才不得不写作。或者说只是因为你还想活下去，你才不得不写作。是的，这样说过之后我竟然不那么恐慌了。就像你看穿了死之后所得的那份轻松。一个人质报复一场阴谋的最有效的办法是把自己杀死。我看出我得先把我杀死在市场上，那样我就不用参加抢购题材的风潮了。你还写吗？还写。你真的不得不写吗？人都忍不住要为生存找一些牢靠的理由。你不担心你会枯竭了？我不知道，不过我想，活着的问题在死前是完不了的。

这下好了，您不再恐慌了，不再是个人质了，您自由了。算了吧你，我怎么可能自由呢？别忘了人真正的名字是：欲望。所以您得知道，消灭恐慌的最有效的办法就是消灭欲望。可是我还知道，消灭人性的最有效的办法也是消灭欲望。那么，是消灭欲望同时也消灭恐慌呢，还是保留欲望同时也保留人生？

我在这园子里坐着，我听见园神告诉我，每一个有激情的演员都难免是一个人质。每一个懂得欣赏的观众都巧妙地粉碎了一场阴谋。每一个乏味的演员都是因为他老以为这戏剧与自己无关。每一个倒霉的观众都是因为他总是坐得离舞台太近了。

我在这园子里坐着，园神成年累月地对我说：孩子，这不是别的，这是你的罪孽和福祉。

七

要是有些事我没说，地坛，你别以为是我忘了，我什么也没忘，但是有些事只适合收藏，不能说，也不能想，却又不能忘。它们不能变成语言，它们无法变成语言，一旦变成语言就不再是它们了。它们是一片朦胧的温馨与寂寥，是一片成熟的希望与绝望，它们的领地只有两处：心与坟墓。比如说邮票，有些是用于寄信的，有些仅仅是为了收藏。

如今我摇着车在这园子里慢慢走，常常有一种感觉，觉得我一个人跑出来已经玩儿得太久了。有一天我整理我的旧相册，一张十几年前我在这园子里照的照片——那个年轻人坐在轮椅上，背后是一棵老柏树，再远处就是那座古祭坛。我便到园子里去找那棵树。我按照照片上的背景找很快就找到了它，按照照片上它枝干的形状找，肯定那就是它。但是它已经死了，而且在它身上缠绕着一条碗口粗的藤萝。有一天我在这园子碰见一个老太太，她说："哟，你还在这儿哪？"她问我："你母亲还好吗？""您是谁？""你不记得我，我可记得你。有一回你母亲来这儿找你，她问我您看没看见一个摇轮椅的孩子？……"我忽然觉得，我一个人跑到这世界上来真是玩儿得太久了。有一天夜晚，我独自坐在祭坛边的路灯下看书，忽然从那漆黑的祭坛里传出一阵阵唢呐声；四周都是参天古树，方形祭坛占地几百平方米，空旷坦荡独对苍天，我看不见那个吹唢呐的人，唯唢呐声在星光寥寥的夜空里低吟高唱，时而悲怆时而欢快，时而缠绵时而苍凉，或许这几个词都不足以形容它，我清清醒醒地听出它响在过去，一直在响，回旋飘转亘古不散。

必有一天，我会听见喊我回去。

那时您可以想象一个孩子，他玩儿累了可他还没玩儿够呢。心里好些新奇的念头甚至等不及到明天。也可以想象是一个老人，无可置疑地走向他的安息地，走得任劳任怨。还可以想象一对热恋中的情人，互相一次次说"我一刻也不想离开你"，又互相一次次说"时间已经不早了"，时间不早了可我一刻也不想离开你，一刻也不想离开你可时间毕竟是不早了。

我说不好我想不想回去。我说不好是想还是不想，还是无所谓。我说不好我是像那个孩子，还是像那个老人，还是像一个热恋中的情人。很可能是这样：我同时是他们三个。我来的时候是个孩子，他有那么多孩子气的念头所以才哭着喊着闹着要来，他一来一见到这个世界便立刻成了不要命的情人，而对一个情人来说，不管多么漫长的时光也是稍纵即逝，那时他便明白，每一步每一步，其实一步步都是走在回去的路上。当牵牛花初开的时节，葬礼的号角就已吹响。

但是太阳，他每时每刻都是夕阳也都是旭日。当他熄灭着走下山去收尽苍凉残照之际，正是他在另一面燃烧着爬上山巅布散烈烈朝晖之时。那一天，我也将沉静着走下山去，扶着我的拐杖。有一天，在某一处山洼里，势必会跑上来一个欢蹦的孩子，抱着他的玩具。

当然，那不是我。

但是，那不是我吗？

宇宙以其不息的欲望将一个歌舞炼为永恒。这欲望有怎样一个人间的姓名，大可忽略不计。

（有改动）

参考文献

［1］叶开. 写作课［M］. 桂林：广西师范大学出版社，2018.

［2］尹相如. 写作教程［M］. 北京：高等教育出版社，2009.

［3］王锡渭. 新编大学写作教程［M］. 北京：北京大学出版社，2008.

［4］游敏惠，刘秀伦. 大学生创造力培养与开发［M］. 北京：人民邮电出版社，2004.

［5］薛颖. 新案例应用写作教程［M］. 北京：北京理工大学出版社，2012.

［6］林可夫. 现代写作学：开拓与耕耘［M］. 南京：南京师范大学出版社，2002.

［7］林树梓，陈艳. 大学生应用文写作［M］. 天津：天津大学出版，2013.